JN015097

のどかな田園風景の故郷（千葉県山武郡横芝光町宝米地区）

東関東自動車道真砂地区

JR 京葉線稲毛海岸駅

東日本大震災に千葉市議としてどう対応したか

布施まさよし
「平成23年第1回臨時市議会」報告

平成23年5月

熊谷市長の
東日本大震災被害状況と対策説明

地震の概要平成23年3月11日(金)14時46分発生

□ 震　源　三陸沖 マグにチュード 9.0
(観測史上世界4番目)

□ 千葉市の震度
震度5強（美浜区、花見川区、中央区、若葉区）
震度5弱(稲毛区、緑区)

□ 津　波
15:30 津波警報
16:34 第1波 78cm
18:18 最大波 93cm

□ 人的被害(千葉市)
死 亡 0人
重 症 2人
中等症 4人
軽傷 10人

建物等被害状況

□ (1)道路・橋りょう
・道路 44km
・橋りょう 7橋

□ (2)下水道
・管路 7km
・南部浄化センター

□ (3)公園緑地
75公園

□ 被害額 66億5千万円

磯辺7丁目

稲毛海岸2丁目パット前

その他の公共施設

□ 学校 150校
□ 保育所 15か所(市立)
□ 市営住宅 高浜1～4団地
□ 本庁舎・議事堂

民間住宅等被災状況

□ 全壊 11
□ 大規模半壊198
□ 半壊222
□ 一部破損 675
□ 火災 5件
□ (液状化) 8，740㎡
□ (断水・減水) 12，000戸

その他

□ 被災地への支援
職員派遣
救援物資
募金1179万円(5月10日現在)
被災者の受け入れ

東日本大震災に千葉市議としてどう対応したか

千葉市の対策

- □ 3月11日　千葉市及び各区災害対策本部設置
- □ 3月22日　美浜区に災害救助法適用
- □ 3月28日　美浜区役所に災害総合相談窓口設置
- □ 4月28日　液状化被害に対する民主党、内閣府、国土交通省への要請書提出
- □ 5月20日　東電原発放射能測定強化を県に申し入れ

具体的な対策

- □ ①千葉市建設業協同組合と連携して被害確認と応急復旧対策実施,土砂の撤去
- □ ②り災証明書発行手続き
- □ ③災害廃棄物の収集処理
- □ ④帰宅困難者対策
- □ ⑤放射能被害対策
- □ ⑥計画停電への対応

被災地視察岩手県

- □ **5月6日から8日**、民主党市議の布施、三ツ井（中央区）、段木（花見川区）、県議の網中（中央区）**4名で**
  大津波被害の岩手県陸前高田市、大槌町を訪問し、お見舞いと派遣市職員を激励しました。

  民主党市議団カンパによる義援の物資と4月29日千葉駅前募金62,305円届けました。
- □ 陸前高田市では、戸羽太市長に面会し、派遣されている青葉病院の医師、看護師を激励。
- □ 大槌町では、東梅政昭副町長と面会し、派遣されている市保健師等を激励。
- □ 布施後援会義援金内訳
  大槌町　25万円　陸前高田市　25万円

被災地首長へのお見舞い

陸前高田市戸羽市長にお見舞い

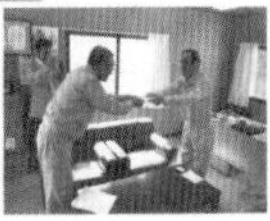

大槌町東梅副市長にお見舞い

被災地　大槌町内

大槌町役場

役場前の消防署

核兵器廃絶の市民運動

ノーベル平和賞 ICAN
川崎哲さん講演
―世界から核兵器をなくすために―
特別参加　腹話術で被爆体験を伝える
小谷孝子さんと「あっちゃん」（人形）
資料代　500円
講師　川崎　哲さん（かわさきあきら）
（ピースボート共同代表・ICAN 国際運営委員）
川崎哲さんプロフィール
日時　6月17日（日）14：00～16：00
（開場 13：30）
会場　ホテルポートプラザちば 2階ロイヤルの間
JR 千葉みなと駅徒歩 1 分　千葉市中央区千葉港 8-5
主催　核兵器廃絶をめざす千葉の会　後援　千葉市・千葉県原爆被爆者友愛会
連絡先 /TEL：043-277-1212　FAX：043-278-9966　kakuzerochiba@yahoo.co.jp

核兵器廃絶と平和のつどい
原爆と千葉市空襲パネル展
腹話術で被爆体験を語る
☆ 広島・長崎原爆写真　千葉市空襲写真　パネル展示
8月11日(土)13:00～18:00
8月12日(日)10:00～18:00
☆ 小谷孝子さん（八千代市在住）
とあっちゃん（人形）の広島被爆体験
8月12日(日)10:30～11:30　先着60名
（松尾貴臣さんの歌　10:30～）（小谷さんの腹話術　11:00～）
☆ 高洲コミュニティセンター　2階
千葉市美浜区高洲 3-12-1（JR 稲毛海岸駅から徒歩4分）
☆ 入場無料　どなたでも参加できます
広島・長崎に届けるため、折り鶴を募集します。（折り紙の大きさ 7.5cm×7.5cm以下、類いていないもの）会場にも折るコーナーがあります。
主催　核兵器廃絶をめざす千葉の会　美浜区実行委員会
後援　千葉市・千葉市教育委員会
連絡先　043－277－1212（布施）
043－278－5005（市民ネットワークみはま）

シンポジウム
若者が考える核廃絶
ぼくらがつくる！核なき世界を
①基調講演　林田光弘さん
（ヒバクシャ国際署名キャンペーンリーダー、元 SEALDs メンバー）
②腹話術で語る被ばく体験
小谷孝子さんと「あっちゃん」（人形）
③若者シンポジウム
平和活動に取り組む学生や若者
林田光弘さん
日時　10月7日（日）14：00～16：40
（開場 13：30）
会場　千葉商工会議所第1ホール
（千葉中央ツインビル２号館 14 階）
参加費　500円
主催　核兵器廃絶をめざす千葉の会
連絡先 /TEL：043-277-1212
FAX：043-278-9966
kakuzerochiba@yahoo.co.jp
ノーベル平和賞公式レプリカ展示

核兵器廃絶の市民運動

核兵器廃絶と平和の集い（高洲コミュニティセンター）

若者が考える核廃絶（千葉商工会議所第一ホール）

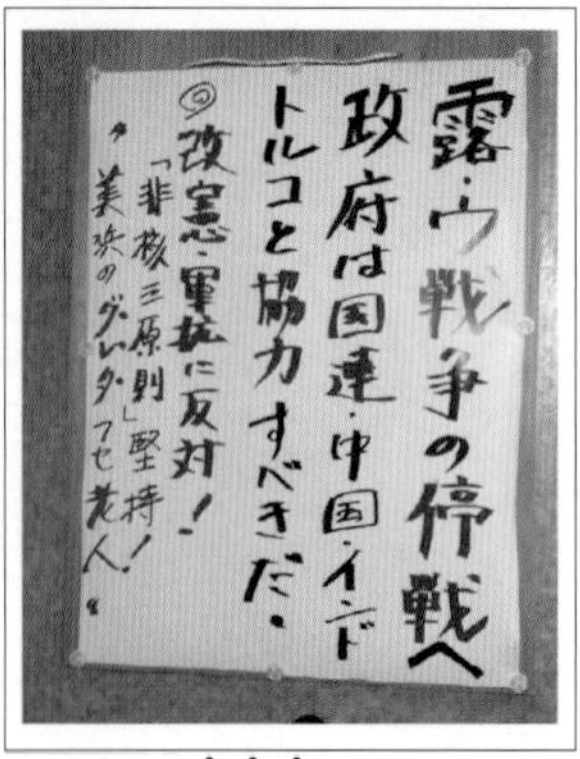

美浜のグレタ老人の看板

美浜区こじま公園内に浮かぶ「こじま」

――こじま「志賀」お別れ式

一、司会者挨拶　長橋久方

二、祭祝
修祓
降神の儀
献饌
祝詞奏上
切麻散米
玉串拝礼
撤饌
昇神の儀
閉式の辞
神酒の拝戴

三、音楽演奏　千葉市消防局音楽隊
ボギー大佐
宇宙戦艦ヤマト
海ゆかば

四、式典の言葉　長橋久方
惜別の辞
こじま保存会代表　関 直継
稲毛海岸通り商店会会長　寒竹郁夫
戦争博物館会長　栗林白岳
二十九地区連会長　清水保博

五、来賓挨拶
市関係代表　河野俊紀
美浜区県議代表　布施貴良
美浜区市議代表
海洋少年団代表　丸山一郎

六、蛍の光　演奏と合唱

七、閉会の辞　長橋久方

「蛍の光」
作詞　稲垣千頴
スコットランド民謡

一、蛍の光、窓の雪　文読む月日　重ねつつ
いつしか年も過ぎの戸を　開けてぞ今朝は　別れゆく

二、止まるも行くも　かぎりとて　かたみに思う　ちよろずの
心の橋を　一言に　さきくとばかり　うとうなり

『こじま』お別れの式辞

惜別の辞

文化遺産「こじま」を保存する会
代表　関 直継

私達は、今歴史の中で現在が揺れ動く現場に居合わせています。歴史の流れの中でそれを世紀末現象と言う様ですが二十世紀も終わりに近づいている今、千葉市は今世紀の汚点である大東亜戦争最後の証である志賀「こじま」を置き去りにしていく事に決定しました。解体の決まったそんなある日、偶然老婦人に出会いました。聞けばその方の夫は海軍の軍人さんでしたが三十一歳の若さで戦死されたそうです。千葉市に最後の戦艦がある事を知り、この地に移り住んで毎日「こじま」を訪れて拝み、回想したり、話しかけたりの、日を続けていたそうです。「まだまだ老朽化等していない壊さないでほしい」と泣き崩れました。海防艦「志賀」であった「こじま」は、昭和十八年東京市役所に在った太田道灌や徳川家康の銅像、「欲しがりません勝つまでは」と全国から供出されたお寺の鐘や鍋釜が溶鉱炉で溶け合って造られました。そんな結晶であった為か、戦後も気象観測船とか海保大の練習船、更に千葉市で海洋公民館へと平和利用されてきました。

この様に数奇な運命をたどった「こじま」の分身はこれからも稲毛記念館で子供達や市民に親しまれますが、必ず一番気に入って長く住み慣れたこの地に帰って安住できます様に、今後も活動していきたいと思います。最後にもう一度「こじま」が地元市民にシンボルとして親しまれ平和と美浜区発展に尽された事に感謝いたします。本当に長い間ご苦労様でした。ありがとう。

「こじま」保存運動を振り返って

稲毛海岸通り商店会会長
寒竹郁夫

一、区政になればきめ細かい行政サービスを市民は享受できると期待したが、解体決定を地域住民の方々が誰も知らなかったという事実が今回の保存運動のきっかけとなった。

二、一万人以上の署名者の気持ちに対する明確な返答が少なくとも文章ではなされなかった。解体理由が消防法、建築基準法、老朽化というように本来の論点がすり替わり、結果的に我々の意見は無視された形となった。行政の方々と「こじま」を題材として歴史観、教育等本質的議論をもっとしたかった。

三、先の大戦に対する一種盲目的なアレルギーが行政はじめ諸団体に根強くはびこっており、大東亜戦争という歴史的事実を冷静な目で見る事ができなくなっている。その結果戦争というものに対する戦略的考察、反省が全くなされず、日米経済戦争の敗北に続く今現在の平成恐慌を引き起こす誘因となっていると思われる。

四、今回の一連の報道は、戦争観、歴史観、教育論という本質的な問題まで言及されなかったことが残念である。

五、記念館の在り方、運営、跡地の利用等、今後の方針に対して、是非とも地域住民の意見を取り入れてもらいたい。

『こじま』お別れの会挨拶

熊谷千葉市長応接室での旭日中授章伝達式

叙勲記念写真

浮雲に問う　市議40年の総括

―私は「草の根民主主義」をどこまで編むことが出来たのか―

―目　次―

はじめに　5

第1章　団塊の世代の一員として生まれる　11

緑豊かな田園風景の広がる故郷／両親と兄姉の思い出／眼病で苦労した少年時代／初代町立光中学校生徒会長になる／悩み多き高校時代／千葉県職員となる／夜間大学に通うも1単位も取らず退学、労働組合活動へ／県職員を辞め千葉市社会党の職員となる

第2章　地方政治家への道　49

最初の千葉市議会議員選挙／初議会と市議会の議長、常任委員長等役員ポストはどう決まるか／議員報酬について／議員の晴れ舞台、議会質問／議会初質問に登壇／市民運動か、労働運動か、JR京葉線開業に伴う交通対策で考えた市会議員の任務とは／リベラル政治への模索とつまずき／選挙は甘くなかった、三期目の選挙で落選／「捲土重来」のチャンスは2年で来た／「おたかさんブーム」に乗り市議補欠選挙に勝利／出身高校の大先輩、故赤桐操参議院議員の思い出／市民の「喜怒哀楽」をわがものとする市議へ、無料法律市民相談活動の取り組み／千葉市でごみ問題勃発／千葉市の政令指定都市移行／細川内閣の頓挫と村山内閣の誕生から社会党離党への決意／こじま公園内日本海軍最後の海防艦「こ

じま丸」撤去問題

第3章　千葉県民主党の発展を担う　161

加賀谷健幹事長と布施副幹事長との二人三脚の党運営／千葉１区北村哲男弁護士の選挙での悔しい思い／民主党千葉県連「政治スクール」の開催と党勢拡大／千葉１区たじま要の勝利（２００３年・平成15年11月第43回総選挙）／２００７年（平成19年）７月参院選民主党長浜、加賀谷2名当選／民主党政権の誕生と挫折／鳩山由紀夫内閣は何故うまくいかなかったのか／菅直人内閣と東日本大震災／東日本大震災に千葉市議としてどう対応したか／野田内閣があと半年続いてくれたらの思い

第4章　熊谷俊人千葉市長実現と支える議員として　189

鶴岡啓一市長逮捕の不祥事から市長選挙へ／「大久保彦左衛門」のつもりで市長を支える／千葉市カジノ誘致問題の顛末／ＬＧＢＴ問題に取り組む／ＪＦＥ・中国電力の石炭火力反対の質問を行う

第5章　千葉市議会議員としての集大成　219

議員生活最後の一般質問／森田朗先生のレクチャーを受ける／〈足掛け40年の市議会議員生活を締めくくる最後の一般質問〉

第6章　議員と市民運動について　251
安保法制改定、集団的自衛権行使容認反対の市民運動に取り組む／核兵器廃絶の市民運動に取り組む／日中友好協会の活動

第7章　千葉市議会議員引退後も続く政治活動とＮＰＯ活動　271
岩井美春市議へのバトンタッチ／木村草太先生「『憲法という希望』を語る」講演会／旭日中綬章を受章する／生活困窮者自立支援事業所で相談員を務める／熊谷俊人千葉県知事の誕生、千葉市長に神谷俊一氏当選（２０２１年・令和３年３月）／千葉県と千葉市は本州の東端から光輝け／ＮＰＯ法人福祉の街美浜をつくる会の理事長として／地方議員が草の根の民主主義を支え、地域のコミュニティづくりの先頭に

あとがき　318
千葉市議としての年表
布施貴良議会質問の経緯
千葉市の位置と面積（令和２年10月１日現在）

はじめに

私は、千葉市議会議員を31歳から、10期足掛け40年間務めてまいりました。振り返れば、あっという間です。そして、自らの議員生活を思い起こして見る時、自分としては、市議会議員として一生懸命努めてきたつもりではありますが、誇りに思えることはいくつかあるかと思いつつも、失敗した、不十分だった、間違っていたかと思うことも多々あります。時々、青空に浮かぶ浮雲を見上げて、自らの活動の評価を聞きたい気になります。しかし、雲は答えることはありませんね。その評価はやはり市民の皆さんに委ねるしかありません。

しかしながら、今の私は過去40年にわたる市議会議員の生活を振り返り感傷に浸る気分にはなれないのです。努めてきた千葉市民の先行きの生活、それを取り巻く日本の政治の行く末が心配でなりません。インフレ物価高騰、世界的不況の足音、そして戦争の匂いです。

２０２２年2月24日にロシア軍がウクライナに侵攻して以来、一年半以上たっても停戦の見通しは立たず、核戦争の危機さえ語られています。さらなる懸念は、東アジアの情勢です。朝鮮半島をめぐって、さらに台湾海峡においても、日本周辺における硝煙の匂いがますます濃くなっていることです。しかも、このような状況について、連日のマスコミ報道は危機感をあおっても、それを緩和する方向、平和安定への報道がほとんどなされていないことです。そのことを語る政治家の声も聞こえてこないのはどうしたことでしょう。

市民が住み生活している地域の在り方は、その地域の住民の意向により、負託を受けた首長と議員が決めるべきことです。国政も同様です。

今この日本に、まともな政治を取り戻さないと、1945年8月の敗戦を踏まえ1947年5月3日に施行した日本国憲法の精神がむなしく破られ、再び大惨事を招くことにならないか危惧の念を禁じえません。

日本が近代化を果たした明治維新（1868年）以降の歴史は、大日本帝国憲法（1889年）の下で、日清戦争（1894年～1895年）、日露戦争（1904年～1905年）、第一次世界大戦（1914年～1918年）、満州事変・日中戦争（1931年～1945年）、アジア太平洋戦争（1941年～1945年）と、ほぼ10年ごとに戦争を繰り返してきています。1945年の敗戦の年まで、78年間に5回の対外戦争をしてきているのです。

しかし1945年以降の戦後は、ほぼ同じ期間を日本国憲法のもとで、対外戦争は一度も戦われたことはありませんでした。まさに9条のおかげでしょう。

しかし、今9条は「風前の灯火」と化しています。「安全保障環境の激変」、「ロシアのウクライナ侵略を見よ」、「北朝鮮の核・ミサイル開発」、「中国の台湾進攻必至」等々、日本人の目と耳に連日いやというほど詰め込まれています。それに呼応して、政府自民党は、防衛費のGDP2%まで増額、「敵基地攻撃能力」はては基地攻撃能力では収まらず、「敵中枢機能攻撃能力」

まで言及しています。これって、敵国を制圧するという意味ではないですか？北朝鮮と韓国で戦争になれば、日本にあるアメリカ軍基地は「国連軍」の基地となって、北朝鮮を攻撃するために出撃します。そうなれば当然北朝鮮とすれば、日本の米軍基地すなわち日本にミサイルを撃ち込むことになるでしょう。自動的に北朝鮮と自衛隊が戦うことになってしまいます。台湾問題に関しては、もし中国が台湾の「独立」を阻止するため軍事侵攻することを想定した場合、台湾にある日本企業を守り、在住日本人を救出するため、自衛隊を派遣する、その結果中国人民解放軍と戦うことにならざるを得ません。その場合、「敵基地攻撃能力」としてのミサイルは、中国本土を攻撃し、場合によっては北京も攻撃することを想定するのでしょうか？　核武装している中国軍と戦うというシナリオは、恐ろしいことです。中国との核戦争を避けたいアメリカは、「後方支援」に止まるでしょう。つまり、台湾問題で日本が軍事的に係わるシナリオは、日本における「ウクライナ戦争」の再現だと思います。

私は、日本が第2次世界大戦後現行憲法のもとで、営々と築いてきた平和国家としてのありようを絶対に変えてはならないと思います。その立場で世界の人々に対して、平和な暮らし、飢餓のない、健康で衛生的な暮らしのために、世界で最も貢献できる国家を目指すべきだと思います。それを担える若者を育てるべきだと思います。若者が持つべきは、人殺しの銃ではなく、ペンや本であり、工作機械や重機のハンドルであり、注射器や聴診器であるべきです。

私は、そう多くない残された人生をこのまま安らかに過ごしたいと思う。そうであるが故に、政治家も、市民の皆さんも、一度立ち止まって振り返ってほしい、そして向き直って今私たちが進もうとしている道は、正しいのか、安全なのか考えてほしいと呼びかけたい。

政治家の役割が今ほど問われる時はないと思います。国会議員はもとよりですが、日々住民と接している地方議員こそ、どのような危険が私たちに迫っているのかをキャッチするアンテナの精度を上げ、議会で地域で行動を起こす必要があると思います。精度を挙げたアンテナに入ってくる情報は、先ず住民の嘆き、涙声、苦痛、怒声であったりするでしょう。そのかすかな声もしっかりキャッチしようではありませんか。それへの真摯な対応が政治への信頼を回復する道だと思います。「議員」なら当たり前だと言われそうですが、私の足掛け40年の市議会議員の生活では、充分なしえていたか忸怩たる思いがもちろんあります。

国会議員にしても地方議員にしても、議員という人たちに対する一般の皆さんのイメージは芳しいものではありません。議員は普段何をしているのかわからない、議場では居眠りの常習犯、スマホを見たりしてまともに審議していない。巷には、このような「議員」への批判があふれています。毎日のように放映されている各局のテレビドラマでは、「議員」の出るものがあれば、ほとんどが「悪徳議員」です。利権を追いかけて時に「政敵」を貶めたり、不正に立ち上がった市民を権力で弾圧したり、暴力で「抹殺」したりする。汚職や破廉恥罪で捕り、酒酔い運転で警察に御用となれば、大々的にマスコミに報道されます。議員が犯罪や不祥事を行えば、「選良」である以上、そのような社会的制裁を受けることは当然ではあります。しかし「議員」のイメージが、したがって政治への関心が、このようなマスコミの流す政治家像によって形成されている部分が大きいと思います。でも、日本の「議員」はそんな人ばかりでしょうか。

私は、そうは思いません。国会において、堂々と国家国民のために、使命感と政治哲学をもって活動する国会議員は与野党を問わず少なからず存在しています。小さな声にもしっかり耳を傾けて聞き取り、そこから大きな課題・問題を解明し、議会の質問に取り上げて改善・改革するといった、本来の期待されている議員活動をしっかり取り組んでいる地方議員も、決して少なくないのも事実です。

そんな議員が一人でも多くなること、そしてそんな議員になってみたいと立候補を決意する若者がたくさん出てくれることを期待して、この拙文をまとめました。「地方自治は民主主義の学校」（イギリスの歴史学者・政治家ジェームズ・ブライス）と言われています。そうであればこそ地方議員は、もちろん地方首長も含めて、草の根から民主主義を支える重要な役割を担っています。日本においても世界でも民主主義の在り方が問われている情勢の中で、日本の民主主義を先ず市民の手に届く地方から、健全にしっかりと担う「議員」を、各地で輩出してほしいと思います。その力は、民主主義を発展させ、政治を変える大きなうねりを作り出してくれると思います。そのお役に少しでも立てれば、この上ない幸せです。

第1章

団塊の世代の一員として生まれる

緑豊かな田園風景の広がる故郷

私は、1947年（昭和22年）7月の生まれです。いわゆる戦後の「団塊の世代」の一員です。この年の5月3日に日本国憲法（1946年11月3日公布）が施行されました。それまでの「大日本帝国憲法」は、明治22年（1889年）に発布されています。昭和22年と明治22年、単なる偶然ですが、22年という同じ数字のもとにそれぞれ歴史的に大きな意味を持つ憲法が発布・施行されたこと、そのもとで日本国民の生活が、政治が行われてきたことから、それを考えるうえで、わかりやすい時代区分かなと思います。そんなわけで、私の人生は、この日本国憲法と共に歩んできたということになります。

私の生まれた場所は、千葉県の東総地区・九十九里平野のちょうど真ん中の町、現在の山武郡横芝光町というところです。その「宝米」という地区で農家の兄姉が3人ずつ7人きょうだいの末っ子に生まれました。「宝米」という部落の名の通り、おいしいお米のとれる地域で、隣町の香取郡多古町の「皇室献上米」として自慢している「多古米」のエリアとして、水田を中心とした純農村地域です。20から30メートルの丘の傾斜地の下に、50戸ほどの農家の軒が連なっています。かつては、ほとんどが「わら屋根」でした。今でも三階以上のコンクリートの建物はありません。藁屋根と言っても、稲わらですべてができているわけではありません。屋根は数十センチの厚さを持っていて、いくつかの層に分かれています。正確な構造は記憶がないので説明できませんが、確かに稲わらも使っています。一番下だと思います。その上にススキを束ねたもの「山かや」、一番上の表層がかなり厚い刈り取った葦《よし》だと思います。表層の葦は、近くを流れる栗山川の川原に生えているものを使います。それは部落の共有財産なのです。部落内のいくつかの区域ごとに葦が枯れる初冬に共同で刈り取り、空き地に蓄えておきます。そして数年おきの順番で各家の屋根表層の葦を取り換える作業を行うのです。これも地区総出の共同作業です。以前は、各部落に「屋根屋」と呼ばれた職人さんがいました。その人の指揮のもと作業が行われるのです。子供たちは、下からその作業を見ながら、長い葦の棒を振り回したりして遊んでいました。夏場では､川原の葦は青々と茂りその中で「ヨシキリ」が〝ギイキョロロ〟〝ギイキョロロ〟とうるさく鳴いていました。

国道126号線から分岐して匝瑳市吉田地区に至る県道から、国の重要無形文化財の仏教劇「鬼来迎」で有名な虫生《むしょう》地区から左手にそれて町道を行き、小川を越えると一面の水田が広がり、突き当りの丘の下に、部落の藁屋根が連なって見えます。その真ん中あたりに、南正面を向いたやや大きな我が家が見えました。昭和46年（1971年）9月に房総半島特に東総地区に大きな被害をもたらした秋雨前線と台風25号による大雨で、部落背面のがけが崩れ十数件の農家が被害を受け、3人の死者を出しました。我が家も倒壊しなかったもののかなりの被害を受けたことから、崖から離れた場所に建て替えられました。その頃から、栗山川の改修工事が進められて、農家の屋根を葺く葦原がなくなり、順次瓦屋根に変わっていきました。今でも時々、生まれ育った故郷の風景が目に浮かびます。部落の入り口から見渡すと、初夏には広がる水田の青々としたうねり、秋の黄金色のうねりが眼前に広がり、その先に藁屋根が連なりその中心に我が生家があるのです。それが目の中に浮かんでくると胸が熱くなります。その後平成23年（2011年）3月東北太平洋大地震により、瓦屋根が被害を受け農家の屋根に軒並みブルーシートがかぶさることとなったのです。

稲刈りは今ではコンバインが田圃を縦横に走っていますが、以前は一家総出で稲刈り用の鎌で一株一株刈り取りました。刈り取られた稲株からは、かすかな甘い匂いが感じられます。刈り取られた稲の束は、田圃の農道脇に竹や細長い木材で組まれた「おだ」に掛けられて天日干しにします。3段4段に組まれたおだが部落のあちこちに張り巡らされたかつての収穫時は、子供でもわくわくした気持ちになったものです。今はコンバインが刈り取ったまま「もみ」にまで仕上げて、その後乾燥機にかけられ、脱穀し玄米となって農家から出荷されます。

子どもたちは、水田の中の水路でザリガニや小魚を捕まえて遊びました。ウナギやナマズもいました。シジミも取れて、大人の足の親指の爪くらいの大きさのものしかとりませんでした。夏の夜は、蛍狩りもしました。また、夏休みともなれば、裏山と言っても斜面林ですが、カブトムシやクワガタがたくさん捕れました。カブトムシは、時々真っ赤なオスの立派な角の生えたものが捕まり、子どもたちの自慢の一匹となりました。秋は収穫の季節で、大人たちはまず稲刈りであり、それが終わるころ今度は台地の上の畑で、サツマイモの収穫です。子供たちはというと部落の守り神、産土神社《うぶすなじんじゃ》のあたりに必ず生えている椎の木の実を境内で拾ったり、木によじ登ったりして収穫です。直径7ミリ長さ15ミリくらいの小さな実ですが、歯で簡単に殻を二つに割って中の果肉を食べます。生米を食べるような食感とほんのりした甘さが、子供たちの自分で採ったおやつの味でした。もう一つの里山の収穫物は、アケビの実です。これはあんまり多くは採れないので、秘密の場所の貴重な獲物です。採る時期が微妙で、少し薄青紫っぽい硬めの外皮がほんの少し口を開けたくらいが良いのです。その時は、まだ子供たちの天敵のスズメバチが来ていません。完全にぱっくりと口を開けた時期になると、巨大な黄色スズメバチが占拠していますから、おっかなくて近づけないのです。外皮の中の白っぽい一見蚕のさなぎのような、黒い種の周りの果肉をなめとって、食べます。結構甘いゼリー状のものを黒い種からなめ取ると、種を口からブーッと吹き出します。これも快感ですね。栗の実は、たいていの家で裏山の栗の木から収穫して食べるので、八百屋さんから買うことはありませんでした。べーゴマや凧揚げは、部落のお店で買ったもので遊びました。まだゲームも、スケートボードもありません。男の子は、これもお店で買った、「肥後守」という折り畳みナイフを必需品として携え、釣り道具の竹竿を切ったり、木の上の居場所の「やぐら」を作る、小鳥を捕まえる仕掛け作り等々、日々「縄文人」か「弥生人」みたいな生活を楽しんでいました。

巻頭　写真①「のどかな田園風景の故郷　千葉県山武郡横芝光町宝米地区」

両親と兄姉の思い出

小学校、中学校、高校と塾も喫茶店もない純田舎で、私は育ちました。我が家は、その頃農家経営としては中農の部類で水田が1・2ヘクタール、畑が0・5ヘクタール程度を耕していました。子供が7人、80代の亀吉おじいさんと両親という家族構成ですが、なぜか一時遠い親戚の一家が同居することになったりで、一時13人位が暮らしていました。そんな訳で我が家は、決して楽な暮らしではありませんでした。

父の佐太郎は、議論好きで朝日新聞をよく読んでいて、部落の人たちに知識をひけらかすようなところがあったようです。農業に精を出していましたが、決して篤農家とは言えなかったようです。よく曽《ひい》おじいさんは、江戸時代末期か明治の初めころ部落のお寺で寺子屋の先生をしていた「知識人」だったと自慢しているような父でした。

母は芝山町の農家の生まれで、体は女としてはがっちりした体格で、優しくて働き者でしたが、素朴な農家の「母ちゃん」でした。私が末っ子でしたので、食卓では時々魚の一番大きなものをもらっていました。そんな時上の姉や兄が「何でまさよしは一番小さい子なのに大きなお魚なのか」と文句を言うとおふくろは、「まさよしは末っ子だから親といる時間が一番短いからだよ」と言っていました。それもそうだけれど少し病弱なところがあったので、不憫に思っていたのでしょう。

部落の台地に幾つかのお宮があります。部落の守り神「産土様」には、なぜか「大統領大神」という別名がありました。その他に「子安様」とか忠魂碑もあったかな？　とにかく5、6カ所あり、毎年お正月になると母は幼い私の手を引いて、サクサクと霜柱を踏みながらお宮参りをしました。確か私しか連れて行きませんでした。そこを回って丸餅を2、3個置いてきます。部落の何人かが先に来ていて、何個かおいてあるその餅を交換するようにもらってくるのです。それをいただくと、子供が健康で幸福な人生になると伝えられている風習でした。

台地の畑の中には、周りをすっかり削られ縦横1メートルくらいの団子状になった小円墳があちこちにありました。台地の一番南側の栗山川を見下ろす崖の上に、一個だけ直径10数メートルの円墳（以前は前方後円墳？）が残されています。この古墳は、「宝米の宝塚」と呼ばれて、宝米部落が飢饉で困った時に発掘しても良いと伝えられていました。大人になってからのある時、私がその「宝塚」に登ってみると、てっぺんのあたりが窪んでおり既に盗掘されていることがわかりました。台地の古墳は町の教育委員会で「宝米古墳群」と指定されていますが、いつの時代かにそれらの古墳を畑に開墾するために削平し、何か珍しい遺物を発見し持ち帰った者がいたのでしょう。以前に古墳の棺に納められていたぼろぼろの刀を掘り出して持ち帰った人が、その後奇妙な病気になり死亡したという伝説というか噂が部落に残っています。「宝塚」は、この部落にかつて暮らしていた古代人の遺跡を壊した贖罪に、一個だけは残したのでしょうね。隣町には、「小川台古墳群」や葬送儀礼を模した埴輪列を持つ「殿塚・姫塚」を有する大規模な「芝山古墳群」があります。

一番上の姉栄子は、私が物心ついたときには国鉄職員に嫁いでいて、時々姪と甥を連れてきました。千葉市の稲毛区天台に国鉄の官舎があって、そこに住んでいました。平屋の二軒長屋でしたが、高校生の頃泊りで遊びに行くのが楽しみでした。国鉄職員で蒸気機関車の運転手であった義兄は、総武線の新小岩機関区に所属して、新小岩から銚子までの区間を運転していました。お正月に年始で実家に来たりした時は、機関車が現在の千葉市緑区土気の坂を上るのが大変だったということや、機関車運転のコンテストがあり駅のホームにピタッと停車できるか競争したことを自身の自慢げに話してくれました。怖い話では昭和20年代戦後間もなくの頃頻繁に鉄道自殺があり、線路にむしろをかぶって横たわり轢断自殺する人が後を絶たず、機関車の運転員がその後始末することで大変だったこと、そして轢断した首が車輪にぶら下がっていたりすることを話して、子どもたちを怖がらせたりしていました。その義兄からは、私が高校に入学した際中古でしたが義兄の革のカバンを貰い、3年間大事に使いました。

次の長男の精司は、多古農学校を出て農業を継ぎました。下の弟妹の面倒を見る立場だったので、オヤジと時々ぶつかりながら農業経営を模索していたようです。部落内では、リーダーの一人で昔から部落に伝わっていてその当時には衰退していたお祭りの「おはやし」を復活させるため、若者を集めて練習をしていました。晩年農家経営をその子つまり私の甥の俊一に譲り、部落の歴史や、我が家のルーツを調べて、部落の物知りになりたかったようです。農家の長男に生まれた以上、後を継ぐのは定めではありましたが、今考えるともっと勉強して農業以外の道を進みたいという気持ちがあったような気がします。

次男の増穂は、中学卒業後トラックの運転手から、タクシー運転手、最後は個人タクシーの運転手となり千葉市内で営業していました。私が小学生のころ野球のグローブが欲しくて親にせがんでいましたが、買ってくれません。増穂兄が見かねて、どこかで買ってきてくれました。私は左利きでしたので、右手にはめるグローブですが、なぜか中古品に見えていぶかしく思っていましたが、黙って有難くもらいました。

次女の和子は、母親代わりを務めてくれて眼医者通いや、一度円形脱毛症になった時、この治療でも町内の病院に連れて行ってくれました。目の病気を心配してくれて、東京の都立駒込病院にも一緒に行ってくれました。ある時小学校の帰り道で、和子姉が洋裁学校の友達と町の映画館に出かけるところにぶつかり、一緒に連れて行ってくれとせがむとすぐ「わかったよ」と笑顔でＯＫとなりました。姉の自慢の弟だったのでね。大急ぎで家に駆け戻り、姉たちの待つバス停に向かい一時間に1本のバスに何とか間に合わせ、初めて映画館で映画を見ました。確か三橋美智也の「リンゴ村から」だったと思います。三橋美智也は当時大歌手であり、特に歌謡曲「リンゴ村から」は大ヒット曲でした。当時は、島倉千代子、春日八郎などが、東北地方から中卒で集団就職してきた人たちのなれない都会暮らしの寂しさ辛さ、故郷の父母の顔や友達の姿、懐かしい景色を思いうかべて耐えている心を歌い上げていました。映画館では、三橋美智也がリンゴ畑で手拭いを首に巻いてリンゴの木の手入れをしているようなシーンで、和姉が三橋美智也を「サルみたいだね」と言っていたことをなぜか記憶しています。私はというと映画の筋はあまり興味がなく、姉の脇にちょこんと座って、飴玉か何かをしゃぶっていることに大満足でした。

三兄の定男は、多古高校の普通科を卒業して就職し、いくつかの会社を経て最終的に地元にあり親戚筋の畔蒜工務店で定年まで土木技師社員として働きました。部落には、必ず何かの「名人」が子供にしても大人でもいて、定男は、小鳥を捕まえる名人でした。よく里山に「かすみ網」を張ってウグイスや、メジロを捕まえていました。小鳥の通る場所をちゃんと知っていてそこに網を張るのです。ホオジロは、地面に竹で作った少し複雑な、「バッタン」という仕掛けで捕まえます。仕掛けの中に稲の穂とかのえさを置き、鳥が入って餌を引っ張ると「バッタン」と入り口が閉まる仕掛けです。これも、設置場所と入り口が的確に閉まる工夫がコツですね。また近所には、川の名人がいました。ウナギを捕まえるのは大人でもなれた人でないと難しいですが、その子に係るとウナギが「さあ捕まえてください」とおとなしくなってしまうというのです。ウナギの首のあたりのどこをつかめばよいのかを知っていたのでしょう。また大人では、泳ぎの名人がいました、この人は、栗山川で川に潜って、手づかみで鯉を捕まえるという評判でした。彼はある時、生活に困窮し死ぬしかないと自殺を企図し、自分で手足を縛り栗山川に投身したそうです。しかしもともと泳ぎの名人です。どう手足を縛っても体が浮き上がり死ねなかったということで、自殺をあきらめたといううわさでした。「伝説」でしょうかね。そんな話も部落に伝わっていました。

４歳上の姉三女は、富子です。高校への進学を希望していましたが、当時の我が家の家計が許さず、上の姉二人も高校へ行かなかったこともあり、泣く泣く就職ということになりました。両親は都会での住込みの店員や工場勤めをさせたくなかったのか、一番上の姉栄子の知り合いに頼んで、東京の国家公務員をしていた裕福な家庭での家政婦になりました。一部の親戚からは「なんで女中なんかにするのか」と非難されたようですが、しかし本人は、都会のお屋敷に住み込み田舎では食べられない食事を頂き、本人の田舎育ちの素朴で素直な性格もあり、ご主人一家でかわいがられてすぐ馴染んでいたようです。ただ、お盆や年末年始に「里帰り」で帰って来たとき、「東京言葉」を使うのです。兄の精司は、「家に帰って来たらこっちの言葉を使え」と怒りました。本当は、妹が「女中」をしていることに自分自身の後継ぎとしてのふがいなさ、高校に進学させられなかったことのすまなさを隠すために言った言葉だと思います。富子姉はその後勤務先からの紹介で、いくつか「職場」が変わりましたが結婚もして、最後は俳優の役所広司家に「定年」まで勤めました。

眼病で苦労した少年時代

私は、小学校に上がる前から眼病を患い、朝起きると目やにがいっぱいついて目が開けられず、よく母ちゃんがホウ酸水で目を洗ってくれていました。その後私の眼は、両眼とも瞳の左右が炎症で赤く盛り上がり、痛くてかゆい症状に苦しみました。「春期カタル」という眼病でしたが、なかなか治らず高校生まで医者通いが続くことになります。眼科医は、原因は不明で多分花粉のアレルギーではないかとの見立てでしたが、春の花粉の季節だけでなく年中でした。二十歳のころには治るよと言われていましたが、思春期の頃はそのうち俺の目はつぶれるのかと悲観していました。ところが確かに特別な薬が出たわけでもなく、高校を卒業して就職したころ、治ってしまったのです。ただ、春期カタル後遺症に元々の近視が混ざったのでしょうか、強い乱視と近眼になったのです。メガネは小学校のころからかけて、田舎のことですから恥ずかしい思いをしていました。でも、視力は0・3か0・5位しか出ませんでした。ですので、学校の毎年行われる身体検査が大嫌いでした。友達から「まさよしはあんな大きな字が見えないのか」と、はやし立てられるからです。

高校生の頃通院していた、光町の町立病院の眼科の先生が、千葉大学から来ていたこともあり、千葉大学で当時としては最新の「コンタクトレンズ」をつけることになったのです。以来コンタクトは、58年以上装用しています。千葉大病院で先生がコンタクトを初めて付けてくれた時、痛くて涙がボロボロ出ましたが、収まってきたころ先生が、「どうだ良く見えるだろう、きれいな女の人がきれいに見えるはずだ」とおっしゃったので、「はい」と答えざるを得なかったことを覚えています。その先生は、まだご存命かどうかわかりませんが、「金井塚」先生という方でした。このごろはついさっき名刺交換した人の名前が出てこないのに、50年以上前にお世話になった医師の名前を忘れないでいるのは不思議ですね。ただ、コンタクトを装着し始めたころ、「春期カタル」に特効的に効能のあるドイツ製の目薬ができました。これを点眼するとたちまち白眼の赤い充血が引いていくのです。痛痒さも軽減しました。しかし困ったことに、この目薬は油性でした。点眼するとすぐコンタクトが曇るのです。私はそうなるとコンタクトを外して口の中の唾液で洗いまた装着します。それが大きなコンプレックスになりました。多感な時期ですからね。

小・中・高と週に1日か2日は眼医者通いのため学校を休んでいましたが、成績が落ちることはありませんでした。家族や近所では、「まさよしは、三歳で本が読める」と評判でしたので。まあ、毎日亀吉おじいさんが、同じ本を何度も読んでくれていましたので、そのページの内容を全部暗記していたのでしょう。そのページが終わるごとに、ぱらりとめくって次のページの文を正確に「読んで」いたようです。しかし目の病気のこともあり、自分ながらコンプレックスから、学校ではあまり目立たないようにしていました。級長とかクラスの役員にはならないようにです。しかし転機は、中学3年生の統合中学校で起きました。

初代町立光中学校生徒会長になる

旧日吉村が他の近隣三つの村と合併し、匝瑳郡光町となりました。それに伴いそれぞれの村の四つの中学校が合併して光町立光中学校となり、1962年（昭和37年）3月に新校舎が完成、旧4村の中学生が一同に学ぶことになったのです。4月3年生の新学期に担任で生徒会の指導教員になっていた椎名知足先生から「貴良、お前生徒会長をやれ」と言われて、びっくりしました。級長も経験したことがなかったくらいですから、まったく自信がありませんでしたが、担任の先生の「命令」を拒否するわけにもいかず、仕方なく引き受けました。おかげで最初の全校の先生、生徒が会した運動場での朝礼の場、大失敗を起こすこととなります。全校生徒と教職員約1000人の人を前に話したことなど全くありません。話すべきことを紙に書いて暗記し、それを話そうとしたのですが、あがりにあがっていましたので、途中で言葉に詰まり、しばし無言。どうするかみんなが見守っていたようですが、椎名先生に助けを求めるわけにもいかず、仕方なくあいさつのメモ用紙を取り出して、やっとの思いで挨拶を終わることができました。椎名先生は、「よう頑張ったね」とニコニコして言葉をかけてくれました。その後は、生徒会会長として職務に励んで、新しい学校なので校門を生徒の共同作業で造ったり、町内の家から植木をもらって、リヤカーに積んで運び校庭に植える作業等の中心になって働きました。ある時椎名先生に呼び出されて学校に行くと、先生と副会長の女子がいました。先生は、「A子が生徒会の打ち合わせをしたいといっても、いやだといったそうじゃないか」、「まあ貴良は〝おくて〟だからな」と笑いながら言いました。彼女は生徒会の仕事を通じて、どうやら私に好意を持ったらしいのですが、私には生徒会の仕事を務めることが精いっぱいだったし、そんなに女子には興味を持たなかったことも事実でした。彼女には、同じ高校に入ってからも、何かで会うとそのことで嫌味を言われました。クラスでは、これも椎名先生の命令で同級生の勉強の面倒を見ることになりました。田舎ですので、町内には塾なるものはありませんでした。「布施は、希望の高校には間違いなく入れるから、ぎりぎりの同級生の勉強を教えてやれ」と。ごく自然に3人位の同級生に数学とか英語とかを教えていたような気がします。3年生の通信簿は、1学期から3学期までほぼ5だけがついていて、母親の宝物になりタンスにしまっていました。

悩み多き高校時代

高校は、地元の進学校「千葉県立匝瑳《そうさ》高校」に進学しました。時々東大に受かる生徒がいたり、有名大学に進み学者や医者、弁護士になる人もいますが、多くは比較的勉強のできる子が千葉大に行って学校の先生になり地元に帰ってくるか、高卒でも県・県警職員や市町村の職員、銀行員になるというような高校です。

私は、光中学校での生徒会長の経験を買われて（？）、1年から3年生までクラス会長を押し付けられました。有名大学を目指す「ガリ勉」君は、絶対にクラス役員にはなりませんね。1、2年生では柔道部に所属し、初段の昇任試験では通りましたが、「型」を取らなかったので、黒帯は締められませんでした。2年生になっていたある時、全校の掃除か何かの時だったと思いますが、上級生にいじめられている生徒がいたので、割って入りました。大勢の生徒が集まり固唾を飲んで見守る中、上級生より体格が良い私の断固たる態度にひるんだのか、上級生はその場から立ち去りました。その場を取り囲んでいた生徒たちは落胆とも感嘆とも取れるような、ため息とひそひそ話をしながら散っていきました。その後は、気が大きくなって、学校の食堂でお昼にはうどんを食べられるのですが、多くの生徒が並んでいるところに行って、前から5、6人のあたりで「オスッ」というと、さっと列を開けてくれるようになり、ちょっとしたワルの気分を味わっていました。

3年生となり、進路が問題となりました。自分としては、大学に進学することがなぜか当然のように思っていました。もちろん家にお金がないことは分かってはいたので、高校3年の夏休みはアルバイトをしました。まず手始めに、親戚の建設会社に頼み込んで、夜中のコンクリートの打ち込みの手伝いです。当時は、まだ機械がなくコンクリートを型枠に流し込むと空気が残らないように、竹竿で突きながら均等に型枠に収まるようにしていました。結果、一晩で両手は豆だらけ、手がかじかんで動かなくなり、疲れ切ってその親戚の家で翌日寝ている羽目になりました。そこで今度は、千葉の国鉄職員と結婚した一番上の栄子姉の家に泊まり込んで、千葉市内で森永乳業の新製品の乳酸飲料のセールスをすることにしました。高校生のアルバイトを募集していたのです。バイト生は、7、8人のグループで千葉市内の森永牛乳の販売店に配属され、1週間単位で販売店の配達エリア内を戸別訪問し、契約を取ってくる仕事です。グループ内に千葉工業高校生がいてなぜかライバル心を燃やしました。契約件数のトップは彼か私でしたが、地元千葉市内に住み地理に明るい彼には、一歩トップの座は、譲らざるを得ませんでした。そんな日のある時、市内の製鉄会社の社宅で「営業」したときのことです。訪問すると若い奥さんがドアを開けて、「暑いでしょう、上がって冷たいものを飲んでいったら」と声をかけてくれました。かなりの美人さんでした。製鉄会社ですので夫の方は午後から夜勤なのでしょう。瞬間どう返事をして良いのか分からず、どぎまぎして営業もほどほどに、逃げるようにドアを離れ、社宅街を後にしました。別に、冷たいお水かコーラかをご馳走になるだけだったかも知れませんが、女性に興味津々ながらもまだまだ〝うぶ〟な青年でした。

　そんなこともあり、夏休み中に「特別奨学金」の試験がありましたが、残念ながら不合格となり、大学進学はピンチになってしまい、次の読売新聞配達の奨学金も東京の試験会場の場所が良く分からず、遅刻して不合格。ついに瀬戸際になってしまいました。家族会議的に両親と長男精司夫婦と私で、進路を決める話し合いが持たれました。既に家督を継いでいた兄の精司は、精一杯私に配慮して「千葉大に行って学校の先生になるのであれば金を出す」と言ってくれました。しかし私は、「早稲田大学に行って新聞記者になりたい」と言ってしまいました。中学３年生の時、担任の椎名先生に進路を聞かれてその言葉を言ったら、「お前ならなれる」と言われたので、信じ込んでいたのです。「話にならん」と精司兄は吐き捨てるように言い、「就職しろ」と言い放って、私をにらんでいました。そのとき父は、私をなだめるように「県庁に入れ。夜間大学に行けるぞ、県会議員の畔蒜の叔父さんに頼んでやるから」と結論のように言いました。私もやむなくそれに従って、千葉県職員の採用試験を受けることになりました。すぐ近所に１つ年上の女子で同じ匝瑳高校を卒業して県職員になっていた人がいたので、なんとなく納得させられて、進路を決める家族会議は終わりました。県職員の採用試験は、「見事」合格しました。両親と町内の県議に嫁いでいた父の姉にあたる伯母には、「伯父さんのおかげで県庁に入れたのだよ」と言い聞かされました。まあ、「裏口就職」あるいは「こね就職」ということになるのかな。しかし、それにしては、高卒合格採用者３５０人位のうち席次は20番以内ではありました。聞くところによれば、その年の１番は東葛高校出身者、２番は千葉高校出身者ということでした。

千葉県職員となる

そして、千葉県職員1年生が始まります。夜間大学に通うのが目標でしたが、配属されたのは、旭市にある海匝支庁という県の総合出先機関でした。県庁の大会議室で行われた入職者の説明会で、総務部長氏は「君たちは、先ず出身地に近い出先機関で県職員としての生活に慣れてもらいます。県職員になるということはこの県庁舎で働くと思ったかもしれないが、県の仕事は様々あり全県に出先機関がある。そこで一生懸命勤めてくれれば、この本庁に栄転できます」と。

1966年（昭和41年）4月1日、いよいよ海匝支庁への初出勤です。実家からバスで総武本線横芝駅に行き、そこから汽車で旭駅へ、駅から徒歩で勤務先に向かいます。今の時代であれば、スマホで場所・道順を検索すれば簡単なのですが、当時はそんなものはないので、駅の案内版を見て向かいました。道順さえ覚えれば、10分か15分で行ける距離ではあります。何とか勤務先の役所に到着しましたが、複数の事務所が同居する庁舎に入り口がいくつかあって、どこが海匝支庁の玄関かわからず、うろうろ探して取りあえず入った所は確か「農業改良普及所」だったか……。そこで支庁の入り口を教えて頂き、ようやく到着しましたが、既に出勤時間の9時を10分近く回っていました。新任職員で初出勤日から遅刻したということで、私は「大物だ」と評価される羽目になりました。

私は、海匝支庁の総務課企画係に配属となりました。当時の総務課長さんは、Aさんという方で京都大学農学部の出身でした。あまり仕事をしないのがみんなの安心の評価で、いつも大きな声でからからと笑っていました。学歴からすれば、支庁長、本庁の部長になっても不思議ではないのですが、総務課長で定年後、生まれ故郷の山武郡蓮沼村の村長になりました。企画係は、高卒の係長と中央大学出の上級職と私の3人でした。係長K氏は出世意欲満々で大柄赤ら顔、低音のよく響く声で管内市町長の「評価」をしていました。中央大学出のU氏は、まじめでおとなしい方でした。

支庁には、総務課の他に産業課、税務課、福祉事務所等の機関があり、4、50人の職員が勤務していました。その中で、地元の匝瑳高校出身者で高卒の職員が多数を占め、幅を利かせていました。支庁のすぐ隣は小学校で、勤務が終わると若い男性職員たちは校庭に繰り出して野球です。そしてそのあとは、近くの料理屋に付属している居酒屋でビールを飲み、上司の悪口や男女関係のうわさ話をして帰宅するという毎日でした。居酒屋のママさんは、料理屋さんの「若女将」でもありましたが、当時30歳位でなかなかの美人さんで、みんなの憧れでした。そこではみんな付けで飲み、月末の給料日に精算する仕組みです。みんな県職員ですから、取りっぱぐれはないですね。私は翌年の夏に本庁に転勤となった時、それまでの付けを清算すると、彼女は私に「ご栄転おめでとうございます」と言って、包みを手渡してくれました。中には素敵なネクタイが入っていました。早速仲間にワクワクしながら告白すると、先輩職員が「ばかやろ、転勤する人にみんな上げているのだ」と言われましたが、納得したくない気持ちではありました。

企画係の仕事は、主として管内市町村に対する指導連絡業務です。県の開発計画の管内東総地区計画の策定、市町村の開発計画の県計画との整合調整、選挙管理委員会に関する指導等でした。高卒の職員の場合、身分としては初級の「雇員」という立場で、主事補という職名でした。大卒の場合上級職の「吏員」で「主事」という職名がつきます。初級の「雇員」という身分は、後に私が労働組合活動に入るきっかけとなりました。

ともかくも、県職員1年生が始まりましたが、「初任者研修」で受けた内容を忠実に守るべく仕事に従事しました。最初の仕事は、千葉県の「総合計画」に関する東総地区の計画をつくることでした。まあ、訳も分からずいろんな資料を引っ張り出して、「計画」なるものの一部を、高卒の新任1年生が起案した記憶があります。係りの仕事は、それぞれの起案した役所の文書を正式なものとするため3人で目を通し、決済します。ある時、先輩の上級職U氏の書いた文書案が回ってきたので、自分としては「てにをは」が違うのではないかと思い、赤字で修正しました。私としては、初任者研修で言われたこと「知事になったつもりで役所の文書を起案しなさい」を実践したつもりでした。上級職U氏は、烈火のごとくお怒りになりました。「新米のお前がなんで俺の文書を直すんだ」と。普段はおとなしい人がです。まあ彼の態度は、当然ではありましたが。早速「大物」ぶりを発揮してしまい、総務課内は、このやり取りに「苦笑」が漏れていました。お隣の商工課の、早稲田大学法学部卒のM氏はU氏と同期入職でしたが、「あいつは性格はおとなしいが、プライドが高いからね」と慰めてくれました。彼はひょうきんなところのある良い人で、「博識者」で通っていました。ですが、ちょっとピントが外れたようなところがありました。ある時、役所の印刷物を二つ折りか三つ折りにする時、彼は一枚一枚折っていました。すると総務課の若い女性職員から「Mさん、そんなことをしていたら、日が暮れちゃうよ」とたしなめられ、数枚づつ折る方法を教えてもらっていました。またある時は、商工課員ということもあり、管内の銀行支店に公務で出かけることがありました。そこで美人の行員さんと出会ってしまったのです。彼からは早速飲み会でその報告があり、「俺、その人に『懸想』してしまった」と告白したのです。『懸想』なる言葉に、一同一瞬何のことやらわからず、『懸想』って？　と聞き返していましたが、彼から「いやあ惚れちゃってよ」と「東総弁」で答えてくれたので、なんとなくわかり、その後「さすがMさんだね。言うことが俺たちと違うよ」と格好の「酒の肴」となり、盛り上がりました。

またある時に私は、A総務課長と生まれ故郷の匝瑳郡光町役場に出張しました。お昼となり、出前が用意されていました。総務課長は、当然ながら町長と一緒に町長室で頂きます。私は、町職員のいる事務室の空いている机で、出前のおそばを頂くことになりました。食べようとすると、割りばしが割られていて、薬味の刻みネギがおそばの上にのっていたのです。「他の人のおそばかな」と思い一瞬戸惑っていると、若い女性職員が「薬味、入れておきましたよ」と声をかけてくれました。彼女のことは、どこかで会ったような気がしていましたが、はっきりわかりません。「鄙には稀な」という言葉がぴったりするきれいな女性でした。私は、光中学の初代生徒会長で、町内の有力県議の「甥」ということもあり、そんな私が海匝支庁の職員として、総務課長と訪問するということが役場内に知られていて、ちょっとした話題になっていたのでしょう、多分……。帰りの公用車で課長に「おそばのこと」を話すと、「布施君、彼女は結婚しているそうだよ」と教えられて、何か安心したような、がっかりしたような複雑な気持ちがしました。

そんな愉快で楽しい先輩、同僚たちに囲まれて、いかにも千葉県の田舎の県出先機関での一年半が過ぎた夏、突然総務課長のA氏から呼び出され、本庁への「ご栄転」を告げられたのです。

夜間大学に通うも1単位も取らず退学、労働組合活動へ

本庁では、土木部道路補修課に配属されました。県道、一般国道を管理する部門です。この課は、技術部門と管理・庶務部門があり、私は管理係というところへの配置です。仕事は、道路法に基づく県道と一般国道の管理です。県下の市町村道の一定の基準を満たす路線を県道に昇格させること、拡幅したり、バイパスで改良された県道や、国道の道路範囲を法的に確定する道路区域決定と工事完成後通行を可能とする供用開始の告示に関すること、トレーラー等超大型自動車の道路通行認可に関すること及び東電や電電公社（現ＮＴＴ）等による大規模な道路占用掘削工事許可に関すること等です。

千葉市の中心部にある県庁に転勤になったことで、早速夜間大学に入る準備を始めました。そうは言っても、先ず仕事を覚えることが先決だったし、千葉大学の西千葉キャンパス近くのアパートに、先に入居していた三兄の定男と同居しての生活でしたので、なかなかままならな

い状況でした。四畳半一間に大人二人の生活は、一緒に銭湯に行ったりして楽しくもあったのですが、さすがに狭く何かと不都合で、半年もたたないうちに同じアパートでもう一室が空いたので、そちらに移りました。夜学に行く希望でしたので、高校時代の教科書を取って置いてあり、さっそく受験勉強に取り掛かりました。大学の試験はあくる年の2月頃だと思いましたが、第一志望の早稲田大学の社会学部には落ち、法政大学の社会学部に入学することとなりました。

法政大学は、大学紛争の激しい大学の一つで、校門はずっとバリケード封鎖をされており、入学のオリエンテーションもやったかやらないかわからない状態で、大学生活が始まりました。夜学生のための食堂があり、夕食を食べてから授業となります。入学して間もないある時、食堂でご飯を食べていると共産党系の青年団体のメンバーが寄ってきて、「過激派が大学に押し寄せてくるから、学問の自由を守ろう」と、ささやいてきました。自分は「学問の自由」なる高尚な考えではなく、単に大学卒の資格を取って県庁で出世したいという素朴な考えでしかありませんでしたが、勉強はしたいと思っていましたので、その環境を壊そうとする過激派は許せないと思い、その共産党系の青年団体メンバーとともに、「ゲバ棒」を持って戦うことにしたのです。「ゲバ闘争」には2度ほど参加しました。共産系青年団体メンバーは、過激派に本気でゲバ棒を振るっていましたが、私はそこまでする気はなく、と言うよりなんでそこまででさるのかと違和感を覚えました。私が、無党派ながらも「ゲバ隊」に参加したことで、見込みがあると思われたのでしょうか、その青年団体のメンバーになるように誘われましたが、その頃は「共産主義」は嫌いでしたので、お断りしました。しかし結構しつこくて、マルクスとかレーニンの話をしてきたので、「俺の知らないことを言っているのは癪だな」と思い、自分も彼らが読ませようとしている団体のパンフレットではなく、直接岩波文庫のマルクス・エンゲルス・レーニンの著作を読もうとしました。高校性のころ学校の図書館にマルクスの「資本論」があり、手に取ってみましたが、さっぱりわからずそっと書架に収めたことがありました。そこで手始めに「共産党宣言」、「賃労働と資本」などから読み始めたのです。そうすると何か「労働者階級が抑圧され、搾取されている」という記述に感化されてきたのです。しかし共産党系の青年団体に参加することはなく、もう少し自分に合った左翼団体はないかと、いろんな左翼団体の集会をのぞいて見ることにしました。○核派は過激すぎるな、△マル派は陰険だ、青へル派は声ばかりでかい等々、なかなか自分の考えにあった、党派はありませんでした。そんな時、今の「連合千葉」の前身、総評系千葉県労連の平和集会があり、そこに行きました。そこに「自治労千葉県職」の旗があり、近づいてみると匝瑳高校で一つ先輩の県職員E氏がいました。彼は旧社会党系の労組活動家を目指しているということで、意気投合してしまいました。彼の誘いで、県庁の組合役員をしているH女史を紹介され、県職員組合の組合活動を始めることとなりました。

当時の千葉県職員組合は、共産党系の役員が多数を占めていましたが、委員長には「無所属」のベテランを置き、旧社会党系に申し訳程度に役員の2議席を開けて「共産党系の組合」のレッテルを少しでも緩和しながら、組合運営の実権を握っていました。そこで、私は、社会党系として先ず青年婦人部の役員に立候補して就任しました。H女史は、社会党系の有力若手役員ができたと喜んで、上部団体自治労（全日本自治団体労働組合）の全国大会に連れて行ってくれました。全国大会は、旧社会党系の活動家が多数を占めていたので、共産系役員には興味がなかったのです。青年部の全国大会にも参加しましたが、そこで重要な課題を発見しました。「吏員」と「雇員」の身分差別です。高卒の職員は、はじめは雇員で、現業職員と同じ身分でした。同じ仕事をしているのにです。雇員を5年勤めると吏員昇任試験の受験資格が得られて、合格すると「吏員」昇格です。実際にはほとんどの人が合格するのでしょう。当局の狙いは、県庁職員としての自覚と忠実性を養い問うものであったのではないかと思います。

本庁の道路補修課に来てある時、知事決裁を要する文書を起案しました。決裁区分には、規定で文書の重要度に応じて、課長、部長、知事の区分があります。場合によって同一部内の他の課の課長の合議の必要なものもあります。その文書の決裁が課長まで行ったとき、係長から「布施君、この文書の起案者は自分の名前にしてくれないか」と言われました。規定で知事にまで行く文書は、雇員の主事補が起案できないことになっていたのです。やむなくそれに従いました。しかし、自分が一所懸命勉強し、しっかりした文書を起案したものを係長の名前にすることに、割り切れない気持ちは残りました。そして次第に「大卒」「高卒」、「吏員」「雇員」の差別の不合理さを不当と思い始めました。

私は組合活動を本格化し、青年部役員から一年後には本部の中央執行委員になりました。当時組合内や県庁内では、「共産系の役員はまじめに組合活動をするが、社会党系は仕事がもともとできないヤツで、仕事から逃げるために組合役員になっている」ということが、特に共産系から流されていました。そこで私は、社会党系の組合内勢力を拡大するため、仕事もできる役員になることにしました。当時県庁の仕事は、国の機関委任事務で国の通達等に縛られ、自治体としての主体性が十分発揮できない仕組みとなっていました。土木部門は国庫補助に頼る事業が多く、この傾向は特に顕著でした。道路管理を担う職員には、道路関係法令集としての「道路小六法」が渡されていました。それに従うことにより、国の意向に沿った県庁職員としての仕事ができるということになります。私は、「仕事もできる組合役員」となるべく、数百ページの「道路小六法」を隅から隅まで読み込みました。中には、道路構造令など技術的なこともあり、それは飛ばしましたが、その他の法令解釈、通達内容をほぼマスターしました。当時田中角栄内閣の下で、「日本列島改造論」が叫ばれ、一般道路改良・舗装、高速道路、新幹線建設など、公共事業が花盛りでした。道路行政では、市町村道を県道に、県道を一般国道に、一般国道を建設省直轄管理の重要国道にそれぞれ昇格させる事業が盛んに進められました。私の所には、係長を飛ばして直接課長から、「布施君、○○県議と関係市町村長の要望だから、市町村道の県道昇格を検討してくれ」と指示がありました。県道路線には、数市町村にまたがり、その地方の経済振興、交通の円滑化に寄与できるものとか、主要駅と国道を連絡するとかの基準があって、それにいかに合致するかを評価して、建設省に県道路線の認定を申請し、認可されて初めて県道となり道路工事に国庫補助金が付いて、整備が促進される仕組みとなっています。私は、その基準をほぼマスターし、時にいかにその道路が基準に合致するかを「作文」をしながら、知事決済となる県道昇格の国に対する認可申請書案文を起案し、係長名で決済に回していたのです。成田国際空港を建設するため、国道51号線から空港予定地に至る道路を建設するため、何故かまず県道路線を決定し、国に認可申請する書類も作りました。反対運動の強かった成田空港をつくるため、まず県道を設定し、それを地元要望の形で一般国道成田空港線と東関東自動車道空港線を建設するという段取りだったのでしょう。一部の県庁内反日共系の活動家から、「そんな仕事は拒否してしまえ」と言われましたが、私は断固断りました。「仕事は仕事、空港反対は考え方の問題だと」。

組合役員として自治労の全国大会に出席し、特に青年部の会議で初めて身分差別の矛盾を学び、差別撤廃の自治体組合の活動を知って、我が千葉県職員労組でもこれを青年婦人部の最大課題にしようと決意しました。先ず、土木部の高卒若手職員、私と同期入職の職員を個別に説得し、地方自治法や地方公務員法、労働基準法等から地方公務職員における身分差別の矛盾を明らかにした資料を作成して、勉強会を始めました。基本的には、「吏員」「雇員」の身分差別は、戦前の「天皇の官吏」に行き着くことがわかりました。従って、戦後の公務員制度にはなじまないのです。しかも実態は、主事たる吏員も主事補の雇員も全く同じ仕事をしていることが、問題です。問題提起を始めるとたちまち仲間が集まってきました。青年婦人部役員として会議に諮り、差別撤廃の方針を決定。中央執行委員会の方針ともなって、いよいよ当局との交渉に臨むことになったのです。人事委員会事務局長との団体交渉は、たぶん千葉県職員労組としては青年婦人部を中心にかつてなく盛り上がり、事務局長もたじたじで汗をふきふきの対応でした。しかし交渉の場では差別撤廃はなりませんでした。そこで、私は、「吏員昇任試験拒否闘争」を提起しました。さすがに、この「過激」な方針は残念ながら組合の正式な方針にはなりませんでした。それでも私は、断固試験拒否を貫くことにしました。職場では、事務系の女性先輩職員から試験拒否の考えに心配して、試験を受けるように説得されました。「試験拒否だと、受かる自信がないからだと言われるよ」と同情され、「試験は受けて、試験に合格してから活動を続けては」と、善意と「愛情」のこもった言葉に一瞬揺らぐ気持ちもありました。試験は、県立千葉商業高校が会場だったと思います。私は、会場の入り口で仲間数人と「身分差別の不当な昇任試験を拒否しよう」という内容のビラ配りを敢行しました。結果、試験拒否者は二人だけでした。採用試験トップの東葛高校卒で中央大学の夜間部に通学中の優秀な職員と地元県議のコネで入ったはずの匝瑳高校卒の私。しかし、「吏員昇任試験」は、その年を最後に廃止となったのです。私は、試験を受けることなく、「主事」に昇格しました。「吏員」「雇員」の身分は廃止されたのです。私の初めての「戦い」は、身分差別を撤廃したことで勝利感を持つと同時に、多数の試験拒否者を出せなかったことへの残念な気持ちから、人々の気持ちと離れずにどのように社会や政治を変えていくのかということを考えるきっかけとなりました。

その後私は、本格的に労組活動家になるべく職員組合本部の中央執行委員に継続して立候補し、「非共産党系」の枠で当選し、就任しました。共産党系幹部役員から、様々懐柔する働きかけはありましたが、私としては非共産党系の仲間をつくる活動に力を入れ、いずれ多数派を形成して委員長になるつもりでした。県庁での出世をあきらめ、労働運動に身をささげようと思ったのです。そこで、県庁近くにあった旧社会党千葉県本部を訪ね、社会党への入党を申し出ました。しかしそこでは、「社会党員」ではなく青年組織の「社青同」(日本社会主義青年同盟)に入るよう勧められました。当時の社会党千葉県連は、左派の「社会主義協会」系が勢力を伸ばしていました。当時の木原実衆議院議員、県議で後に木原氏の後継で衆議院議員になった上野建一氏が中心幹部でした。木原、上野氏の「左派」に対して、赤桐操参議院議員、市川福平県議らの「右派」との対立が激しくなっていました。特に左派は、全共闘運動の盛り上がりや成田空港反対闘争での過激派の社会党内浸透を警戒していました。ですから、自分から入党したいと言ってくる人はいるはずがない、布施は過激派の加入戦術ではないかと怪しんだのだと思います。

「社青同」は、もともと旧日本社会党の青年組織として出発したのですが、社会党内の派閥の影響や全共闘運動の影響もあり、分裂していくつかの別団体に分かれていました。「過激派」の一つに数えられている「社青同解放派」(青ヘル)、イタリア共産党の「プロレタリア独裁否定」の流れをくむ「構造改革派」(銀ヘル)、労農派マルクス主義で当時の太田薫総評議長の影響下にあった「太田派」、それと同じ労農派で向坂逸郎九州大学教授と大内兵衛東大名誉教授を理論指導者とする「協会向坂派」です。このように旧社会党系の青年組織は、バラバラで、共産党系の「民青」(民主青年同盟)の組織力には到底及びませんでした。

県庁内の労働組合活動や、「社青同」の活動を通じて、協会系理論への傾倒を深めてゆき、県庁職員を辞めて社会党の専従職員になることを勧められました。県職員組合は共産党の勢力が強く、社会党系が勢力を伸ばしてひっくり返すのは難しいから、社会党の中で「左派協会派」を増やし、社会党を「革命的」に強化しようと。

当時、私の労働組合活動と、県庁内に「社青同」の仲間をつくる活動を本格的に取り組み始めた頃でした。県庁内にも学生運動の流れを汲み、○核系とか△マル派等とみられる過激派グループメンバーは存在していましたが、私の「吏・雇員闘争」の実績を背景とした「オルグ」が功を奏して、たちまち10数名の仲間ができ非共産系勢力では「多数派」を形成する勢いでした。職場内ではそんな私に、当然にもあからさまな批判と善意の忠告の両方がありました。もちろん、支持者も結構いました。ですから時に、よその課の女性から電話で「うちの課で今日3時に貰い物の〝おやつ〟が出るから来ない？」とお誘いがあるのです。そうすると私は、適当な書類を決裁用の「紙ばさみ」に挟んで、「ちょっと持ち回り決済に行ってきます」と言って、いそいそと出かけて行きます。「持ち回り決済」というのは、急ぎの書類で早く決済が必要なもの、他の課の課長の決済を要するもので多少の説明が必要な書類のことで、決裁のハンコを貰うために直接持って回って決済印をもらう書類のことです。そんな時係長氏は、ぎろっとにらんで「どうせまた布施の廊下トンビだろう」とあきらめ顔に横を向いていました。そこで私は、お誘いのあった課の女性の隣に座り込んで、お茶とお菓子をご馳走になり、帰ってくるのです。組合の会議で一日か半日、職場を「公式」に抜ける時があります。しかし、仕事で迷惑をかけることのないように、そんな時は朝早く出勤したり、あるいは組合の会議が終わってからの夜に、仕事をかたづけるようにしていました。正直仕事内容は係長より詳しかったし、当時の道路補修課長O氏は匝瑳高校の先輩であり、当然義伯父の畔蒜県議もよく知っていたので、まあ、仕事の割とできる私を規制することはありませんでした。組合の活動で、時々県庁一階の吹き抜けで演説する若き組合活動家として、県庁内ではちょっとした「有名人」になり、職場では「布施さんは仕事が出来て、良い男で」と結構人気者でした。ある時、同じ係りの15歳位年上の既婚先輩女性Kさんから、「布施さんはまだ女性を知らないでしょう」と見透かされ、「今度教えてあげようか」とほかの人にも聞こえるような声で言われました。それを聞いていた隣の係りの先輩女性も同調するかのように「Kさん、教えてあげなよ」とはやし立てられました。「その時」は、本当にやって来たのです。ある時、道路占用案件で現地調査が必要という口実で、県庁から県下南部の道路調査に彼女と「出張」することになりました。仕事が終わり、夕刻近くなり5時も回ったころ途中の駅で彼女が「ここで汽車を降りよう」となったのです。駅のホームから外を見るとそこに「逆さクラゲ」の看板の付いた「旅館」が見えました。一挙に胸の鼓動が高まりました。彼女は、私に「あれ」を教えてくれるつもりなのかと。とその時、「Kさん、今日はご出張ですか」と声をかけてきた人がいたのです。その人は彼女を知っている同じ県職員で、その駅近くの出先機関に勤務している人でした。「ええ、これから千葉に帰るところ」と彼女はさりげなく答えました。その瞬間、彼女の「課外授業」は終わったのです。26歳で結婚するまで私は、「清い身体」でした。ホントです。

妻となる彼女とは、組合活動で知り合いました。彼女も一応反日共系のグループの一員でした。デートと言えるかどうかわかりませんが、好意を持った私は、しばしば「学習会」に誘いました。と言っても喫茶店でコーヒーを飲みながら、岩波文庫のマルクスの「共産党宣言」とかエンゲルスの「賃労働と資本」の読み合わせです。本の内容について、私は「その通りだよね」というと彼女は「わからない」を連発していて、ちょっと困りながら見解を一致させることがより彼女に近づく道だと一生懸命「解説」していました。当時の他の反日共系グループの仲間は、親切にも「彼女は上智卒の上級職だから、高卒のお前では無理だよ」とあきらめろと言わんばかりの「忠告」をしてくれていました。彼らの「忠告」は実らず、後に彼女の言うところでは「社会党の書記では一生お金に縁のない人だろうが、私が定年まで働けば何とかなるだろうと思い、『同情結婚』した」と。彼女からは、新左翼の心情シンパで、上智大闘争時にはバリケードに入ったり、ベ平連のデモでは機動隊に追われたりしたこともあったと聞いていました。まあ、「活動家」まではいかなかったということですね。

その頃の私は、岩波版のマルクス、エンゲルス、レーニンの古典や社会主義協会発行の向坂逸郎教授の著書をかなりのスピードで読みあさりました。高卒のコンプレックスは確かにあったので､独学でマルクスレーニンの「理論家」になろうと目論んでいたのです。マルクスの「資本論」も向坂教授の解説本を頼りに、第一巻を通読しました。そして、自分の一生を労働者階級のために捧げようと決意を固めるようになりました。そんな私に、社会党の千葉県本部の協会派の人たちが目を付けて、県庁も夜学もやめて社会党の専従職員になれと説得してきました。既に県庁で出世すること、そのための手段として夜間大学卒業も「ブルジョワ」的だと思い、社会党の専従職員になる決意を固めていきました。その時は、「議員」になることは考えても見ず、あくまで「社会主義運動家」としてでした。

県職員を辞め千葉市社会党の職員となる

せっかく入った県職員を辞め、「社会党千葉総支部」の書記になりました。給料は下がったけれど、いっぱしの「社会主義革命家」になった気分でした。実家に帰っておふくろに報告すると、おふくろは「お前、とうとう『ルンペン』になったのか」と言われました。自分としては「革命家」を目指すつもりでしたが、母ちゃんを安心させるため、「違うよ、いつか議員になるためだよ」と言っておきました。また、千葉県農協経済連の会長をしていた伯母の夫であり、県庁に「コネ」で入れてくれた畔蒜県議にも挨拶に行きました。当然怒られると思ってびくびくしながら会長室に入ると、彼は「ほう、そうかそうか」と意外やそっけない対応で、やや拍子抜けでした。この義伯父の県議は、自民党員でしたがいわゆる「草の根保守」で、付き合いのある社会党の国会議員にも選挙になると自民党をそっちのけで応援し、一度ならず二度までも自民党を除名になるという地方政治家でした。数年後、私が社会党公認で千葉市議に立候補した時、すでに会長職は辞していましたが、かつての経済連の部下たちが社会党の表向きの選挙対策組織とは別に、農協関係職員の支援を得るべく裏支援組織をつくり応援をしてくれました。経済連の労働組合は、同じ社会党右派の人を推薦していたからです。

社会党千葉総支部に書記として勤めて分かったことは、一般党員が協会派の熱心な組織活動で多数を占めていて、市議・県議は右派に属する人がほとんどであったことです。事務局員は、私を含めて４人すべて協会派でした。千葉市に対応する組織ですので、参議院、衆議院の選挙は、県本部の指示に従って市内の選挙活動を担いましたが、市長選挙の候補をどうするかとか、千葉市議・県議候補をどうするのかは、総支部の責任でした。総支部の役員会は、県議・市議を中心として構成されていましたが、協会派を中心に議員と一般党員は、対等であるという主張のもとに、協会系の一般党員も数人参加していました。社会党の全国的な左右派閥の対立が、そのまま地方でも繰り広げられ、千葉県、千葉市の党組織でも各級議員の候補者選定、党役員のポストをめぐり対立が深刻化してゆきました。そして１９７０年代の半ばころ、全国で最も対立の激しくなった社会党千葉県連は、ついに左右分裂という事態になりました。それは、社会党のその後の分解を予兆するものでした。

私の属する千葉市の組織は、このような党組織の混乱から、財政的に厳しくなり、職員の給料の支払いがままならなくなり、左派の党員で廃屋の取り壊しなどのアルバイトで収入を稼いだりするようになりました。これでは、職員のリストラをするしかありません。職員のうち県内出身者は私だけでしたので、退職しても親戚に頼って再就職できると考え、退職を申し出ました。ところが古参の左派党役員は、「三池炭鉱労組の首切反対闘争を教訓として活動理論を磨いできた協会派が、金がないからと職員を退職させたとなると、立場がない」と反対して退職させてくれませんでした。どう見ても理屈に合わない「理論派」とは思えない主張でした。やむを得ず、私は「市会議員に出たい、だから退職させてもらいたい」と主張を変えるとようやく彼らのメンツが立って、退職することになりました。統一地方選挙千葉市議会議員選挙のおおよそ5か月くらい前でした。当時私は、総武線稲毛駅の東部2キロくらいの新興住宅地内のアパートに、県職員の大きなおなかを抱えた臨月の妻と長男の三人で暮らしていました。すぐ近くに一番上の姉栄子夫婦が住んでいたので、子供の面倒を見てもらうためでした。

しかし、その地域には同じ社会党で私より先に市議の公認候補となっていた人がいたので、私は東京湾を埋め立てて造成した稲毛海浜地区のUR団地群に引っ越すことにしました。その地域には共産党女性市議がいて、新興団地票を「独占」していました。共産党の先客がいても、団地は革新票が多いから十分やっていけるだろうと、選挙のわずか3ケ月余り前の転居でした。

話が前後しますが、結婚前の妻は県に行政職で入り、県精神衛生センター（当時）に精神衛生相談員として勤務していました。（後に精神保健福祉士が国家資格となる）

結婚式は、1975年3月のことで、ちょうど統一地方選挙の最中でした。社会党千葉総支部の先輩書記のTさんは、「この忙しい時に」とやや困惑・批判気味でしたが、左派のU市議や「社青同」の仲間が早速「会費制・人前結婚式」を計画してくれました。会場は、県内労働団体が県の補助金を得て設置した「千葉県労働者福祉センター」の結婚式場でした。ちょっとした結婚式をするとなればホテルや神社の結婚式場ということになりますが、当時活動家の間で「会費制・人前結婚式」は流行りでした。私たちのそれぞれの両親からすれば、この形式の結婚式にいささか戸惑いはあったと思いますが、両方とも末っ子でしたし、「会費制」ということでそれに多少色を付けて「祝儀」として持っていけば済むということで、経済的には助かった面もあったと思います。

新婚旅行は、京都・奈良でした。二人で決めましたが、お金は私が全額出しました。と言っても県職員6年弱の退職金が10万円くらい残っていたので、ほぼ全額使いました。それで私の預金通帳は、すっからかん。結婚する前に彼女には、「俺は活動家として一生やっていくので、お金では苦労かけるけどよろしく」と言いました。彼女は了解していましたがただし、「議員にはならないで」といったような気がします。その舌の根が乾かないうちに「議員」に出ることになってしまいましたが、決して妻を裏切ったつもりはないのです。「活動家」だから「任務」として、「犠牲的」にそういうこともあるのだと。

その年の暮れに長男が生まれます。妻は産前産後の各8週間が終わり職場に復帰し、私は比較的時間に余裕があるので、子供を自転車に乗せて市立保育所につれていきました。私の実家の母ちゃんは、「子供を保育園なんてかわいそうじゃないか」と嘆くように、私の話を聞いていました。その頃の私の田舎では幼稚園も保育園もありません。近所の家がそれぞれ「保育園」、「幼稚園」で、ジジババたちが共同で子供たちを見ていたのです。子供がよちよち歩き位の時は、母ちゃんが農作業に出る時、「ぼしかご」（母子篭？）という竹を編んで作った、直径50センチ縦の深さが60センチくらいの背負い篭にいれられて畑に出ました。その篭は、収穫した野菜などを入れて背負う農家には必ずある大きな篭です。子供をそれに入れておけば、あちこち動かないし必要な時すぐお乳をやれるからです。私を「ぼしかご」に入れて背負い、畑道を歩く母ちゃんの姿が目に浮かんできますね。今でも時々。

4年後次男が生まれて、私は市議選に出馬となりました。妻は、「離婚する」と言いましたが、「離婚しても出ざるを得ない」と私が言ったため、シングルマザーで2人の子どもを育てていくまでの覚悟はできず、泣く泣くあきらめたようでした。大した家庭騒動にもならず、千葉市議選への立候補が決まりました。

第2章
地方政治家への道

私の千葉市議会議員選挙出馬は、旧日本社会党の千葉市の組織が党内対立で財政的に行き詰まり、自らリストラを買って出てその口実としての立候補表明でした。幸いにも、「社青同」の仲間が集まり、「やろう」となったのです。従って、選挙勝利に必要な「地盤・看板・鞄」は全くない、ゼロからの出発でした。選挙のために引っ越した場所は、東京湾沿いの埋め立て地で、幸町地区から、高洲、高浜、真砂、磯辺、稲毛海岸、幕張西地区までの新興団地群、その真ん中辺の高洲地区です。幕張新都心と小洒落たマンション群の打瀬地区はまだありません。地縁も血縁もない新興団地だから、「浮動票」が多くあるので、特に革新系に有利であろうという目論見でした。

最初の千葉市議会議員選挙
―1979年（昭和54年）4月　3111票定数56人50位当選―

団地の中には、選挙事務所を構えるような物件は全くなかったので、総武線稲毛駅からまっすぐ東京湾の稲毛海岸に伸びている高洲・高浜地区のメイン通りで、当時はまだ貨物線だった京葉線と交差する交差点角の空き地を借りて、プレハブをつくり活動の拠点としました。

ここで、選挙に出るために事前の準備活動として必要な課題を参考までに列挙します。

選挙に出るために事前の準備活動手引き

①　後援会の結成

選挙運動の支援組織です。政党の公認候補と言えども幅広い人たちの支持を広げるためには、政党とは別に個人的な支持者、たとえば親戚縁者、地元の支持者、学校の同窓生、元職場の同僚、その他の友知人がその対象となります。その中から自分の所属政党となじみのありそうな方で、有力な方を役員にお願いします。後援会長、副会長、事務局長、幹事等ですね。この中で、後援会長は、「それなりの方」をお願いします。事務局長は、会の活動の企画・運営の要なので、自分の最も信用の置ける一定の事務能力のある方が理想ですね。その他の役員は、出来るだけ幅広くお願いします。初めて選挙に出る人は、こんなこともおっかなびっくりですが、役員にお願いして体良く断られてももともとで、それ自体が支持者獲得の活動ですから、ある意味で「ずうずうしく」臆せずにやることです。後援会（政治団体）の設立届けは、届け出書と記載例、規約の例が県選挙管理委員会のホームページに出ていますので、選管事務局職員に教えてもらいながら作ると、割と簡単です。（後援会設立届け、規約例は別掲のとおり）

②　後援会事務所（選挙事務所）設置

事務所については、出来るだけ支持者の集まりやすいところが良いです。ただし、費用とも兼ね合いで、町の中心部は空き地・空き家が少なく、あっても当然借り賃が高いです。当面の後援会設立のためなら、自分の家でも構いません。その上で、選挙の1か月くらい前には、適当な広さと車での来客にも配慮した事務所を設置しましょう。

③　実働部隊としての「選対」設置

後援会を母体としつつ、公認候補ならば担当する党員の配置があり、また、支援の団体の役員を加えて、「○○選挙対策委員会」を設置します。ここが、事前の選挙準備活動と告示後の選挙活動の司令部になる組織です。この「選対」の委員長の指揮の下事務局長とともに、選挙活動全般の「仕切り」を行います。とはいっても、地方議員の選挙の場合、「選対」の役員には、それほど選挙に精通した役員はいないのが通例です。でも、出来るだけみんなでワイワイ楽しくやるのが良いです。当然失敗もあるでしょう。選挙違反でなければやむを得ないです。選挙活動で違反にならないかどうかは、選挙管理委員会に聞いて教えてもらえばよいのです。でも、出来れば選挙に詳しい知り合いの弁護士さんをつくっておくと良いですね。

④　事前にできる宣伝活動

選挙で勝つには、名前と顔、そして人柄を知ってもらうことが必須です。それは政策、主張とセットで広めることができるでしょう。しかし、悪い評判と噂はすぐ広まりますが、良い評判は、なかなか広まらないのが世の常です。だから、「頑張ろう」ですね。名前と顔、政策と主張を広めるアイテムを紹介します。

⑤

・後援会リーフレット（入会案内）

強力な後援会ができれば、まさに「鬼に金棒」、まあ「政治家」を目指す人が「鬼」になってはいけないのですが、支援者を厚く組織することは重要です。応援していただけそうな友知人に直接持って行ったり、郵送したりして会員になってもらいましょう。この種のものは、駅前で無差別に配布したり、各戸の郵便受けに投げ入れることは出来ません。いわゆる「事前運動」になりかねません。

リーフレットの内容は、先ず「討議資料」と表示します。お届けさせていただきますので、ご検討くださいという意味合いですね。その上で、自身のスローガン「市民が主役の市政を目指します」とか大書きして、にこやかな自身の顔写真を入れます。箇条書き的に政策を並べます。囲み的にプロフィールを入れます。さらに、自身の市民活動などを写真付きで紹介することなども効果的です。その上で、「あなたのことを推薦する人」を並べて記載します。後援会長や有力な支援者ですね。重要な人例えば国会議員の方なら写真、推薦文を付けて、掲載します。後援会員募集が名目ですから、後援会の規約、会費の有無と額、後援会連絡先の住所、電話番号、メールアドレス等を書きます。切り取って投函できる申込書と友知人紹介欄をハガキの形に印刷するか、別枚で添付します。その場合、はがき形式の場合は、郵便局で「料金受取人払い」を取って印字すると良いです。今の時代ですから、ネットだけで申し込みを受けるのも可能であり、有効だと思います。

・名刺

できるだけ多くの人に会い、挨拶の時に渡します。ある意味「選挙用」ですから、カラーで顔写真を付けて、名前を大きく書きます。リーフレットをもって、友知人を訪ねて支援を依頼したり、地元を「個々面接」したりした時、必ず持っていきます。昼間に回って行っても不在の方が多いです。それでも良いのです。面談が必要な人は、アポを取るのが常識ですが、そうでない方は「数」をこなすことが有用なので、とにかくひたすら回り、不在の時、これが大事ですが必ず「〇月〇日伺いました。よろしくお願いいたします」と名刺に書いて後援会リーフなど資料と一緒においてきます。電話の分かっている方は、後日に電話することも丁寧で効果的です。

・宣伝ビラ

政党に属して「公認」や「推薦」を貰っている方は、政党機関紙を「号外」として作成すると駅前でも、全戸投げ入れでも配布できます。ただし政党機関紙ですから、「報道形式」ですね。「後援会報」は後援会員に配布すべきものですので、やはり「号外」の形で各戸配布、駅頭配布したりしたいですが、公選法上は違反です。

・のぼり旗

駅頭、街頭活動で使います。目立つように名前を大書きした旗を立てたいのですが、事前運動や、売名行為になります。「〇〇後援会」も名前が入る限りだめです。したがって、本人の主張をスローガンした「文字旗」を作って掲げましょう。そのスローガンを見て〇〇さんだと分かれば、しめたものです。

⑥

・トラメガ

駅前や繁華街での演説、宣伝には、トランジスターメガホンが必要です。宣伝カーは、自家用車にスピーカーを付けて活動する方法もありますが、道路使用許可を警察で取る必要があるし、駅前には置きにくいところが多いです。トラメガの方が、前を行く人に声をかけたり、かけられたりと親しみやすいです。

・ＩＴの活用

ホームページの作成アップ、ツイッター（Ｘ）、インスタグラム、ライン等ネットの活用も大事になっています。逐次の更新をすると効果的です。自身の活動をＹｏｕＴｕｂｅ等動画で流すのも良いでしょう。今後ますます重要な宣伝媒体になってきます。

資金その他

お金は、様々活動に必要ですが、自己資金、カンパ、政党公認の場合の公認料がありま す。選挙には、公費負担があります。選挙カーの借り上げ料、運転手の報酬、ポスター印刷代、選挙運動用ビラ印刷費、選挙はがき郵送代等公費負担制度がありますので、それらを加味しながら、資金計画を立てて、活動を開始しましょう。

なお、注意すべきこととして、政治家個人の後援会は企業・団体からの寄付を受け取れないことです。企業・団体からの寄付は、政党、政党支部だけです。

受　付　印

		資有・資無	事・代 会・会代	入力者

政治団体設立届

届出日　令和　　年　　月　　日

総務大臣
千葉県選挙管理委員会　様

政治団体の名称

事務所の所在地

代表者の氏名

政治資金規正法第６条第１項の規定により、下記のとおり届け出ます。

記

ふりがな 政治団体の名称		本部がある場合その団体名称	
政治団体の区分	□政党の支部　□政党 □その他の政治団体　□政治資金団体 □その他の政治団体の支部　□政治資金規正法第18条の2第1項の規定による政治団体	国会議員関係政治団体の区分	□政治資金規正法第19条の7第1項第1号に係る国会議員関係政治団体 □政治資金規正法第19条の7第1項第2号に係る国会議員関係政治団体
目的	別添のとおり	組織年月日	令和　　年　　月　　日
主たる事務所の所在地	郵便番号　　―　　電話番号　　―　　― 住所		
主たる活動区域	□　千葉県（　　　　） □　全国（２都道府県以上）		
代表者 （※通称名不可）	ふりがな　　電話番号　　―　　― 氏名　　生年月日　年号　明治・大正 昭和・平成　　年　　月　　日 郵便番号　　―　　選任年月日 住所　　令和　　年　　月　　日		
会計責任者 （※通称名不可）	ふりがな　　電話番号　　―　　― 氏名　　生年月日　年号　明治・大正 昭和・平成　　年　　月　　日 郵便番号　　―　　選任年月日 住所　　令和　　年　　月　　日		
会計責任者の職務代行者 （※通称名不可）	ふりがな　　電話番号　　―　　― 氏名　　生年月日　年号　明治・大正 昭和・平成　　年　　月　　日 郵便番号　　―　　選任年月日 住所　　令和　　年　　月　　日		
支部の有無	□　無　□　有	課税上の優遇措置の適用関係の有無	□　無　□　有
政治資金規正法第19条の7第1項第1号に係る国会議員関係政治団体	代表者である公職の候補者に係る公職の種類 □衆議院議員　□参議院議員　□現職　□候補者等		
政治資金規正法第19条の7第1項第2号に係る国会議員関係政治団体	公職の候補者の氏名 ふりがな 氏名	公職の候補者に係る公職の種類	□衆議院議員　□現職 □参議院議員　□候補者等

※作成する際は、≪注意≫や記載例を参照してください。

□PA（D・P・M・E）	□SI	□SE

【　綱領・規約・会則の例　】

ち ば 一 郎 後 援 会 規 約

（名称及び所在地）
第１条　この会は、ちば一郎後援会（以下「本会」という。）と称し、主たる事務所を千葉県内に置く。

（目的）
第２条　本会は、千葉一郎の政治活動を後援すると共に会員相互の親睦を図ることを目的とする。　　（注）千葉一郎は、戸籍名で記載すること

（事業）
第３条　本会は、前条の目的を達成するため次の事業を行う。
（１）　県政及び市政の調査研究事業
（２）　講演会、講習会及び政治座談会の開催事業
（３）　機関紙の発行事業
（４）　その他、本会の目的達成のために必要な事業

（会員）
第４条　本会は、第２条の目的に賛同する成人者をもって会員とする。

（役員）
第５条　本会に次の役員を置く。
（１）　会　　長　　１　名
（２）　副 会 長　　２　名
（３）　幹　　事　　若干名
（４）　会計責任者　１　名
（５）　監　　事　　２　名

（役員の選出及び任期）
第６条　役員は、総会において選任する。
２　役員の任期は〇年とする。ただし、再任は妨げない。

（会議）
第７条　会長は、毎年１回の通常総会、その他必要に応じて臨時総会を招集する。
２　会長は、必要に応じ役員会を招集する。

（経費）
第８条　本会の経費は、会費（年額＊＊＊＊円）、寄附金その他の収入をもって充てる。

（会計年度及び会計監査）
第９条　本会の会計年度は、毎年１月１日から１２月３１日までとする。
２　会計責任者は、本会の経理につき年１回監事による監査を受け、その監査意見書を付して総会に報告する。

（会則の改廃）
第10条　本規約の改廃は、総会において決定する。

（補則）
第11条　本規約に定めのない事項については、役員会で決定する。

附　則
本規約は、令和〇〇年〇月〇日より実施する。

私の初めての選挙にあたって、準備万端とはとても言えない、素人若者集団のとにかく「断固、やっちゃえ」というものでした。何事をなすにも、世の中「気合い」で入るのも大事だと思います。そして考えながら前に進むことも必要です。私の初めての選挙は、こうして始まりました。

実質的に選挙の中心は、「社青同」千葉市の仲間で当時の国鉄労働組合千葉地方本部の青年部長故酒井安海氏が中心でした。彼は、保線区という国鉄の鉄道線路保守管理部門に所属し、この保線区支部の組合活動は、実質国労運動の中心でした。運転部門は、全国の「動力車労働組合」と千葉県内の「千葉動力車労働組合」に分かれていました。全国の「動力車労働組合」も「千葉動力車労働組合」もストライキ闘争で知られ、「鬼の動労」と言われていましたが、前者は「革マル派」、後者は「中核派」が組合執行部を主導していると言われていました。国労は、国鉄内の幾つかに分かれている労組のうち最大多数派の労働組合で、執行部は連合の前身である旧総評の名事務局長と言われた岩井章氏の流れを汲む社会党系が多数派を占め、日本の労働運動の文字通り牽引車の役割を果たしていました。また国労は、国会議員から地方議員まで多数の社会党議員を輩出して、革新勢力の中核部隊でもあったのです。そしてその後、中曽根康弘が自民党総裁・首相となり、「悲願」の憲法改正のためには、国労を解体し総評を変質させ、社会党を弱体化、分断するため、「国鉄の分割民営化」を打ち出し、強行されることになりなりました。当時の労働運動と社会党勢力はそれに抗することができず、総評は連合となり、社会党は分裂し、その後のリベラル勢力は「民主党」へと引き継がれることになったのです。

そのような「総評・社会党」ブロックと言われた、55年体制の解体過程の中で、私の千葉市議選への初挑戦が始まったということになります。

「布施選対」は、国労千葉地本の青年部と私鉄京成労組の青年部が中心となり、いずれの労組も「機関決定」はされず、「親組合」本部は、別の社会党市議候補を支援していて、いわば「非合法的」な支援活動でした。結局組合上部は、「同じ社会党だから、まあいいか」みたいな形で黙認されていたようです。それでも、布施選対の労組青年たちの活動は目覚ましく、ビラ配りからポスター張りなどに、文字通り馬力を発揮しました。また「労組票」も機関決定を無視して、「布施票」にもぎ取ってきました。

匝瑳郡光町の実家からは、「地区部落の選挙」を知っている兄の精司と姉の和子がお米と野菜を差し入れに来てくれました。兄の精司は、「若いのが目の色を変えてやっているから、何とかなるのではないか」と姉の和子に感想を漏らしていたそうです。最も実家の両親の方は、議員選挙への立候補にびっくりして「貴良は、社会党に騙されているのではないか」と疑問を持っていたようで、様子を見に来た兄の報告に少し安どしていたようです。

私の地元の高洲団地内では、全く知名度はありませんでした。後に地元で後援会の中核になってくれた人たちは、「若いのが地元のフセですと言っているぞ、どういうヤツだ」と少し噂になっている程度でした。ですから、選挙カーで走ってもだれも手を振ったりしてくれません。その頃の千葉市議の選挙は全市１区ですから、市内全域を一通り回っていきます。選挙カーが郊外の農村地帯に差し掛かると、農作業中の年配の女性が、腰を上げてにこやかに手を振ってくれたのです。私は思わず「私の支持者がこんなところにいたんだ」と声を上げると、同乗者していた支援者は、「バカ、あの人たちは誰が来ても、手を振っているのだ」とたしなめるように言いました。まあ、がっかりしましたが、それでも気分を良くして、声をまた張り上げて「ふせまさよしです。よろしくお願いします」と訴えて回りました。

地盤となるべき地元高洲団地は、約1万戸のUR住宅を主体とした新興団地でしたが、私の知名度はゼロです。人口としては2、3万人の住む、ちょっとした市の規模の地域ですが、住民のほとんどが全国からの転居者です。ですから、旧市街地のような地域に根を張っている地元ボス的な保守系の議員はいません。しかし住民同士も関係が薄く、しかも「プライバシー」ということなのでしょうけれど、郵便受けや玄関ドアにも自分の名前を出さない家が圧倒的に多いのです。まさに「隣は何をする人ぞ」状態ですね。そこで、私としては知名度を上げるべく個別に一軒一軒回って歩くことにしました。これを選挙用語では、「個々面接」と言います。公選法で禁止されている「戸別訪問」ではないのです。「選挙期間中」に一軒一軒軒並み歩いて自分を売り込むことを「戸別訪問」というのであれば、「選挙告示前」に名刺と自身の政策や経歴を書いたパンフレットをもって回ることは、自分の「後援会活動」であり、あるいは政党に属しているのであれば、自身を大書きした「政党機関紙号外」をもって回ることも「政党の政治活動」であり合法で自由と言うことになります。

こうして、表札のない各戸をまさに砂をつかむような思いで、5階建ての団地を端から歩いて回りました。名刺と後援会パンフレットをセットにしたものを紙袋に入れて。玄関でドアの脇についている「ピンポン」を鳴らします。はじめは、さすがに居住者に何を言われるか不安がありました。が、ほとんどは、何の反応もないのです。基本的に核家族が極端に多い、共働き世帯の団地住民は、昼間は不在なのです。時々は、その家の専業主婦の方や高齢者が玄関ドアを開けることなく内側から「うちは間に合っています」とすげない反応です。それでも、玄関ドアの中に名刺とパンフレットのセットをそっと差し入れてきます。不在の家は、名刺に「○月○○日伺いました。よろしくお願いします」と書いておいてきます。単に玄関ポストや郵便受けに入れるだけだと、チラシ配り業者が入れていったと思われますから。確かに「本人」が来たと分かってもらうために。これは、当時の社会党衆議院議員故木原実先生に教わったやりかたでした。先生は、特に海浜団地の彼の支持者・友知人を一緒に回って紹介してくれました。さすがにこの方たちは、すぐ支持者になってくれました。その中に真砂団地のＫ氏がいたのです。Ｋ氏の父親が、新潟県出身の農民運動家で木原議員の熱心な支持者となっていました。その息子であるＫ氏は、都庁職員で千葉県職員出身の私と年齢が近くすぐ馬が合い、その後住民運動を共に取り組むことになりました。

私の住む高洲３丁目団地は、旧住宅公団の造成した約２１００戸の団地で、京葉線沿いの２棟が11階建ての他、全て５階建ての階段が出入り自由の住戸でした。そのうちの６００戸余りが分譲団地、残りが賃貸住宅で、各戸のつくりは基本的に皆同じ３ＤＫです。それを端から、各戸訪問し、２か月間で全戸の階段を上り下りしながら、歩き切りました。ほとんどが不在か居留守、ドアを開けてくれて話が少しでも出来、「ご苦労様」「頑張ってください」と声がかかれば、メモ帳に部屋番号と氏名を書き○印を付けます。ただし、ドアを開けてくれてもその内側に他党の候補者のポスターがびしっと貼ってある場合がありますので、この場合は当然×印です。

こうして、告示以降の選挙期間中を含めて、約3000件以上の「個々面接」を行い、電話での投票依頼を含めて、おおよそ4000票位の「得票期待数」が積み上がり、当日の棄権、読み違いを勘案して、約7割の得票と歩留まりを見て票読みをして、何とかなるのではと期待して開票日を迎えました。

テレビの千葉市議選に関する開票速報が始まります。妻と二人でテレビの画面の開票状況を見ていました。さすがに心臓の鼓動は高まります。一回目の開票速報には、当然上位には入っておらず得票の低い順から多い方に数え上げ、当選圏内に入るかどうか見つめていました。定数56人、立候補者数68名中で、当選ラインのようやく下から7番目の3111票で当選が決まり、夫婦で思わず手をたたき、急ぎ選挙事務所に入り当選の万歳三唱をしました。全くの素人集団の手作り選挙でしたが、若さと情熱が勝利のエネルギーを燃やしました。

一回目の選挙の勝利を見定めるかのように、事実上の選対委員長を務めてくれた酒井安海氏は、人工透析の身となり、数年後亡くなりました。激動の1970年代、新左翼系が街頭や大学構内で過激な行動を行い、旧総評系労働組合にも影響が及びつつある中で、酒井氏は、国労千葉の青年部を旧社会党系左派の牙城として守り抜きました。県内のメーデーや平和集会などで、紺の作業服に身を固めて整然と並ぶ国労千葉保線区分会の部隊は、ひと際目立つ存在でした。その指導者であった彼は、仲間と酒を酌み交わし様々な職場問題や個人的な人間関係の悩みにも耳を傾け、若い人に仕事を教えて、人間の生き方としての労働運動を磨き上げ指導していました。国鉄千葉鉄道管理局労務部では、保線区長をはじめ当局も、労組指導者としてだけではなく人間としても、一目置いていた存在だと思います。私はそんな彼が大好きで、兄貴分として慕って、よく彼の職場の国鉄千葉鉄道管理局内の千葉保線区の職場を訪ね、「社青同」活動の悩み等を語りました。保線区の職員は、確かに「線路工夫」、国鉄の「土方」でした。ともすれば、駅員や電車の運転手、車掌は、一般のお客さんに分かりやすいエリート的な職種で、保線区職員を下に見ていました。酒井氏は、そんな保線区労働者に「俺たちがレールを寸分の狂いもなく整えて、はじめて列車が安全に運行できる」「俺たちがいてこそ国鉄だ」と保線区の男たちをまとめ上げ、指導しました。茂原市で、彼の葬儀が行われるとき、私は涙を流しながら彼との思い出に浸り、彼と共に千葉の社会党と労働運動を変えていきたいという思いが、頓挫したような気がしていました。彼も「社青同協会派」の一員でしたが、現場の感覚からその理論と実践には、一線を引いていた様なところがあり、私も同様だったのです。

初議会と市議会の議長、常任委員長等役員ポストはどう決まるか

当選して市の選挙管理委員会から当選証書を貰い、初めて議員としての登庁日に、市議会の玄関を入ると議会事務局の女性職員が議員バッジを胸につけてくれました。議員必携の書類を渡されて、初めて議員になったという実感がわいてきました。

議員改選後の市議会は、臨時議会として開かれます。各議員の座る席が決められ、先ず議長、副議長の選挙が行われます。その後常任委員会の所属が決められ、常任委員会の中で委員長、副委員長が互選されます。そこで、そのような議会ポストを決めるには、各会派間の調整という名のポスト争いがあり、もちろん議長は議会を代表し，市長と並ぶ市の名誉ある地位ですので、最大会派若しくは最大多数派から選出されます。副議長、各常任委員会正副委員長も、会派の人数によって割り振られることになります。この他、議会外の市の機関、審議会等のポストの割り振りもあります。この中で、市監査委員は、副議長に次ぐポストとみなされて、正副議長を取れなかった第3会派に渡されるのが慣例でした。審議会委員等のポストも、「県外視察」があるかどうか、出席手当が支給されることから年に何回会議が開かれるかによって、先輩議員が優先でそのポストを占めることになります。

市議会議長をはじめ議会の常任委員長など、議会の主要ポストを握ることで市長をはじめ当局に「にらみ」を利かせるために、多数派の形成が重要となってきます。千葉市のような大都市になると市議選もほとんどが政党公認候補となりますが、一部保守系で無所属の方もいますので、自民保守系が分かれていると自会派への囲い込みが熾烈となります。その上での議会役職ポスト争いがあるわけで、今度は、議会各派での合従連衡となり、特に議長選挙が市議会内は言うに及ばず市役所全体の注目の的となります。市長をはじめ市当局としては、自分たちの出した予算案や条例案をすんなり議決してほしいわけですから、実力のある議長の選出を期待するわけです。

議長としても、そのような市長・市当局の期待の他に、市長と議長は自治体の二元代表制のそれぞれのトップですから、それにふさわしい評価と待遇を求めることになるわけです。

議員報酬について

千葉市の市長と議員の報酬は、それぞれ条例で定められていて次のとおりです。（令和５年１月現在）市長１３１万７０００円、議長93万円、副議長83万、議員77万円。

議長の報酬は、一般議員より２割ほど高くなっていますが、ほぼ毎日公務で議会に出て諸任務を果たしますので、当然かとは思います。そもそも議員の報酬が高いか低いか、議会内でも一般市民でも論議の的になります。「身を切る改革」ということで、国政でも地方政治でも、国民・市民に負担を求める時には、先ず議員報酬を削減すべきだとの主張がなされますが、考え方の本筋ではないと思います。多額の資産や収入のある人であれば、「議員報酬はいらない」となるでしょうけれども、現在の2元代表民主主義の中では成り立ちません。議員はそれ相応の報酬をもらって当然と思います。では何を基準とするかが問題となります。一般公務員の場合は、国家公務員の場合の人事院勧告、地方公務員の場合も人事委員会若しくは公平委員会勧告があり、いずれも第三者機関による評価の中で、決められる仕組みとなっています。では議員はどうかです。千葉市の場合、「特別職報酬審議会設置条例」があり、市長や市議会議員等の特別職の報酬については、その改定にあたって諮問する義務があり、その答申を受けて条例を審議し決定することとなっています。これで「お手盛り」は避けられる建前です。

議員報酬をどの程度にするかは、常に議論の的となっていますがポピュリズム的議論は避けるべきだと思います。私は、国会議員の報酬を規定している「国会法」に準拠すべきだと主張してきました。その条文には、「第三十五条　議員は、一般職の国家公務員の最高の給与額（地域手当等の手当を除く。）より少なくない歳費を受ける。」とあり、「国会議員の歳費、旅費及び手当等に関する法律」及び「特別職の職員の給与に関する法律」により、まあ、事務次官より上という水準とされています。とすると、地方議員の報酬は、自治体の規模にもよりますが、管理職職員の給与に準じたものとなります。千葉市のような政令指定都市の議員の場合、国会議員、都道府県議会議員と同様に政治資金規正法で「公職にある政治家」という位置づけになっています。その議員報酬は、国会法の規定に準じて考えれば、副市長の下、局長の上の水準と言うことになると考えます。副市長は常勤ですから、非常勤ではあるけれども、事実上議員専従をせざるを得ない実態から、議員報酬は副市長の7～8割くらいが妥当だと思います。

議員報酬の他に「費用弁償」と言う手当がありました。本会議や常任委員会に出席すると、当時は5000円程度の手当が支給されたのです。市議会は、地方自治法で年4回定例会を開くことになっていて、概ね3月、6月、9月、12月に市長が招集することになっています。会期は概ね30日間程度ですので、本会議、常任委員会の実日数が20日間くらいになりますので、出席手当「費用弁償」の額は10万円くらいとなります。これはいつから始まったか定かではありませんが、戦前の議員は多分に名誉職的であり、市内の名望家がなっていたことから、報酬の額は問題にならなかった時代、せめて仕事を休んで議会に出るその経費を「弁償」するということで「費用弁償」が支給されていました。そして戦後の地方自治制度の下での一般選挙の時代も引き継がれてきたのです。しかし、千葉市が1992年（平成4年）政令指定都市となり、議員報酬が他政令市並みに、千葉県議とのバランスを考慮し大幅に引き上げられる際に、議員報酬のあり方についての議論から、議員活動が事実上専従化しており、それにふさわしい議員報酬と言うことになりました。そうすると「費用弁償」は、二重の報酬となり適切性を欠くということで、廃止となりました。また、議員年金についても、一般職公務員と同様に報酬から一定の掛け金（15％）を議員本人と公費とが折半で負担していました。これは国会議員も地方議員も同様の制度でしたが、年金の支給が退職時国会議員は10年、地方議員は3期12年で支給されるということで、「議員特権」の一つとして批判を浴びることになり、地方議員共済年金法は2011年に廃止となりました。従って現在は国会議員も地方議員も「国民年金」に加入することになります。そうすると議員を辞めた後、国民年金だけでは暮らしていけず「生活保護」になりかねません。そのため議員年金復活の議論が生じましたが、いまだに実現していません。議員の報酬や年金は、ある意味で永遠の課題かもしれません。しかし、議員は一般市民から選挙で選出され、事実上専従化せざるを得ない公職であることから、人材確保の観点からも相応の報酬額と年金制度は必要ではないかと思います。年金については、議員特権とみなされないように一般公務員と同様に「厚生年金」に加入させるべきではないかと思います。

議員の晴れ舞台、議会質問

議員の晴れ舞台は、本会議での一般質問への登壇です。「登壇」とは、議長席の下の演壇で質問することです。千葉市議会の場合、本会議における質問の形式には、一括質問方式と一問一答方式があります。以前は、一括質問方式のみでした。これは、一回目の質問で質問項目を一括して述べ、それに対する当局の答弁を聞いて再質問、再々質問の三回で終わる質問形式です。これは以前から行われている一般的な質問の方式ですが、「議会質問がシナリオで決められているようで、形式的であり掘り下げられていない」との批判がありました。一般市民からすれば、国会の予算委員会の質問が、一問一答方式で野党議員と首相あるいは大臣が丁々発止やり合うのを見ているので、市議会でもそれを期待していると、議員の質問が、淡々と進んでいくと「シナリオ通りで深まっていない」との印象を持つのでしょう。議員の質問と答弁は、議会において記録され永久保存の文書となります。従って質問する議員も答弁する当局も真剣ではあります。議員は、市民の負託を受け自身の質問で市民の要望を実現し、施策の推進や市政の改革を進めるため、日頃より市民と話し合い、調査研究をしながら質問を温めます。当局も議員の質問の趣旨を正確に聞き取り、的確な答弁をするため、議員に質問の内容を聞き取る「質問取り」を行います。議会質問は、「ぶっつけ本番」が良いのではないかと言う議論がありますが、そのような程度の質問は議場でわざわざする必要もない単純なものであるなら可能でしょう。市政にかかわる複雑な問題について取り上げ、条例や法律について解釈し、場合によってはその変更を求め、その上で市民の要望を満たす質問をするとなると、議員自体も十分準備して質問にあたる必要があります。当局もまた、それに対応して市役所内での対応を調整し、場合によっては県や国とも問い合わせながら答弁を準備することになります。当然答弁書の作成は、関係課の職員が行いますが、市長の決裁が必要となります。そのために、議会質問に対しては、答弁のための「質問取り」は大事な役所の業務となります。

ただし、弊害がないわけではありません。議員の質問は時に、市長あるいは当局にとって都合の悪い、痛いところを突く内容に係わることがあります。「あら探し」というわけではないですが、質問で「一本取りたい」という議員の気持ちは当然あります。市長も当局もそのような質問のできる議員には、「一目置く」ことになり、その後の様々な市民要望を役所に取り次ぎ、実現するため「便宜」を図らざるを得なくなります。そうすると議会質問においては、「質問取り」の過程で質問内容の調整が行われ、結果「鋭い」質問が丸くなり、市長や当局にとって穏便な、シナリオ通りの質問となってしまいます。議員と当局の癒着ということになります。市長と議会は、地方自治体における「二元代表制」です。相互に一定の緊張関係のあることが必要です。「市民のため」の市政を、相互に忘れてはならないのです。

１９８０年代から加速された地方分権、行政改革の流れは、１９９１年（平成３年）行政手続法成立、１９９９年（平成11年）地方分権一括法が成立し、地方においてもそれに対応した改革が求められました。議会の在り方も、それに対応して改革が検討されることとなりました。千葉市議会もそうした流れの中で、市議会を市民にとってわかりやすい、透明なものにするため、様々な改革を進めることとなり、２００８年（平成20年）議会改革検討協議会を各会派代表により設置されることとなりました。その一環として一般質問について「１問１答」制による議会一般質問を２０１０年（平成22年）第４回定例会（通称12月議会）から導入することとなったのです。一括質問と併用ですので、議員によってどちらかを選ぶことができますが、「議員の本義」を見失えば一問一答はかえってつまらない質問になってしまいます。

議会の質問は、各会派代表による代表質問と議員が任意に行う一般質問があります。質問の通告にあたっては、答弁者として「市長及び関係者」とします。「関係者」とは、市長以外の議会出席を義務付けられている市の幹部職員、副市長、各局部長、教育長とか行政委員会の委員長、事務局長等を指します。千葉市議会では、代表質問の場合、各会派の代表者に敬意を表して基本的に市長が大半を答弁し、やや詳細にわたる部分を副市長若しくは各局部長等が答弁します。一般質問は、基本的に関係局部長の答弁となり、場合によって市長が答えることになっています。

議員の質問、議会活動は、もちろん本会議での質問だけではありません。地方自治法で設置が義務付けられている常任委員会と特別な課題がある場合に議会の任意で設置される特別委員会での質問があります。ここでの質問は、特に事前に通告する義務はありませんが、市長が提出した議案を審議することで、ここで問題を生ずると本会議での成立が危ぶまれることがありますので、担当の当局として事前の関係議員への根回しや「質問の有無、内容」を把握することが大事な仕事となります。担当職員は、課長級の議会担当「主幹」と言われる職員で、一般質問や委員会質問の内容把握、調整を通じて、議員との一定の人間関係を作り、円滑な議会運営を図ることで管理職への出世の登竜門でもあります。議員はと言えば、中には質問をしたいけど何を質問して良いのかわからない、文書を書くことがそもそも苦手の方もいます。そこが、「議会担当」職員の出番であり、一見「鋭いようで鋭くない」質問と「先生のご指摘の通り実施いたします」との「見事な答弁」が返ってくる質問が出来上がることとなるわけです。まあ、市長与党議員にまま見られますけどね。

議会初質問に登壇

1979年4月に初当選して、初めての市議会、6月からの第2回定例議会で質問することとなりました。通告は、現在の美浜区、当時は海浜地区にかかわる問題で、1項目が「東京湾岸道路にかかわる諸問題について」、2項目目が「航空燃料輸送パイプライン敷設工事に関する諸問題について」でした。

質問にあたって、質問の仕方を議事録で研究しました。県職員時代の癖はなかなか抜けないもので、先ずは前例を踏襲して質問のスタイルを勉強することとしたのです。議会における「質問」とは、字義どおりに解すれば、「当局に施策内容を問い質す」という意味になります。二元代表制ですから、議会に行政的執行権限はありません。それのある当局に、市民の立場で行政をどのように執行しているのかどうか、「問い質す」と言うことになります。その過程で、「こうすべきではないか」という提案をして、より良い施策内容に改善することが議員の務めです。もちろん、議会には法律（地方自治体の場合は条例）をつくり、予算の修正権があります。しかし、実際には稀ですね。条例を議会でつくり可決制定となると、議会内で多数派を形成する必要があります。一定の期間をかけて、各会派の調整、条文の検討等々、かなりのエネルギーが必要となります。「蛇の道は蛇」条例づくりは当局に任せて、その必要性を当局に「質す」方が近道と言うことはあります。しかし、議会がやらざるを得ないこともあります。千葉市議会では、２００９年（平成21年）に市議会議長が市公共工事の入札で市職員を恐喝し、自分の経営する会社に受注させたという事件が発生し、市議会議長逮捕という一大不祥事となりました。さすがに議会としてこの汚名をそそぐため、議会内に「政治倫理条例制定」のための委員会を設置することとなり、約半年かけてこれを制定しました。私の40年間の市議会議員生活で、議会独自の条例制定は、これが唯一です。

初質問の二項目の課題は、それぞれ海浜地区・現在の美浜区における大きな問題でしたので、「住民代表」たる市議会議員の地盤形成の格好の課題として設定しました。もちろん、この問題は、主としては野党系の取り上げるべき課題でした。東関東自動車道は、成田空港を建設するための東京と空港を結ぶ高速道路として計画されました。そして、千葉市の東京湾沿いから、花見川に沿って東関道へと敷設される航空燃料輸送パイプラインは、まさしく成田空港のための動脈としてのインフラ施設です。私は、これらの計画について、県の道路関係課に勤務していたので、当然知っていました。

ここで、東関東自動車道と空港線について少しご説明いたします。成田空港の道路計画については、当初から先ず国道51号線から空港予定地に至るルートを調査し、第一段階で県道として設定し、第二段階でそれを一般国道（国道２９５号線）に昇格させ、第三段階にそれと並行して高速道路東関道と接続する空港線高速道路をつくるという計画でした。なぜこのような方式をとったのかは、強烈な反対運動のさなかにあった成田空港を建設するために、地元千葉県の要望に沿ったものであるという物語を作りたかったのでしょう。県職員として、この道路計画に携わっていた当時、私は係長と一緒に現地に赴き、空港線県道となるべきルートの里道を草木かき分け調査しました。そして県道路線の認定申請書を作成し、建設省に提出する仕事を進めました。県庁内の非共産党系活動家は、「空港反対のためにそんな仕事は拒否すべきだ」と言ってきましたが、その働きかけには断固拒否しました。空港問題について私は個人的には社会党員として、反対の立場ではありました。空港予定地の反対派農家のために、「援農」という名目で交流にも出かけたこともありました。しかし、中核派などが主催する過激な反対運動に参加するつもりはありませんでした。母親の実家は、山武郡芝山町大台と言うところで、空港の敷地内ではありませんが、近接した騒音エリアで、空港反対の意向を持つ農家が多数でした。母の実家の伯父伯母や従兄姉たちからは、一帯の農家は戦後の混乱期に開拓農家として入植してきた人たちが多く、苦労の末ようやくスイカや野菜の栽培で農家経営が安定してきたところに、空港の計画が突然降ってきて困惑しているという話を聞いていました。新国際空港を成田につくることについて、私自身は必ずしも明確な根拠をもって反対と言う立場は取れませんでした。ただし、国のやり方についてはもう少し反対派農家と真摯に話し合いをもって、条件で解決すべきではないかと思っていました。それは予定地域の農家が先に述べたように、戦後の開拓農民で様々苦労して現在の農業を確立したことを聞いていたからです。母親の生家に近いということもありました。しかし県職員としては、漠然とではありますが千葉県の発展につながる一大国家事業で、反対はできないと思っていました。やはり、私は県職員であったのです。

成田空港問題に対する私の考え方は、以上のように極めてあいまいでした。そのような立場から私の社会党千葉市議会議員の初質問は、「成田闘争」の一環と取られないように、むしろ円滑な推進につながるように、道路にしても燃料輸送パイプラインにしても、沿線の住民に納得のいく対策と説明を求める立場に徹して行いました。

東関道・東京湾岸道路については、共産党系議員が自党の柴田睦夫衆議院議員（故人）と連携して、地元沿道自治会に入って取り組んでいて、議会質問でも既に取り上げていました。そして、計画路線の山側の検見川地区や真砂地区の一部自治会では、柴田議員の仲介もあり建設省・道路公団と東関道建設に関する合意を進めていました。

しかし、沿線の海側真砂地区では、東京都職員であったK自治会長を中心に、都内で進んでいた高速道路沿道整備を参考にして、建設省・道路公団の沿道環境対策では不十分だと環境基準の数字を挙げて反対運動が展開されていました。私は、社会党の支持者であったK氏の父親の関係もあり、K氏から東関道の道路公害の問題について詳細な説明を受け、議会質問を準備していきました。それまでは、環境問題一般に関してと自動車公害の対策について勉強したことがなかったのですが、K氏からみっちりと教えてもらいました。当時は、工場の排煙等からの炭酸ガス（CO_2等）を除き窒素酸化物（NOx）、硫黄酸化物（SOx）、粉塵はかなり低減されていました。そのことから、大気汚染に関しては、工場から自動車排ガスに重点が移りつつありました。自動車騒音も大きな問題でしたが、自動車の排ガスに含まれる炭酸ガス（CO_2等）、窒素酸化物、硫黄酸化物に加えて粉塵・浮遊粒子状物質（ＳＰＭ）が深刻でした。浮遊粒子状物質は、肺の奥深くまで入り込み小児ぜんそくや、肺がんを発症するという研究が報告されていました。埋立地の閑静な住宅地になるはずの真砂地区、稲毛海岸5丁目地区には、従来からの千葉街道・国道14号線に加えて国道３５７号線、高速道路東関東自動車道、さらに基幹都市計画道路磯辺茂呂町線が加わり、都合すると20数車線の一大道路地帯が出来上がることとなります。「自動車公害だ！」と住民が立ち上がるのも無理はありません。私の議会質問には、１００人位は入れる傍聴席がいっぱいになるほど多数の議会傍聴者が訪れ傍聴席を埋めました。湾岸道路・東関道は、１９８２年（昭和57年）4月に開通しましたが、この間私は都合10回の議会質問を行うとともに、地元関係自治会と千葉市都市局を入れた建設省、道路公団との数次にわたる交渉に立ち会いました。その結果、道路の沿道に盛り土を作り、防音壁を設置しさらに幅広い緑地帯を設置することとなりました。40年以上経過した今では、緑化樹木が防音壁を包み、自動車は一見森の中を通過するような光景です。また、埋め立て地である真砂側の緑地帯は、当初は夏でもセミの鳴き声さえ聞こえませんでしたが、今ではアブラゼミ、ミンミンゼミがうるさいくらい鳴いています。１９８２年の4月27日、湾岸道路・東関道が開通する日、私は真砂地区の沿道脇に立ち自動車の通過する音を聞きに行きました。「ブウーブウー」という音ではなく「シュー」か「シャー」と言う音でした。開通して間もなかったので、通過交通はまだ少なかったにしても、騒音は低減されたとの実感があり、胸をなでおろしました。

もう一つの質問項目の「航空燃料輸送パイプラインの敷設に関する諸問題について」、説明いたします。このパイプラインは、千葉市の千葉港の一角にある新港地区工業地帯の企業埠頭から「第二湾岸道路」と呼ばれる稲毛海浜公園、検見川浜沿いの千葉市道の道路敷から、１級河川印旛放水路（花見川）の河川敷を通って東関東自動車道に接続し、成田新国際空港へ到達する延長47キロメートルに及ぶ航空機用「燃料輸送パイプライン」です。当初の敷設計画は、千葉港から幸町団地に沿った市道の道路脇緑地帯にパイプラインが敷設される計画でした。これには沿線の幸町団地住民が猛反対しました。１９７１年（昭和46年）９月千葉市議会に「新東京国際空港燃料輸送パイプライン対策特別委員会」が設置され、数次にわたる委員会開催後同年11月の委員会でパイプライン設置に関する５件の陳情について採決し、パイプライン設置に関する賛否を取ろうとしたところ、反対派市民が多数委員会室に乱入したことにより、委員会が流会する事態となりました。その後も機動隊を導入する中の委員会審議など、しばしば紛糾する中１９７５年（昭和50年）２月の第１回定例会まで審議が続けられ、一部請願・陳情を次の議会に先送りして、委員会を終了しました。この過程で、幸町地区沿道のパイプラインは、一部既に埋設されていたものを完全に撤去し、敷設ルートを海岸沿いルートに変更しました。また、成田空港への燃料輸送のためのパイプライン建設にはこのように沿線住民の強い反対があり、現地での空港建設反対の活動激化とも相まって空港建設、開業の遅れを懸念した政府は、石油パイプラインの安全性を担保するため１９７２年（昭和47年）石油パイプライン事業法を制定し、敷設に関する技術、安全基準等が定められました。この結果、花見川におけるパイプラインの設置は、河床の地下35メートルにトンネル構造物を建設し、その中にパイプを通す構造となりました。私がこの質問に取り組む時点では高浜地区や真砂地区の花見川沿いの自治会で反対運動が続いていました。そこで私の質問は、住民への丁寧な説明を市と空港公団が行うべきであるという主張を中心に取り組みました。

31歳の市議会議員の質問に、「採点」を付けるべく議場の市長以下当局の面々、先輩市議の皆さんは、聞き耳を立てお手並み拝見という雰囲気を感じて、演壇に向かう両足も震え気味でしたが、何とか市議会デビューを果たすことが出来ました。

質問が終わって会派の部屋に戻ってくると、「左」「右」を代表する先輩議員が、そろって「もっと議場を混乱させるくらい激しくやるべきだ」と言う「助言」をしてくれました。「善意」の助言とは思いましたが、私も県の職員の経験があり一、二度でしたが、県議会答弁も書いたことがありました。議場の答弁者は50代の市役所で「功成り名を遂げた」職員です。議員と執行部市職員は、それぞれ二元代表の一翼です。つまり対等の立場です。良く議員のことを「先生」と呼びますが、職員も議員の名前をすぐには覚えられず、かといって名字で呼ぶのもどうかと思ったとき「センセイ」は都合が良い言葉ではあります。議員の中には、それを勘違いして議員になったとたんに偉くなったつもりの人がいます。私が当選期数を重ねて会派の幹部になっていきましたが、ある時若手の仲間の議員が、折衝に来た職員に「お前」呼ばわりしました。私は職員が帰った後、若い議員にすぐたしなめました。議員と職員は対等だと言い含めたのです。

先の先輩議員による「もっと激しく、議場がもめるよう」の「助言」は、激励と受け取るわけにはいきません。若い議員が議場の礼節、慣例も知らずに答弁への不満をぶちまけたりした時、「まあまあ」と先輩らしく振舞い、市長や当局職員に「先輩」議員としての出番を作り、自身をアピールしたかったのだと感じました。先輩議員は、彼らの質問自体平板なものに聞こえたし、会派の議員控室での会話でも職員の人物評価や人事の予想を聞いたりしていると、野党議員としてこれでいいのか、との思いを強くしました。政策論議や勉強の機会をもっと作るべきだし、社会党議員を増やして、やがて市長も取ろうという迫力が残念ながら全く感じられなかったのです。「万年野党」社会党の欠陥を千葉市議会でも見てしまったのです。その思いを温め続けて、やがて31歳の熊谷俊人市長を実現するまでは、今少し当選回数を重ねなければなりませんでした。

市民運動か、労働運動か、ＪＲ京葉線開業に伴う交通対策で考えた市会議員の任務とは

―１９８３年（昭和58年）４月　３５３４票定数56人49位当選―

１期４年間の最大のテーマは、湾岸道路・東関道建設をめぐる自動車公害問題、公共事業の地元関係住民との調整合意の在り方についてでした。成田空港への「航空燃料輸送パイプライ

ン」問題は、関係法律ができ住宅地からやや離れた場所への設置が決まったことで、住民の反対運動が下火となり、それ以上の追及はしませんでした。

1983年（昭和58年）、2回目の選挙も薄氷ものでしたが、若干票を伸ばして当選しました。湾岸道路問題、パイプライン問題で、議会質問を行い議員としての一定の評価を得ましたが、地元住民への浸透はまだ不十分でした。地元団地の自治会役員になり一役員として、団地の夏祭りやお餅つき大会などの行事に取り組みました。しかし、社会党の市議会議員として一番時間を割いたのは、地域の活動ではなく千葉市社会党関係の組織の諸会議・活動に出ることでした。

特に所属の「派閥」としての「社会主義協会派」及び社青同の仲間との学習会、労働組合活動、社会党内対策会議でした。社青同の仲間の組織は、市内総評系労組の各職場にありました。国労とか全電通、全逓、京成電鉄労組、県職員労組等です。若い仲間との協会系理論誌「社会主義」や青年向け活動誌「まなぶ」の読み合わせ学習会、組合活動の在り方等々議論は延々と夜中まで続くことがしばしばでした。千葉県の社会党左派協会派は、衆議院議員を経験した上野建一氏の強力な指導力のもと、総評系各労組の青年部に浸透していき、労組内での影響力拡大を背景に、千葉県社会党の一大勢力となっていきました。そうした党内状況の中で、「左派協会派議員」の役割は、「労働組合の階級的強化」つまり社青同協会派の仲間を職場に増やし、労働組合の右派ダラ幹を排して、労組指導の主導権を握り組合の左傾化を支えることでした。つまり、議員の日常活動は、地域における世話役活動、市政改革のための調査研究は二の次だったのです。社会党左派協会派の党内戦略は、労組内における左派党員の拡大を通じて党内影響力を増大させ、社会党の役員ポストを占め、社会党の左傾化が最終的な狙いとなります。協会派左派議員の任務は、そのような協会派戦略に則った活動になります。そこで、私の議会質問の課題は、市民住民の生活環境や福祉的な課題が中心ではありましたが、左派らしく労働問題を入れたりしていました。１９８２年（昭和57年）第２回定例市議会の一般質問では、1. 市内勤労者の就業状況とその課題について、⑴市内雇用情勢について、⑵労働者保護施策について（特に下請け、パート労働者について）、2. 障害者の自立対策について、となります。労働行政は、主として県の施策が大きいので、市の行政分野は限られていましたが、「左派」として「労働者階級」の課題に取り組んだところです。

そこに、「京葉線」の客線化の問題が差し迫ってきました。京葉線は、今では東京駅と千葉市蘇我駅を結ぶ第二総武線の役割を果たす鉄道です。内房線、外房線と連絡して内房では君津、木更津、外房では茂原辺りまで東京通勤圏にしました。それ以前は、京葉工業地帯の貨物線でした。千葉県は高度成長期、東京のベッドタウンとして、京葉工業地帯の開発と合わせて人口が急増しました。千葉市の人口は、１９６０年（昭和30年）24万人が１９７０年（昭和45年）48万人と10年で倍増し、１９８０年（昭和55年）74万6千人と20年間に3倍以上に急増しました。総武線の輸送力が限界になり、１９７２年に各駅停車の緩行線に加えて快速線が運行されました。それでも、総武線の朝夕のラッシュ時のすし詰め状態は解消されず、京葉線の客線化が急がれていました。

千葉市の東京湾岸の埋め立てが進行し、海浜ニュータウンが造成され、それまでに先行して造成された幸町団地、稲毛海岸団地に加えて、高洲、高浜、真砂、磯辺の大団地が造成されました。住宅数は約3万戸で、人口は10万人以上です。中規模の市が生まれたことになります。住民の大半は東京通勤者です。団地から総武線各駅への輸送は、京成電鉄バスの子会社である千葉海浜交通バスが、一社独占でした。しかし団地の入居当時1973年（昭和48年）頃は、総武線稲毛駅、新検見川駅のバスターミナルができておらず、バスは高洲、真砂地区から延々総武線幕張駅近くの暫定バスターミナルまでを往復していました。その後、1979年（昭和54年）頃には、国道14号線をまたぐ稲毛陸橋、検見川陸橋が開通し、稲毛駅、新検見川駅の東京湾側のバスターミナルが整備され、海浜地区団地から総武線への連絡が改善されました。しかし、総武線の輸送力は限界に達しており、京葉線の早期開業が強く求められていました。

一方バス路線は、京成バスの子会社の「千葉海浜交通バス」が担っていました。やはり朝夕の通勤通学時バスもまたぎゅうぎゅう詰めの状態でした。バス会社としては、当面は左団扇の大黒字でバス運転手の賃金、労働条件が本社の京成バスの運転手を上回る状況となりました。ところが、千葉海浜交通バスの運転手は、何れ開通する京葉線の客線化を前提に、バス路線が減便した場合に退職する旨の「念書」を会社に入れて入社していたのです。京葉線は、海浜ニュータウンのど真ん中を通っています。やがて京葉線稲毛海岸駅、検見川浜駅ができます。そうすると団地の電車利用者は、徒歩でも自転車でも駅に行くことが出来ると見込まれていたのです。当然海浜バス運転手は、親会社の労働組合である京成電鉄労組の指導により労働組合を結成し、私鉄総連に加盟します。京成バスの運転手の待遇を上回る労働条件を得た以上、京葉線が開通しようともそれを放棄するわけにはいかないということになり、「念書」の撤回を求めて春闘・秋闘のたびごとにそれを要求することになりました。海浜交通労組は、京葉線開業に伴う首切り反対闘争を最大の課題として取組むこととなり、上部団体の千葉県私鉄労働組合連合会の支援を要請しました。千葉市の社会党にも支援の要請があり、労組内活動家を中心に支援活動を行うことになりました。その先頭に左派議員である布施が任務付けられたのです。

海浜交通労組への支援に入った京成労組の左派系活動家や千葉社会党の「協会派活動家」は、社会主義協会理論の実践と称して、海浜交通労組に対して「日本独占資本」との「反合理化闘争」であり、60年安保闘争と連動した三井三池炭鉱労組の「首切り反対・反合理化闘争」の再現を目指し、一大ストライキ闘争を指導しようとしていたのです。この結果、海浜交通労組の方針は、次第に過激化し京葉線開業反対の方針を取るに至ったのです。

総武線の輸送力が限界に達しており、京葉線の客線化による早期開業が望まれている中で、海浜交通労組が「首切り反対」を掲げ、「京葉線客線化開業反対」を唱えてストライキ闘争に入ったらどうなるのか。敗北は目に見えていると、私は思いました。地域住民の支持は得られず、会社の工作で組合の分裂は必至であると。一方で海浜交通バスの運転士たちは、朝夕のラッシュ時にバス運行がフル回転し、昼間は比較的運行本数が薄いというダイヤ編成の中で、「昼休待機勤務」と言う変則勤務をしていました。「昼休待機」ですから、病休などのため運転士の急な不足や高校の行事によっては臨時バスを出すなどの対応もあり、自宅にいていつでも出勤できるまさに待機の体制を取っていました。そのために、会社に近い高洲団地のUR賃貸住宅を会社が契約して、社宅として多数の運転士が居住していました。社宅以外の組合員も多くは、現在の美浜区内に居住し家族と共に地域にとけ込んでいました。京葉線開業により失業となれば、社宅は出なくてはなりません。子どもの通学はどうする、妻のパート先は、何より自分の新しい仕事は見つかるかなど、不安が募るのは当然です。会社の方針とは言え、京葉線開業時にバス利用者が激減する見込みであるから、その場合退職する旨の「念書」を差し入れている事実があり、彼らがその「念書」を撤回し雇用の継続を望み、そのためにストライキを構えて戦わざるを得ないのも無理からぬことと思いました。

「社会主義協会向坂派」の海浜交通労組支援者は、断固ストライキ闘争支援でした。労組と海浜地区の社会党員で「京葉線対策会議」を設置し、何度も会議を開催して京葉線開業に対する「首切り反対闘争」の対策を練っていました。しかし、私はその闘争方針に不安を感じました。それは、一つには1975年の国労が中心となって戦後労働運動の最大のストライキ闘争となった、公労協「スト権スト」の事実上の敗北を見ていたからです。二つ目は、新人議員4年間で培った湾岸道路問題、航空燃料輸送パイプライン対策を通じての地域住民との結びつきに亀裂を作り、地域住民から市会議員布施と社会党は、結局住民には目を向けずやっぱり労組だけかと言う批判を受けることになるということでした。私自身の、地域住民活動中心の市議活動を取るか、労働組合（依存）を取るかの未熟な心の葛藤は、そのまま社会党内の路線論争に通じていたのです。

　私の社会党活動家としての盟友・兄貴分の国労青年部長故酒井安海氏に、当時の私の心情を相談した時に、彼は「住民の支持のない交通労働者のストは難しいよ」と、スト権ストに対する彼の総括を聞きました。そして当時の富塚路線を批判したのです。富塚氏は、国労本部事務局長から、総評事務局長になってスト権ストを主導しました。国鉄の全面ストは、１９７５年(昭和50年)11月26日から12月３日まで続きました。その間私鉄総連や日本通運の労働組合も「連帯スト」を打ちました。戦後労働運動の「金字塔」とも言われた「スト権スト」は、具体的な成果を得ることなく敗北に終わりました。その理由については、専門的な角度から様々論考されていますので、そちらに譲ります。私は京葉線問題に直面した一社会党の市議活動家としての感想を述べてみたいと思います。富塚氏は、力量のある労働運動家だと思いますが、個人の力を過信し「テング」になって大局を見失ったのではないかと言うことです。彼は労働界の他の誰よりも、自民党労働族との関係を築きましたが、それに頼りすぎたのです。その自民党労働族以上に力を持っていたのは、後の国鉄分割民営化を進めた中曽根康弘でした。スト権付与に否定的な彼らは、「(ストを)やらせるだけやらせろ」として、一切の妥協を許しませんでした。

　日本の交通・流通社会は、大きな変化を遂げつつあるのを、国労・総評と社会党本部は見落していました。モータリゼーション、自動車交通の発達です。物流は、貨物列車から、トラック輸送に変化していました。旅客輸送は、都市部を中心に地下鉄、私鉄網が伸び、その駅をつないで小回りの利くバス交通網が発達していきました。国鉄ストの威力が半分に落ちていたのです。中曽根は、ストが長引けば長引くほど国労をはじめ労働側に国民の批判が向くと踏んでいたのです。しかし労働側・社会党にこのことに気づいていた人はすくなかったのでしょう。特に「左派・協会派」は、「偉大なスト」だと称賛していたのです。こうした労働者階級の戦いが発展し、全労働者の立ち上がりとなり、社会主義政権の樹立につながると……。

私は、愛すべき海浜交通労働者をこのような無謀な戦いに巻き込んではいけないという決意を次第に固めていきました。住民にも支持される交通労働者の戦いとはどのようなものか、模索していました。そんな時出会ったのが、「都市と交通」（1981年）と言う岩波新書でした。著者は故岡並木氏（1922年‐2002年）、朝日新聞編集委員を経て、西武百貨店顧問、静岡県立大学教授等を務めた方で、私鉄総連顧問という肩書もありました。この本を読了して、「これだ！」と思いました。この本では、都市における歩行者、移動困難者、自転車、バス、公共交通の在り方と、そのような観点での街づくりを論じていました。私は、特にバス交通の在り方についての豊富な事例と論考が記されており、ある意味で衝撃的でした。そこには、パリでは既に一枚の共通切符でバス、地下鉄、鉄道の乗り継ぎが自由であることを紹介しているほか、ドイツのハンブルク、イギリスのロンドン、スイスのチューリッヒでは、バスロケーションシステムをバス停に設置し、バスがあとどのくらいで到着するかが確認できる設備が導入されていること、バス停も一本足のかかし型ではなく、屋根があり日差し、雨のさえぎれる「停留所」を設置すべきであること、自動車の普及の中でも車を運転できない移動困難者を支える公共交通、バスの在り方、自転車の快適な走行空間の設置、それらを含めた街づくりについて外国の事例を紹介して具体的に論述されていました。

私は、京葉線の客線化開業を前にして、この問題を労働組合の「反合理化闘争」に閉じ込めるのではなく、当時の海浜地区、現在の美浜区全体の交通の在り方、街づくりの問題として、当事者である千葉海浜交通労組と地域住民、そして行政との共同のテーブルを作り解決しようと考えました。そこで、早速当時岡先生がホンダ財団に所属していることを知り、ぶっつけ本番的にアポイントを取り、訪ねました。岡先生は、私の「安い」講師代と言うか「交通費」程度の謝礼にもかかわらず、講演を引き受けてくれました。こうして、美浜区あるいは千葉市始まって以来の「交通シンポジウム」の企画が始まったのです。

私は奔走しました。まず、千葉海浜交通労働組合です。岡先生が、私鉄総連の顧問であることを紹介して、先生の話をもとに労組の「戦い」に地域住民の理解を広げようではないかと。地域住民については、湾岸道路対策以来の地域活動の盟友である真砂地区自治会のまとめ役Ｋ氏に相談し快諾、続いて市内団地の自治会活動で最も活発との評判で「成田空港航空燃料輸送パイプライン問題」では、千葉市議会に「乱入」して名を馳せた幸町団地自治会長故Ｉ氏、それに地元の高洲・高浜地区連絡協自治会長Ｔ氏、美浜区中心に展開していた生協理事長Ｓ氏にお願いして、それぞれ個人の資格で「交通シンポジウム」開催呼びかけ人になって頂きました。千葉市役所は、都市部長の故山本義春氏が、この企画を大いに賛同して報告者を引き受けて頂きました。

１９８４年（昭和59年）３月４日、千葉市高洲コミュニテイセンター大ホールで「シンポジウム　海浜地区の交通を考える」が開催されました。主催は、私をはじめ前述のシンポジウム開催のための呼びかけ人によりつくられた「海浜地区の交通問題を考える会」です。現在の美浜区高洲地区京葉線稲毛海岸駅にほど近い「千葉市高洲コミュニテイセンター」大ホールは、定員120名ほどの会場です。しかし、当日は会場いっぱいの参加者があり、追加のイスを出すほどでした。その2か月後に発行された私の「市政活動報告」には、次の通り掲載されました。

交通シンポジウムを開催する
3月4日高洲コミュニテイセンターで

シンポジウム『海浜地区の交通を考える』を、海浜地区の有志の方と開催しました。当日は、約120名の市民や、交通関係の労働者が集まり、講師の朝日新聞編集委員岡並木氏の講演、市都市部長山本義春氏、海交労組委員長中村紀氏のスピーチに耳を傾け、その後の討論も時間を延長して行いました。

交通労働者と市民が手をつなぐ交通対策の前進を、さらに目指したいと考えています。なお、当日のレポートが発行されましたのでご希望の方は、お申し出ください、

シンポジウム
「海浜地区の交通を考える」
レポート
一部500円
希望者は、
海浜地区勤労者の会
または布施事務所まで

(1984年5月市政活動報告
千葉市議会議員布施貴良励ます会発行より)

私鉄総連千葉県私鉄加盟の千葉海浜交通労働組合は、京葉線開業問題に対する当初の「開業反対」の旗を降ろし、岡先生の問題提起に示唆を得て「街づくりは交通対策から」を交通労働者の任務として、「〝乗りやすい〟〝乗りたくなる〟」バスの実現、パリの「オレンジカード（共通パス）」の実現、バス停の改善、〝つり革より〟〝捕まり棒〟の実現と言ったバス交通の改善を目指し、地域住民・バス利用者と共闘し、市役所にも要望しながら取り組むという大方針転換を行いました。

1985年3月3日国鉄京葉線は、総武線西船橋駅から南船橋、新習志野、海浜幕張、検見川浜、稲毛海岸、千葉港の各駅が設置され蘇我駅までが開通しました。それに伴う、バス路線の再編が行われ、従来の団地から総武線新検見川駅、稲毛駅を結ぶ路線から、京葉線各駅を結び海浜地区の公共施設やショッピング施設をめぐる路線に変更されました。当時の千葉市都市部長故山本義春氏の「バス路線再編に伴うバス会社の赤字は千葉市が補填する」の一言を受けて。労働組合は一人の首切りも出さず、1分たりともストライキを実施せずに、その代わりに地域住民と共に1万数千のバス路線に関する署名を集め、千葉市に提出しました。こうして、千葉海浜交通労組と市議会議員布施の「京葉線闘争」は終息を見ました。

私は、このような労組、住民との共闘を、今後の社会党の活動路線として重要であるとの認識を深めるとともに、地方議員の在り方とその役割について、自覚を深めることが出来ました。しかしながら、そのことが、千葉の社会党左派・社会主義協会派の路線からの「逸脱」であるとの批判を受けるとは、思いもよらないことでした。

リベラル政治への模索とつまずき

市議会議員1期目は、東関東自動車道・国道357号線の自動車公害と沿道環境対策に取り組み、2期目では京葉線客線化に伴うバス路線再編問題に取り組み、自分なりに市議としての地歩を固め、活動の方向性を見出しつつありました。特に海浜交通労組と共に取り組んだ京葉線問題は、住民との共闘により行政を動かし、バス労働者の雇用を守ったということで、まさに「社会主義協会路線」の実践だと思い込んでいたのです。ところが、その後社会主義協会のあるレポートを読んだところ、私の活動に触れて「布施は社会主義協会員であるにもかかわらず、地元海浜交通労組の反合理化ストライキ闘争を支援せず、行政に頼って妥協した。社会主義協会の議員なのに右傾化した」と言った趣旨が書かれていたのです。私はとんでもない誤解だと当初思いました。しかし、労組の「階級的強化」を使命とする社会主義協会の活動家からすれば、「労組の地域住民との共闘」は「市民主義」への傾倒と映ったのだと考えなおしました。私は、その当時も今でも労働組合の必要性、重要性を否定していませんし、最近の全国的労組加入率の低下や、労組「闘争力」の低下を憂いています。労働運動がもっと多様に活発になってほしいと願っている一人です。

地域住民、市民は大半が賃金を得て生活している雇用者であり、「労働者」です。労働組合が関係する地域労働者と共闘し、お互いの立場を理解しあうことは、広い意味で労働者階級の連帯を広げることであり、「階級闘争」の一形態だと思っています。そのことを理解できず、「右傾化だ」の一言で否定する「協会派」とは、一線を画さざるを得ないと思いました。しかし、協会派を脱退することには、躊躇がありました。何よりも、一緒に学習したり、深夜まで議論したり、お酒を飲んだりしてきた仲間との関係を断ち切ることへの苦悩がありました。まだその時には、私も協会派の先輩も「お互いそれぞれ信じる戦い方で頑張ろう、方向はそれほど違っていないのだから」と大きな気持ちにはなれなかったのです。

私は、自分の気持ちを整理するため、伊豆への一人旅に出かけました。何故伊豆かについては、幕末の激動の時代、勝海州やその弟子となった坂本龍馬の思いに触れたかったのです。自分は、そんな歴史に残る大人物にはなれないし、千葉の一地方議員として一生を捧げるつもりでいましたが、彼らがその生涯において「飛躍」したときがあったはずであり、その時の決断への思いに触れたかったのです。私は、下田に一泊して勝海舟が土佐藩主の山内容堂に謁見して、脱藩した坂本龍馬の赦免を申し出た宝福寺、アメリカペリー一行と幕府との日米和親条約の締結の舞台となった了仙寺を訪れました。勝と竜馬のそれぞれ命を賭した「決断」の心境を想像したとき、思わず涙が出ました。そして下田湾にその清流をそそぐ稲生沢川の河岸を歩きながら、必死で学んできた社会主義協会の理論と、共に活動してきたその仲間から離れる決断をしました。

私の決断の背景には、実践的課題としての「京葉線」問題もありましたが、ヨーロッパの社会民主主義政党のマルクス主義からの脱却と政権党への成長、イタリア共産党をはじめとする「ユーロコミュニズム」の流れ、特にイタリア共産党のトリアッテイ理論を知ってから、ソ連共産党を信奉する社会主義協会向坂派理論への違和感を大きくしていたことにもよります。私自身は、マルクス主義を完全に捨てたつもりはありませんでした。あくまでも社会主義協会向坂理論から離れただけだと思っています。今でも、酒席等で時々「オレはマルクス主義者だ」と言うと、同席の者からは「そうか、そうか、でも自民党の議員とも気さくに付き合うあんたは、エライ!」と誰にも信じてもらえませんが。でも、斎藤幸平氏の「人新世の資本論」が出たときは、夢中で読みました。まあ、立憲民主党の思想的・理論的バックボーンになって頂けるとは思いませんが、なって頂けたら良いなとは思っています。

選挙は甘くなかった、三期目の選挙で落選
―1987年(昭和62年)4月 3138票定数56人57位落選―

1987年(昭和62年)4月の千葉市議選では、3138票と票を減らし自分としてはまさかの落選でした。いくつかの兆候はあったのですが、軽視し見過ごしていました。社会主義協

会から離れた私に対して、社会党内協会派は現在の美浜区内から二人の公認候補を立ててきたのです。一人は私の主力支援労組であった国労からで、すぐ隣の真砂地区居住者を立候補させました。もう一人は、やはり主力支援労組の京成労組からで幕張西地区の居住者でした。

国労出身のＳ氏は私も良く知っている活動家で、温厚で面倒見の良い人です。ただし、国労千葉左派の拠点であった保線区分会の所属ではありませんでした。私は、仲間が増えることは良いことだとしか認識していませんでした。ですから、議員の命の次に大事な支持者名簿のうち真砂地区の数百人分をＳ氏に提供したのです。左派が布施に対抗して出馬させたとも知らずに。当初は、「京葉線問題」であれだけ「華々しい」活動をしたのだからと私も、支持者、そして協会系の活動家も他党の各市議選出馬の候補者も、「布施は楽勝だろう」との見方でした。しかし、田舎の光町から出てきて「布施選対」の様子を見た精司兄と和子姉の見方は違っていました。「事務所が盛り上がっていない、これはダメだ」と。結果は、３１３８票で次点でした。小学６年になった長男の基雄はその意味が分かって、泣いてくれました。次男の直樹はまだ小学２年で少し不安な面持ちでした。私と妻は、選挙の疲れがどっと出ましたが、選挙の後始末や各方面への落選のお詫び挨拶で頭がいっぱいでした。「失敗は成功のもと」とは良く言ったものです。この落選が、私の大きな教訓となり選挙と言うものへの認識を深め、その後の千葉１区たじま要衆議院議員の選挙、千葉市長から千葉県知事になった熊谷俊人氏の選挙を中心的に担う立場になれたのだと思います。

「捲土重来」のチャンスは2年で来た

選挙の後始末が終わると、就職を考えなくてはなりませんでした。幸い妻は、千葉県職員なので一家4人が食べるのにすぐ困ることはありません。ですが、生活費もさることながら、「捲土重来」を期すために活動費、選挙費用の貯えが必要です。そこで、同じ社会党の県議会議員故市川福平氏に相談して、社会党県議団の議会内事務局員に採用してもらいました。そこには、もともと大網白里町で町議会事務局長を務めて定年退職した方が勤めていました。

社会党県議団の事務局員として、県議会棟に通うようになって、10数年前まで県職員であったこと、県職員労組で少し名を売っていたことがすぐ知れ渡り、議会事務局の女性職員や議員との連絡調整に来る各部の議会担当職員と打ち解けて結構うまくやっていました。しかし、社会党県議団の懐具合から、二人の事務局員を抱えるにはいかず、市川県議から転職を勧められました。それはそれで納得して、親戚の地元A工務店社長に相談したところ、「非常勤職員」として給料をもらうことになりました。仕事は、「次の選挙に備えろ」と。つまり仕事はしなくて良い、敢えて言えば、相談役だと。

母方の芝山町の親戚からは、「山武考古学研究所」の仕事が忙しいので、手伝ってくれないかと話があり、同研究所の関連会社である発掘資材リース会社の「常務」として就職することになりました。このダブルでの収入で、生活費と活動費を賄うことが出来ました。親戚有難し。

発掘資材リース会社は、母方の従兄が社長ですが、その息子Ｈ氏が運営している民間の発掘会社「山武考古学研究所」の発掘資材や発掘作業員の供給を一手に引き受けている会社でした。埋蔵文化財にかかわるこの仕事は、私にとっては魅力でした。会社としても、落選中とはいえ千葉市議経験者であり、県や市町村の教育委員会等行政に一定の顔が利くから営業には好都合と思ったのでしょう。そこで、発掘現場に行って資材の調整や、市町村の教育委員会文化財担当者に営業したりする生活が始まりました。

芝山町の母の実家のある「大台」地区周辺では、畑の中にポコポコと小山があちこちに見られ、一帯が「芝山古墳群」に指定されています。その中に、実際の所在地は山武郡旧横芝町ですが、「殿塚」「姫塚」という比較的大きな古墳があり、発掘の結果当時の葬送儀礼を模したと言われる埴輪群が出土して有名になりました。また、芝山町の農家の間では、畑を耕していたら「金のニワトリ」が出てきたというウワサと言うか伝説が流布されていました。中学生になったころだと思いますが母親の実家に遊びに行ったとき、年の近い従兄の子と一緒に、１．５メートルくらいの長い竹の柄の先に縦長の平べったい鉄の鍬先のついた山芋を掘る道具を担いで近所の畑の中の古墳を「発掘」に出かけたことがありました。何も発掘できませんでしたが。当時はまだ「文化財保護法」があることなどまったく知りませんでした。しかし運命というか人の人生は分からないもので、その後従兄の子どもＨ氏は、高校生の頃、町内で行われていた明治大学の大塚初重教授（故人）の指導する発掘作業に興味を持ち手伝ううちに、知識を蓄えその後発掘の会社を立ち上げ、1970年代80年代の開発ブームに乗って、県内でも有数の埋蔵文化財調査事業者となりました。それが「山武考古学研究所」でした。その後補欠選挙までの1年半お世話になり、県内や県外の群馬県にまで「営業」で出かけていきました。

群馬ではその頃関越自動車道の建設工事があり、あちこちで関連する発掘作業が行われていでに群馬県の遺跡の見学にあちこち行ってみました。群馬県は古墳の多い県で、関東では千葉県に次いで二番目に多い県となっています。規模では関東一で墳丘長210メートルを誇る太田市「天神山古墳」や藤岡市の七輿山古墳（145メートル）等を見に行きました。七輿山古墳へは、吉井町や富岡市の発掘現場へ機材運搬、連絡調整業務出張の途中にあったことからその帰り道によく立ち寄りました。立ち入りができるこの巨大な古墳の墳頂に登ると、眼下に利根川水系の支流鏑川が流れ、北西方向には国の特別史跡「多胡碑」があります。仕事そっちのけで、歴史ロマンに浸っていました。発掘の現場は、「山武考古学研究所」が受注し、当該の自治体教育委員会文化財担当職員の監督の下で、10数人の作業員が発掘にあたります。作業員の派遣や発掘に必要な機材は、「山武考古学研究所」の関連会社の発掘資材リース会社が請け負う仕組みとなっています。私が就職した時期には、千葉県内の開発は一段落し、したがって発掘の仕事も減少していました。そのころ群馬県では、関越自動車、上信越自動車道の建設が行われて、その予定地や関連の開発に伴う発掘が各地で行われていました。そうした現場に出張して、業務を担いそのついでに大好きな古墳の見学に行っていたのです。

そんなわけで、文化財発掘の仕事は結構楽しかったのですが、あくまでも次の選挙までの繋ぎでしたので、二期目のあたりから始めた「無料法律市民相談会」を月一回開催し（１９８７年（昭和62年）１月～記録あり）、次期の選挙に備えていました。

１９８９年（平成元年）４月、千葉県知事選挙が行われ現職の３期目を期した故沼田武氏が共産党単独推薦候補に辛勝しました。当初は圧勝とみられていましたが、前年の竹下内閣による消費税導入による大逆風が吹いていました。結果は、沼田氏が97万票余、石井正二氏（共産党推薦）78万余票で、共産候補の大健闘でした。千葉市では、石井氏12万１４７６票に対して沼田氏13万９５６８票と肉薄され、船橋、市川、松戸、柏等の葛南・東葛地区では軒並み石井氏が沼田知事を上回る状況でした。この状況に、野党第一党の社会党千葉県本部にも大逆風が吹き荒れました。「社会党が（知事選に候補を）出していたら勝てたのに、どうして出さなかったのか」と言う趣旨の電話が殺到したのです。当時の社会党には、情勢を読む力、常に政権を目指して党の地力を涵養し、戦略戦術を立てて実行する力がなかったのです。千葉県議会でも表向きは保守自民系沼田知事に対して野党的立場を取りながらも、決定的対決を避けて、自分の次の選挙を優先する傾向がありました。「どうせ立てても沼田には勝てないよ」と言う消極論が蔓延していました。ところがこの知事選挙の結果に社会党千葉県本部は、驚愕したのです。「このままでは野党第一党の地位もあぶない」と慌てふためき、二か月後の千葉市長選挙に、当初は現職松井旭氏（故人）に対して、見送り論が強かったのですが、急遽対抗馬を出さざるを得なくなりました。そこで白羽の矢が立ったのは、現職千葉市議の小川義人氏（故人）でした。彼は次の選挙で県議選への出馬を希望していましたが、党内では同じ千葉市議の全電通労組（現NTT労組）所属の西巻義通氏（故人）が有力で、小川氏は厳しい状況でした。こうしたことから、党県本部幹部は、県議選候補の切符を条件にして小川市議に千葉市長選挙への立候補を説得したのです。

小川氏が市長選挙に出馬すれば、市議会議員が一人欠員となり、市議の補欠選挙となります。私も小川氏を説得しました。この時ばかりは、市議補欠選挙出馬への強い決意を固めていました。小川氏は、県議選候補へのチャンスとして説得に応じ、私が市議補欠選挙の候補者として決定されました。こうして、同年6月の千葉市長選挙と市議会議員補欠選挙が始まったのです。

「おたかさんブーム」に乗り市議補欠選挙に勝利
―1989年（平成元年）6月　10万9799票定数1人1位当選―

土井たか子氏（故人）は、1986年9月に日本社会党委員長に就任し、日本の憲政史上初の本格的政党の女性党首となりました。気風のよい語り口と優しさ、憲法学者としての知性的雰囲気は、たちまち人気を博し「おたかさんブーム」、「マドンナ旋風」を日本中に巻き起こしました。そして折からの「消費税反対」の国民の声を巻き込んで、日本中に吹き荒れました。社会党は、土井委員長の圧倒的人気により１９８９年の参議院選挙で勝利し自民党を過半数割れに追い込みました。この時「山が動いた」と言う有名な言葉を発します。１９９０年の総選挙で、社会党は50議席増と躍進しましたが、中選挙区制の下で党内の反発もあり複数の候補を一選挙区に擁立できず、野党で過半数には及びませんでした。１９９１年の統一地方選挙で社会党が大敗し、土井委員長は辞任しました。１９９３年、総選挙の結果社会党は大敗しましたが、非自民非共産の細川連立政権が成立し、衆参を通じて初の女性衆議院議長に土井たか子氏が就任しました。

土井氏の登場は、社会党にとって最後の「政権党」へのチャンスであったと思います。しかし残念ながら、「あだ花」になってしまいました。私自身は、社会党員として土井氏に大いに期待していました。ところが少なくとも千葉の社会党内では、土井委員長の人気にあやかって、党勢拡大しようという意欲はありませんでした。左派協会派は、「彼女は社会主義者ではない」「どうせ人気はすぐしぼむ」と言う評価でした。右派系は、そもそも戦略的に政権党を目指して、党改革を進め党勢拡大を目指す意欲がありませんでした。むしろ中選挙区の下で、自分のライバルが現れることを恐れたのです。こうした党内状況の中で、土井氏の人気は個人的なものにとどまらざるを得ませんでした。土井氏が社会党委員長を辞任する党内状況を見て、私は社会党員として党の未来に希望を失いつつありました。

話を戻します。１９８９年６月、千葉市の市長選挙・市議補欠選挙に、土井委員長がやってきました。その演説会には、千葉駅前の歩道から歩道橋の上まで同氏の演説を聞きたい、その姿を一目見たい市民で溢れました。演説会で、私も市長候補小川氏の後を受けて市議候補として3000人の市民を前に決意表明しました。3000人もの観衆を前にした「演説」はもちろん初めてで、さすがに足が震えました。その後も選挙中の「異変」が続きます。

朝夕の街頭宣伝活動は、小川市長候補と私がタッグを組んで実施していました。千葉駅前、蘇我駅前、都賀駅……。そのうち小川市長候補は、出て来なくなりました。昼間の街頭宣伝は、私が一人で社会党千葉県本部の宣伝車に乗り込み、市内を遊説して回りました。地元の高洲団地や真砂地区辺りは、手を振る歩行者、団地の窓を開けて声援をくれる市民が多くいて励まされました。

地元だからまあ当然かと思っていましたが、ある日稲毛駅からバスで15分くらいかかる郊外のあやめ団地で街頭演説を開始しました。「社会党の市議補欠選挙候補の布施です」と団地に向かって呼びかけると、ささ、ささっと団地の窓があちこちで開かれて、団地住民が手を振るではありませんか。「これは何だ?」とはじめは「うるさいっ」と抗議でもされるかと思いました。しかし、みんなにこにこして手を振っています。これは激励だと認識でき、胸が熱くなりました。3月の知事選挙での自民党への逆風、野党への期待は千葉市の選挙でもまだ続いているとの確信が生まれました。この期待に応えなければと、一段と声を張り上げ頑張りました。市議補欠選挙候補者の私一人で……。選挙自体は先に述べた事情の中で取り組まれたものなので、完全に社会党の党営選挙でした。ですから選挙費用の個人負担がなかったのはラッキーでした。それにしても、小川市長候補はどうしたのか。選挙活動の合間に、千葉市社会党の幹部に尋ねると、なんと市立病院に入院しているということでした。それも「うつ病」で。党幹部は、やむなく告示の日と最終日のみに選挙カーに乗せるのだと。愕然たる思いでしたが、やむなく「市長には小川、市議には布施」と訴えて回りました。

結果は、市議補欠選挙は、私が10万9799票、得票率47・68％で当選しました。市長選挙は、現職松井旭氏が、11万9804票で当選。日本社会党小川義人候補は、8万5408票でまあまあ善戦でしょう。ほとんど選挙活動はしていないのですから。私の10万票を超える得票は、「土井ブーム」に乗ったことと2年前の選挙で落選したことへの同情票があったのでしょう。特に、現在の美浜地区では湾岸道路問題や特に京葉線客線開業に伴うバス路線問題で、住民の先頭に立って取り組んだことを多くの住民が知っていてくれて、大量得票につながったのだと思います。

選挙後、早速市立病院の一般病棟に入院していた小川氏を見舞いました。彼の後援会の幹部たちが数人集まって、「市長選挙は残念だったけど8万5000取れば、県議選の切符は貰ったも同然だよ、元気出せよ」と「激励」していました。私は、すぐその幹部を病室の外に連れ出して「うつの患者に〝頑張れ〟は良くないですよ、ゆっくり休ませましょう」と言いました。後から聞いた話ですが、彼はもともとその傾向があったということでした。顔見知りの主治医の精神科医は、うつ病は症状が改善し元気が出てきた時がむしろ危ないと聞かされました。そして退院後、彼の選挙の「ご苦労さん会」の後、1、2か月後だと思いますが、銚子市の犬吠埼の海に自ら身を沈めたのです。彼は、演説が好きで小柄な体を大きく見せたいと背伸びをするようにして、自分の演説に自身が酔うように演説していました。人をだましたり狡猾なところは全くないある意味で「純粋」な人でした。お酒と歌と女性が好きで、様々なエピソードの絶えない「良い人」でした。

出身高校の大先輩、故赤桐操参議院議員の思い出

補欠選挙で当選し3期目の活動をスタートさせた頃、参議院千葉県選挙区選出の社会党参議院議員赤桐操氏（故人）から国会の事務所に呼ばれました。彼は、銚子市の出身で私の卒業した匝瑳高校の大先輩でした。旧制匝瑳中学卒で郵便局に入り、全逓労組の千葉県委員長から、現在の連合の前身総評の地方組織である「県労連」の議長を務め、参議院議員に上り詰めた人です。１９９２年8月から95年8月まで参議院副議長を務めました。赤桐氏の生家は、銚子で醸造業を営んでいたということです。その後家業が傾き、経済的には厳しい学生生活であったようです。赤桐氏本人は旧制中学在学中に結核を患い、1年間休学したということでした。彼の少し先輩に勝又豊次郎（故人・勝又グループ・千葉トヨペット創業者）、同級生に渡辺昌平（故人・元千葉大学付属病院院長）がいます。赤桐氏は、中学時代から「有名人」で、授業中良く先

生に質問をしたそうです。その質問はかなりしつこく延々と続いたそうで、赤桐生徒の質問が始まると他の生徒は、「ああ、これで今日の授業は終わりだ」と言ったというエピソードが残っています。しかし勉強はよくできたらしく、千葉大病院長になった渡辺昌平氏とトップを争ったと聞いています。同窓の先輩からは、「赤桐は家の事情がなければ東大に行っていたはずだ」と言われていました。県労連議長時代から、「荘厳」な演説をすることで有名でもありました。私が、市議一期目の１９８０年頃、東京湾岸道路・東関東自動車道の道路環境問題に取り組んでいたころ、沿線の中心的な住民運動の自治会幹部から国会議員の紹介を頼まれ、赤桐議員を紹介しました。自治会幹部は東京都環境局の職員で、赤桐議員に対して道路公害の原因物質である窒素酸化物の環境基準や浮遊粒子状物質の問題を専門的立場から説明すると、他の国会議員よりも非常に理解が早く、頭の良い人だと感心していました。

ある時赤桐副議長に呼ばれて国会の事務所に行くと、「布施君、君に頼みがあるのだが、○月○日は君とホテルで打ち合わせしていたということにしてくれんか」「女房がいろいろと詮索して困っているのだよ」「こんなこと君しか頼めないし、女房も君のことは信頼しているから」と。いつも「謹厳」な先生から、このような頼まれごとをされるとは想像もしていませんでした。奥さんには、その日に女性と会っていたことを疑われていたようです。一方、「先生もやはり男であった」と妙に親しみを感じてしまいました。その後、赤桐氏の出身組合の全逓労組は、非協会系となった私の有力支持労組となりました。赤桐氏の「名誉」のために敢えて申し上げれば、参議院議員を引退した後、長年連れ添った奥さんがリウマチになり、四街道市にある国立病院に入院しました。奥さんは、全身のマヒで痰が絡んだりしたときナースコールを使えなかったため、24時間の付き添いを付けなければなりませんでした。息子、娘さん達もそれを担いましたが、大半は、有料の付き添いさんを雇いました。一日数万円の付き添いさんの費用のため、都賀駅近くにあった立派な戸建て住宅を売却し、稲毛区内の娘さんの家に同居することになりました。そこに、時々呼ばれて政治に関する思い出話の聞き役を務めました。彼にとっては、私が同じ高校の後輩であり、社会党の千葉市議であったことから一番話しやすかったのでしょう。私は、その後の高齢化社会の一端を垣間見る思いでした。

市民の「喜怒哀楽」をわがものとする市議へ、無料法律市民相談活動の取り組み

私が二期目の1980年代の半ば頃、総評（日本労働組合総評議会）弁護団に属する千葉県内の弁護士グループが、労組にとどまらず社会党に対しても積極的に支援する立場から、「千葉県革新弁護団」を結成し様々な提言を頂くようになりました。特に、社会党は労組依存を脱却し市民に根付いた活動を積極的に取り組み自前の足腰を強化すべきだとして、そのための議員の「法律相談」活動に取り組むなら、全面的に協力すると申し出がありました。そこで私は、早速弁護士の協力を得て、自分の事務所で「無料法律市民相談会」を開催することとしました。

市議会議員の日常活動においては、信号機を設置してもらいたい、道路の舗装が痛んで穴が開いて危険だ、子供を保育所や学童保育に入れたい等々行政にかかわる問題から、交通事故の示談がうまくいかないとか、相続がもめている、息子が非行で警察に捕まったとか、議会とは直接関係がないような様々な相談が持ち込まれます。その解決には、一定の法律知識が必要な場合が多々あります。「それは弁護士事務所に相談してくれ」の一言では済まされないと思いました。何故なら一般の人には、弁護士事務所の敷居が高かったのです。高額の「料金」がかかるのではないかと思う方が多かったのです。それに、そもそも弁護士も、検事も、裁判官もその職業としての役割や任務が良く分からない方が多いように思いました。ですから、弁護士に相談するために、弁護士事務所に行くこと自体が「怖い」と言う方が一定程度いることがわかりました。

私は、市議会議員に持ち込まれる様々な相談事は、会社や団体の要望も一般の市民の軽易な相談も、全く同等に「全力」で解決することをモットーにしていました。行政にかかわることは、元県職員と言うこともあっておおよそ市役所のどこの部門が所管しているかわかりますので、事情を聞き取ってすぐ対応することとしました。そこで、市民の寄せられた要望、相談事を書き留めるため常に小さなノートを胸のポケットに入れて置き、相談日時、氏名、住所、相談内容を書き留めました。もう一方で、市議会事務局から配布されている市役所管理職員の名簿で手のひらサイズのものがありましたので、これも常に胸ポケットに入れていました。行政にかかわる要望相談で軽易なものは、即その場で所管課長・事務所長に電話して解決を頼みました。案件によっては、現地での立会を要請して解決策の検討を頼みます。さらに大きな課題で一定の予算計上が必要なもの、例えば子供ルーム（学童保育）を新設してもらいたいといった要望の場合は、要望書の案文を作ってあげて関係父母の署名を集め、所管の子ども福祉を担当している部署に提出し、その際父母とともに交渉しました。

そこで、布施市議会議員なら、何でも相談し解決してもらえるという市民に根差した活動を行うべく、「無料法律市民相談会」を行うこととしたのです。これには、先の社会党を応援する弁護士グループ「千葉県革新弁護団」の先生方に協力を仰ぐことに致しました。

私の市議会活動報告の「美浜リポート」に相談会の日程を掲載し、相談者を募りました。月1回土曜日の午後2時から5時を相談日として定例で開催することとしました。しかし、はじめのころは、相談する方はほとんど来ませんでした。「身内の恥をさらしたくない」「結局お金を取られるのではないか」という意識があったのでしょう。まだまだ私にそこまでの信用がなかったのです。担当の弁護士先生と、2、3時間お茶をすすりながら雑談をして過ごす時がありました。それでも、「講師代」をきちんと支払いました。その後、30数年間この活動を続けてきました。相談者も次第に増え2時~5時では間に合わなくなり、事前予約で人数が多いと時間を1時に早め、終了を6時過ぎまで拡大して対応しました。区役所や市の本庁でも市民相談の中で「法律相談」をしていましたが、布施事務所の方が親切丁寧に相談できるということで、そちらから乗り換えて相談する方もありました。そのうちに開催日が土曜と言うこともあり、市の法律相談が週日でタイミングが合わないので、区役所から直接紹介されて相談に来る人もありました。

しかし、相談に来られた方のその内容は、「法律」相談と言うよりは、人生相談に近いものが大半でした。夫婦関係、近隣関係の相談では、まさにそんな傾向がありました。ある時の相談では、年配の奥さんからお隣の人がいつの間にか我が家に入り込んで部屋の中に入ってくる、物がなくなっているわけではないが、困っていると。その相談者は、隣人が入り込まないように、玄関ドアや、窓に3、4個のカギを取り付けているということでした。明らかに精神的な疾患を思わせました。この件は、弁護士の先生も手に負えず、県職員で定年まで精神保健福祉士として勤めていた妻の出番となり、相談者の夫と協力して近くの精神科クリニックを紹介し、同行して治療を受けてもらいました。その後、相談者からは隣人が「来なくなった」という連絡を頂きました。ご主人も一時は、奥さんの言動に同調して隣人が本当に入り込んでくると思い込んでいた節もありましたが、奥さんの治療に同行する中でその誤解も解け、二人の笑顔を取り戻すことが出来ました。集合住宅ではつきものの階上階下の騒音の問題や水漏れもありました。普段から、階段10軒のコミュニケーションがとれていればよいのですが、階段入り口の集合郵便受けに名前を出さず、玄関上の表札にも名前を出さない方が多くなっている現状があります。同じ階段の方だと思っていても「おはよう」「こんにちは」「こんばんは」の挨拶もないのです。ですから、子供たちの「元気な」泣き声、足音は単なる「騒音」となり、ましてや階上からの水漏れは「大騒動」になってしまいます。そんな問題を弁護士先生のアドバイスを頂いて、円満解決をすべく双方の家を訪ねたりしていました。しかし、うまく話し合いがまとまらず一方の方が引っ越すということもありました。また、簡易裁判所での調停に委ねる案件もありました。

　相談の内容は、その時々の社会情勢を反映しています。正確に統計を取ってはいませんが、1980年代は、交通事故の示談の問題が比較的多かったように思います。このころは、車の任意保険がまだ十分普及していませんでした。1990年代には、サラ金問題です。パチンコ、競輪競馬、飲み代など、手軽にお金が借りられる銀行以外のサラリーマン金融「サラ金」が流行り、困窮する方がたくさんいました。弁護士が、相談者の借入先数社、時には10カ所以上になる人もありましたが、一件ずつ電話して受任を告げ月々返済できる金額を確定して、返済金を本人から預かり弁護士から各社に返済金を支払う「任意整理」をしていく。返済が不可能なほど借金がかさんでいれば、「自己破産」の手続きとなります。自己破産も裁判の手続きですので、数十万円のお金がかかります。中には生活保護の方もいて、自己破産するためのお金がないので、私が弁護士のアドバイスを頂きながら本人と裁判所に行き、手続きを支援したこともありました。低所得者、生活保護の方に裁判費用を一時立て替え、分割払いにしてくれる「法テラス」は、その後に創設されました。続いて「サラ金」が社会問題となり、国会での利息制限法等法律改正、自治体での相談窓口の設置など対策が進み、相談件数が減っていきました。その一方で今度は、友知人同士、親族親戚どうしの借金問題が増加してきました。

　2000年代に入ると離婚や、家庭問題が増えてきます。亭主の浮気、浪費、家庭内暴力、男女関係のもつれ等々、はじめは女性からの相談が圧倒的でした。2000年代の中ごろになってくると、女性が強くなったのか男性が弱くなったのか、男女関係、家庭問題で夫あるいは男性からの相談が増加してきました。2000年代の中ごろから増加してきたもう一つの問題は、相続の関係です。2000年に介護保険制度が創設され、高齢化社会となってきましたが、相続のもめごと、遺言の作成などが増加していきました。また、非正規労働者の増加等労働環境を反映して、職場の人間関係、セクハラ・パワハラ、賃金未払い等労働問題、この他年金暮しの老父母の下での引きこもり、老夫婦の一方が亡くなって生活保護を受けなければならなくなった方もありました。また、家庭問題、男女の問題は、2000年代中頃までは、圧倒的に女性からの、あるいは妻側から相談が多かったのですが、ここ10年頃から男性あるいは夫からの相談が増えて、半々という状況になりました。例えば、離婚した男女の問題で養育費に関して以前は元妻側から、「元夫が養育費を払ってくれない」といった相談が、元夫側から「養育費を支払えない減額してもらうには、どうしたらよいか」と言う状況です。私は、この「法律市民相談」活動を通じて、住民のみなさんの良き相談相手として、弁護士の協力も得ながら解決のために努めてきました。そしてその中から、市政の課題を抽出し政策化し、市議会で質問して解決のために取り組んできました。

毎年12月頃から翌年の2月位までに、子どもの保育園入所の要望が来ます。最高20数人の方から頼まれました。これを当局に「この方は子供が保育園に入れないと職場を辞めないといけない」と言って頼み込んできます。父母もその頃は場所を選んだりしません、とにかくどこかに入所できれば良いのです。依頼された保育園入所要望は、所管の保育課に頼みます。そうすると3月の初めに担当課長が来てそっとメモを持ってきます。依頼した子供の入所保育園のリストです。他の議員も多かれ少なかれやっていたかと思いますが、多い方だとは思います。その後保育園の整備が進み入所要望は減っていきましたが、次の課題は子供ルーム（学童保育）でした。地元の高洲、高浜地区の小学校区に、学校内外5カ所の設置に取り組みました。

最近では同じ施設入所でも、保育園、子供ルームから老人ホームへと様変わりです。こちらもご家族からすれば深刻なのです。以前は、老人ホームと言うと郊外の林の中で閑静な空気の良いところというイメージがありました。これは入所者の都合ではなく、設置者側の都合です。土地が安く手に入るので、設置費用を軽減できる、近隣対策も気にしなくてすむ、です。「おじいちゃん、良い所に入れて良かったね」との家族の言葉ははじめだけで、だんだん足が遠くなります。自家用車でも片道30分以上、バスだと一時間に1本くらいしかない郊外ですから、現代の「姥捨て山」と言うと言葉が過ぎますが。私は、地元後援会の皆さんと、海浜部の団地の中に老人ホームをつくる活動を行い、その後高洲団地の中に幼稚園と併設の特別養護老人ホームが設置されました。現在では、特別養護老人ホーム5カ所、有料老人ホームも2カ所設置されました。

私の「無料法律市民相談」活動は、毎月一回30数年続けてきました。周知は、市議会報告「美浜レポート」に掲載しました。タウン誌にも広告として出しました。費用は「政務活動費」を使いましたが、「無料法律市民相談」は市政活動そのものではなく後援会の部分もあるということで、一部自己負担をしました。月1回土曜日の午後1時から5時までの相談時間で、一人

30分単位の相談ですので。正確に数えていませんが１回の相談会で平均７人として年間80人位、30数年ですので２５００人以上の相談を受けました。定例の相談日以外でも、様々な相談事が持ち込まれましたので、10期40年間でざっと５０００人以上の方の市民相談を引き受けてきたかと思います。

千葉市でごみ問題勃発

１９８９年（平成元年）６月の市長選挙と同時に行われた市議補欠選挙で当選し市議会に復帰した私は、社会党市議団に所属し議会活動を再開しましたが、早速会派内が大もめの事態に直面しました。「千葉市のごみ問題」が原因です。６月定例市議会でごみ処理問題をだれが質問するかでもめていたのです。この年の5月、千葉市のごみ処理行政がついに限界に達して、あふれかえる可燃生ごみ処理と満杯に近づいている焼却灰を埋め立てる最終処分場の延命のため、生ごみと焼却残灰を混ぜた埋め立てゴミを民間業者に処分を委託したところ、青森県最南端の三戸郡田子町に違法に投棄していたことが発覚し、大問題になっていました。政令指定都市目前にした千葉市の不祥事は、全国紙やＮＨＫでも報道され、日弁連や自治体労組自治労も調査に来るなど、千葉市のごみ行政が大批判を浴びていました。

市議会でも各会派がこの問題を取り上げる構えでしたが、社会党市議団ではこの重要案件に幹事長の故西巻議員が質問担当を強く主張し、もう一方自治労の調査を踏まえ千葉市職員労組出身のN市議もまた強硬に希望したことから、両者の調整が難航していました。結局、話し合いの結果西巻市議は「最終処分場及び産業廃棄物」問題を中心に、N議員は「一般廃棄物・田子町不法投棄問題」を取り上げることで、いったんは決着しました。ところが、質問の順番は通告順となっています。通告がかち合うと抽選となります。そこで、このごみ処理不祥事問題は、各会派とも一番に質問することを希望し、我が社会党市議団も西巻議員とN議員は一番手を他会派議員と共に希望しました。抽選の結果、西巻議員が一番となり質問することとなりました。彼は、当初の会派申し合わせに反して、他の会派もやるのだから社会党が真っ先に取り上げるべきだと主張し、「田子町のゴミ不法投棄」問題を質問しました。N市議はこれに約束違反だと怒り心頭に発して、会派を抜けると言い出し、こともあろうに提案されている議案に関して会派毎に当局の説明と勉強会・検討会が開かれますが、いきなり公明党の会議室に入り込んでしまったのです。これには、公明党市議団も困惑して、社会党市議団に何とかしてほしいと要請がありました。その場はなんとかN議員をなだめて社会党市議団に復帰させました。社会党の混乱はそれにとどまらず、その後まもなくして市長選挙に出馬して落選した小川氏が、銚子の海岸から飛び込み自殺するという衝撃的な事件が発生しました。その経緯は前述しましたので省略しますが、私は市長候補と市議補選候補の二人三脚で社会党がここにありと、千葉市民に知らしめようと取り組んできた立場から、複雑な、残念な思いを深めました。千葉市の社会党の状況ではありましたが、その後の日本社会党の行く末を暗示する出来事でした。

当時市当局は、ゴミ処理能力増強のため第三の清掃工場建設を急いでいました。しかし清掃工場は、いわゆる迷惑施設でその必要性をだれもが認めるとしても、自分の町内につくるのは反対なのです。第3の清掃工場は、現在の花見川区三角町に計画されていました。郊外の新興住宅地に近い場所で、当然にも住民の猛烈な反対運動に直面していました。こうした中で、千葉市の清掃行政は行き詰まり、街中に次第にゴミがあふれる状況となりました。団地や街角のごみ集積場は生ごみや古新聞、缶、ペットボトル等ありとあらゆるごみが捨てられ、山積みとなりました。新港清掃工場、北谷津清掃工場には、市内から集めてきたごみを工場に運び込むためのごみ収集車の長い車列ができ、周辺に異臭を漂わせていました。

その当時の私のごみ問題に対する認識は、焼却力を増やすため第三の清掃工場を早く建設すること、ごみ収集に対する市民サービス向上のため、ごみ収集回数を3回から4回に増やすなどと言うものでした。ごみを燃やすことで大気中にCO_2を放出することの問題、ごみを分別し減量・リサイクルすることの発想には思い至っていなかったのです。しかしある時、清掃工場反対の住民集まりに参加した時、その持論を述べたところ清掃工場反対のアドバイザー的役割をされていた早稲田大学の故寄本勝美教授から、「そんな考えだから駄目なのだよ」とこっぴどく批判されました。そこから、私のごみ問題の不勉強を恥じ「ゴミ」問題を改めて勉強しなおし再考することにしました。「ゴミ」はすべて廃棄する対象ではなく、資源の塊だと。

地元では、市議になって団地内に名前を売ることと、地域で一生懸命住民のために活動しているとの評判を得るために、自治会の役員になっていました。ごみ問題がようやく市民住民の間に市政の大きな課題であることの認識が広まって、自治会の役員会でも話題になっていました。そんな時にある役員から、「布施さん、団地の不燃、粗大ごみ置き場見てみなよ」と言われました。一緒に見に行くと壊れた家具から子供のおもちゃ、ビンカンの山でした。全市内がそんな状況なのです。そのまま廃棄物の埋め立て場にもっていけば、たちまち処分場が埋まってしまい、しかも新たな埋め立て処分場設置となればどこに造ろうとも、賛成する住民はいません。その自治会役員は、「アルミ缶は、売れるからせめてアルミ缶だけでも「不燃・粗大ごみ置き場」から集めよう」と提案があり、自治会のリヤカーを引っ張り出して、団地内の「不燃・粗大ごみ置き場」のアルミ缶を漁って集め出したのです。当然にも夏場は特にジュース等の空き缶が大量に出ます。「不燃・粗大ごみ置き場」の空き缶に群がる「ありんこ」を払い除けながら、空き缶を集めました。先ずその姿を団地住民に見せたのです。当時の団地には、各階から直接ごみを捨てられる「ダストシュート」が設置されていました。下まで階段を下りてごみ置き場までもっていく必要がなく、なんでも手軽にポイ捨てができる「便利」なものでした。それだけに、猫の死骸まで捨てるという悪評もありました。市当局は、ごみ分別減量のためダストシュートの廃止をもくろみ、各団地の自治会に提案をしましたが、当然のごとく各自治会とも猛反対でした。我が地元の高洲3丁目自治会（全部公団団地2100世帯）では「民主的」にアンケート調査を行ったところ、回収率が4割でしたがそのうち68%が反対でした。そこ一方、ごみの減量、分別、リサイクルについては「必要」と回答した住民が多数でした。そこで私は、我が団地からダストシュートを撤去する突破口にしようと思い巡らせました。千葉市は、ごみ問題のＰＲビデオを作っていましたので、これを住民に見てもらおうと自治会役員会に諮り、住民説明会を開催することとしました。２１００世帯全体を一カ所に集めるのは不可能なので、一街区５００戸前後の四つの街区のそれぞれで開催することとしました。近隣のスーパー「イオン」がキーテナントとして入居している商業ビル管理会社「マリンピア」の協力を得て、大型のテレビを借りて来て、各街区の広場で「青空説明会」を開きました。ダストシュート撤去の必要性について、副会長で市議会議員の私が説明しました。空き缶集めの効果もあって、ほとんどの住民がダストシュート撤去の必要性を納得してくれました。一部には、「年寄りでごみ捨てに階段の上り下りができない、反対」の声もありました。それに対しては、「自治会活動をもっと活発にして、隣近所の助け合いを広めましょう」と呼びかけました。反対の方は確かにご高齢ではありましたが、マリンピアまで毎日スタスタとお買い物に出かけている方ではありましたが。

高洲三丁目自治会の取り組みもあって、市当局は日本住宅公団と協議し一部の自治会の反対を押し切り、ダストシュート撤去を実施しました。ようやく千葉市のごみ問題解決に向けて「３Ｒ」（リデュース、リユース、リサイクル）運動が本格化したのです。三角町の千葉市北清掃工場は、住民の反対運動で難航しましたが、１９８８年（昭和63年）に着工し８年の歳月をかけて１９９６年（平成８年）10月に完成しました。早稲田大学名誉教授故寄本勝美先生は、行政学・環境政策の専門家ですが、千葉市の清掃問題解決に大きな役割を果たして頂きました。

「ゴミとリサイクル」などの著書を勉強させていただきました。深く感謝の意を捧げたいと思います。

団地のダストシュートの取り外しに取り組んだことで、団地の中でも、ごみ減量、リサイクルへの関心が高まりました。地元高洲3丁目自治会では、私が中心となり町内の公園を利用して月1回のリサイクルバザーなるものを開きました。他の地区でのこの種の取り組みがまだ行われなかったことがあって、グループや個人などで大人・子どもの衣料品、おもちゃから骨とう品まで、様々な生活用品が持ち込まれ、比較的広い公園の半分以上を使ってビニールシート1枚を引いただけの「お店」が開かれ大盛況になりました。自治会役員の故M氏は、団地内に「放棄」された自転車を修理して実費で団地住民に分けていました。これも大人気で喜ばれましたが、団地外の住民にも分けてしまったことから、これでは「中古自転車販売業」になってしまう、その自転車の不具合で事故になったらだれが責任を取るかとの声が出て、それは中止のやむなきに至りました。その後「リサイクルバザー」は各地でショッピングセンターや、幕張新都心マリンスタジアム前広場などで開催されるようになり、一つの流行りとなりました。

千葉市の3R事業も本格化して、1992年(平成4年)10月家庭ごみの5分別収集の実施(生ごみ・可燃物、ビン・カン・ペットボトル、古紙・ダンボール・衣類、不燃・有害物、粗大ゴミ有料回収)、家電四品目リサイクル法施行等、ごみ減量・資源化が全市的に取り組まれるようになりました。そして千葉市の清掃事業は、清掃工場の3工場から2工場制へ(老朽化した清掃工場の休止)、資源物の回収拠点「リサイクルセンター」の設置(1995年・平成7年3月)、それに先立つ1995年（平成7年）1月家庭ごみの「有料指定ごみ袋制」も導入し、大きく変化しました。私の提案した「清掃局」を「環境事業局」への名称変更は、環境局資源循環部となって自然環境保護部門と一体となり、ごみを燃やし埋めるから、分別し資源化する方向へと体制が強化されました。清掃工場は、単なるごみ焼却施設から発電・売電を行い、余熱を利用した温水プール、温浴施設が併設された、エネルギー施設であり市民の憩いの場の一つになりました。千葉市のごみ行政の不備が青森県へのゴミ不法投棄の汚名を招きましたが、市民と議会と行政が一体となりそれをそそぐことが出来たと思います。

千葉市の政令指定都市移行
—1991年（平成3年）4月　四期目4870票定数56人24位当選—

政令指定都市への移行は、その前年に市議会議員選挙が実施された後、行われるというのが不文律のようでした。この選挙で当選すれば、いよいよ県議と同等の政令市議になれるということで、最後の全市一区の市議選が戦われました。政令市になると市議会、県議会の選挙区は、各行政区単位になります。2年前の補欠選挙で、私は約11万票近く取りましたので、その1割1万票を頂いて悠々1位当選かと思いきや、結果は当選こそしたものの4870票で1割には遠く及びませんでした。あの票は何だったのかなと思い返しましたが、「反自民」のつむじ風だったのでしょう。しかし、「天の声」が私に「もっと謙虚に市民のために頑張れ」と後を押してくれたと思いなおして、市政活動に励むことにしたのです。

1992年（平成4年）4月1日、千葉市は全国12番目の政令指定都市に移行しました。政令指定都市は、地方自治法により人口が概ね100万人以上の大都市が指定され、都道府県並みの行政権限を持つ自治体と言うことです。政令市移行時の千葉市の人口は、83万6594人でしたが、将来100万人を超える都市に成長することが見込まれるということで指定されました。2022年の推計人口は、約97万人余です。政令市移行は、千葉市として画期的なことであり、当時の故松井旭市長の悲願でした。これにより、市内には、中央区、稲毛区、花見川区、若葉区、緑区、美浜区の6区がおかれ区役所が設置されました。県からは、国庫補助金申請を直接国に行う権限、保健所を設置すること、児童相談所を設置すること、一般国道及び県道を市が管理すること等様々な行政権限が委譲されました。千葉市内で残った県の行政は、教育と警察と水道だけだと言われましたが、教育は義務制の小中学校教師の身分が県から千葉市に移譲されました。市議会議員の報酬も、県議並みに大幅に引き上げられました。権限にしたがって仕事が県並みに増えたのだからというのが理由でしたが……。

戦前から大阪、京都、横浜、名古屋、神戸の5大市は、都道府県並み「特別市」として扱われてきましたが、戦後地方自治法が制定される際に、都道府県から独立した都市としての立場を要求しました。そうすると京都府は京都市と府で人口が逆転し、府のポジションが低下するということで他の関係府県とともに反対し、結局現行の「都道府県並みの権限を有する都市」と言う位置づけとなりました。その後政令市は、札幌、仙台、川崎、福岡、北九州、広島市が指定され、千葉市を含めて12市となりました。しかし、旧5大市は戦後指定された都市と「格が違う」と言う気位があり、議会を「市会」と称し、他の都市の「市議会」と区別しています。そんなことから、人口面でみると旧5大市は、属する府県と比べて同等か市の方が多いということもあって、「議員の格」が府県議より市議の方が上とみられており、よく言われる市議から県議、そして国会と言う階段が、政令市議からいきなり国会議員と言うコースになっています。まあ、菅義偉氏は、横浜市会議員から衆議院議員そして首相にまで上り詰めた政治家でしたが。

私も、千葉市議から、県議、そして国会議員を目指すのでしょうと、支持者から言われましたが、個人的には全くそんなことは考えもせず、千葉市議に徹してそれを極めようという気持ちで務めてきました。

千葉市が政令指定都市移行の最初の予算案を審議する議会、記念すべき1992年（平成4年）第1回定例千葉市議会において、社会党市議団を代表して行った質問を掲載いたします。

〈1992年（平成4年）第1回定例千葉市議会　千葉市議会ホームページ会議録の検索と閲覧より〉

○15番（布施貴良君）　日本社会党の布施でございます。既に各会派より各般にわたる質疑があり、解明された問題も多いわけでございますが、重複する課題につきましては、角度をかえまして、社会党の立場から伺ってまいりますので、おつき合いのほどをよろしくお願いいたします。

政令指定都市移行の初年度の予算案について、市長は同僚議員の質問に答えて、新生千葉市のスタートと位置づけ、人にやさしい積極的な予算だと胸を張って答えられました。我が党は、昨年新年度予算に関する要望書を提出しましたが、これを尊重し、予算化されているならば、当然そうなるはずでありますが、議案研究の中では残念ながらその確信を持つには至らなかったのであります。

そこで、改めて市長並びに所管より見解を伺うものであります。

質問の第1は、市政運営の基本方針についてであります。

1点目は、内外情勢の認識についてであります。

世界の激動の結果、米ソ2超大国による世界の支配管理体制は崩壊し、新たな国際秩序の形成が模索されています。それは、国連を中心とした国際協調、協力による平和の維持と諸国の民主的発展であります。このことはまさしく日本国憲法の理念そのものであり、その先見性を示すものと思います。

しかしながら、政府自民党の中には、参議院で継続審議となっているPKO法案や、小沢調査会に見られる自衛隊の海外派兵論に見るように、改憲への根強い志向があることは極めて危険と言わなければなりません。この時期こそ、軍縮を日本から率先して進め、平和憲法の理念を生かす国際貢献を積極的に行うことが世界から望まれている我が国の責務であると思います。

したがって、自治体の行う国際貢献、国際交流についても、こうした基本理念に基づいて行うべきであります。市長の所信表明において、この点での言及がなかったように思いますので、改めて伺うものであります。

国内情勢については、バブル経済とその破綻に見るごとく、経済成長優先、あるいは会社利益優先主義があらゆるところに弊害のうみを出してきています。事実上世界一の経済大国になったと言われながら、勤労者の生活はそれにふさわしいものでは決してありません。過労死に象徴される長時間労働、福祉のおくれがそれを証明しています。市長は、こうした日本社会のあり方を真にゆとりと豊かさを実感できる人間優先の社会に改革する立場で市政運営を行っていくものであるかどうか、お答えをいただきたいと思います。

２点目は、平和行政についてであります。

平和予算については、ことしも主要施策としての記載がなく、企画費の中の事務経費として計上されているに過ぎません。平和都市宣言が泣いていると言わなければなりません。市長の平和感覚を疑うものであります。予算額については１１００万円で、事務方としての努力は認めないわけではありませんが、たかだか35万円の自衛隊協力費が予算書に明記をされているのに比べると、まさに平和予算は日陰の存在であります。平和事業についての市長の見解を伺うものであります。

3点目は、5か年計画について伺います。

新年度予算における進捗率は、全体としては40%ということでありますが、この中で特に高齢者対策、清掃対策については、繰り上げてでも推進すべきと考えますが、後で申し上げる諸課題を含め市長の見解を伺います。

4点目は、県との関係についてであります。

新町再開発事業の県補助金が県予算に計上されなかったことなど、移譲事務、財源配分等においてそごはなかったかどうか。今後の関係についてどのように進めるつもりであるかどうか、伺います。

5点目は、執行体制についてであります。

政令都市にふさわしい機構改革と人材の登用、積極性を生かす職員配置についてどう配慮しているのか。また、今後の方針についてお答えいただきます。職員定数については、新年度は増員ゼロであります。移譲事務の関係もあり、事務執行上の支障や職員の労働強化にならないかどうか、あわせて伺います。

6点目は、女性行政について伺います。

県では、女性副知事が任命されることについても検討するやに伺っているわけであります。市における女性職員の登用と女性会館の内容について明らかにしていただきたい。

7点目は、情報公開についてであります。

我が党のかねてからの要望がいよいよ実現をする運びとなったことは大いに評価をいたしたいと思います。懇談会のメンバー構成、作業スケジュールについて伺います。

質問の第2は、税務、財政についてであります。

新年度予算は、一般会計２６８５億円、特別会計を含めた総額４２４９億円、対前年伸び率はそれぞれ16・7％、14・5％と大幅であります。これは、県からの移譲事務の財源があったほか、市民税の伸び率が大幅であったことにもよるものであります。市税の伸び率は12・6％で、昨年の5・3％、地方財政計画の地方税の伸び率4・1％を大幅に上回っております。課税の基礎となる今年度の勤労者世帯の所得の伸び率をも大きく超えるものではないかと思われます。この根拠をお示しいただきたいと思います。

また、交付税については、特別交付税3億円のみで、普通交付税については計上されていません。基準財政需要額、収入額、それぞれ幾らか明らかにしていただきたい。市税収入額については、当初予算に目いっぱい計上し、補正のための留保財源を例年より削り込んでいるのではないかと思われますが、お答えいただきたいと思います。

移譲事務と財源について伺います。

収支１００億円程度で差引3億円のプラスとされています。しかしこれには人件費63人分2億5千万円、その他諸経費等が含まれておりません。今後、国庫補助金の削減、あるいは一般財源化や新町再開発事業の県補助金問題に見られるとおり、県単補助金についても余り期待できないことを考えると、政令都市移行は持ち出し財源が多いのではないかと思います。当然受けるべき県補助金は確保することを含めて、これらの点についてお答えをいただきます。

公共料金について伺います。

年金等のための証明に要する住民票については、無料とされたことにつきまして評価するものであります。高校受験料、保育料が値上げであります。既に条例化をされて、4月に引き上げられるものも多数あります。これらについては、やむを得ないもの、額の妥当なものもありますが、公共料金は本来福祉的要素を加味して、政策的に決められるものが多いのでありますから、値上げについては、慎重であるべきです。公共料金については、神戸市、札幌市、川崎市、大阪市のように、審議会に諮って決めるべきであると考えますが、見解を伺います。

消費税について改めて伺います。

9月議会で市のすべての公共料金に3％上乗せをされて、この4月より適用となります。我が社会党は、消費税の廃止を主張していますが、今の時点では、国の法律がある以上、市長が消費税の矛盾を認めた上で、市民負担を極力最小限にする努力を行うならば、市公共料金への上乗せについて理解しないわけではありません。そうした立場で改めて、本来国に納める必要のない一般会計分については、消費税を転嫁すべきではないと主張するものでありますが、お答えをいただきたいと思います。

質問の３は、区制移行と市民センター業務について伺います。

政令都市となって、市民にとっての最大のメリットは、市政がより身近で便利になることであります。区役所と市民センター業務について３点伺います。

１点目は、区役所への交通網についてであります。

バス路線開設の状況について、及びバス会社との協議の内容について明らかにしていただきたいと思います。

２点目は、住民票自動交付機、郵便局での郵送申請、身障者への宅配サービスについて伺います。

体制とＰＲはどうなっているのか、特に、住民票自動交付機については、関係職員に利用、操作方法を熟知させる必要があると思われますが、お答えをいただきたいと思います。

３点目は、夜間、休日の各種届についてであります。死亡届、埋・火葬許可については、窓口で受理をし発行いたしております。夜間や休日の受付については、どのような対策を講じているのか。聞くところによれば、委託警備員に代行させると聞いております。法律的に問題があるのではないかと思いますので、お答えをいただきたいと思います。

質問の４は、地域振興行政についてであります。

１点目は、区行政懇談会設置の必要性についてであります。

区民意識の高揚と区行政の振興を図るため、区内各界市民代表による懇談会を設け、意見、提言を聞く場が必要ではないかと思います。また、市政モニターについては、区ごとに委嘱をし、区制問題についても意見を出せるようにすべきと考えます。お答えをいただきたい。

2点目は、駐車場対策についてであります。

駐車場の不足は、商店街等で買い物などのための一時駐車、住宅地における車庫とそれぞれ不足が深刻であります。

そこで伺いますが、民間駐車場についてはかなり整備されてきていますが、いまだに不足をしております。一方、民間駐車場の経営実態、安全管理の状況も必ずしも把握をされていません。市としては、指導、育成する立場から所管を明確にすべきであります。また、建設に当たっての公的助成制度の再創設を含めて見解を伺います。

また、住宅地、特に団地の駐車場不足を解消するため、駐車場公社の体制強化を図り、積極的に駐車場設置を進めるべきと考えます。お答えをいただきたい。

3点目は、自転車対策について伺います。

この4月から改正自転車条例が施行されます。そこで、駐輪場の整備状況はどうか、不足するところについてのその台数、今後の整備方針について伺いたいと思います。

禁止区域の放置自転車の移動、保管については、整備状況を勘案して行うべきであります。

自転車の安全な乗り方、指導についても、指導を強化する必要があります。ちなみに、議場の皆さん方は、酒を飲んで自転車に乗った場合交通違反になるかどうか、おわかりでありましょうか。答えは飲酒運転であります。交通安全課監修の答えでございます。これは別にいたしましても、町のお母さんが子供を前後に乗せまして、背中にももう1人おんぶをしながら、夜ライトもつけずに乗っている姿を見るわけでありますが、そのようなときに私もぞっとする気持ちがするわけであります。自転車の安全運転指導についてお伺いをいたします。

4点目は防災対策についてであります。

地震対策について、基礎調査が実施をされておりますが、その内容について明らかにされたい。

被害の想定、地域防災計画の見直し、被災者救済対策の充実策について伺います。

質問の第5は、高齢者対策と福祉行政についてであります。

21世紀の高齢化時代に備えて、高齢者対策は極めて重要です。これらの諸対策について伺います。

1点目は、高齢者憲章の制定についてであります。

県は制定に向けて懇談会を設置し、具体的に検討を進めています。市もこのことについて積極的に検討をすべきであります。市長の見解を伺いたいと思います。

2点目は、福祉基本条例の制定についてであります。

ノーマライゼーションの思想に基づいて、福祉、保健、医療、住宅、都市計画等々総合的な福祉対策を進めるため、基本条例を制定する必要があります。この点も市長の見解を求めます。

3点目は、老人保健福祉計画についてであります。このための審議会を早期に設置をし、調査段階から方法を検討し、計画は少なくとも国の基準を最低として、市民のニーズに合った、充実した計画をつくるべきであります。

我が党の調査によれば、例えばヘルパーについては、ゴールドプランの国の基準では550名になるわけであります。ところが、5カ年の目標では113名でありまして、10カ年終了時、次の5カ年終了時点でも恐らく250名を超えることはないのではないか、このように考えるわけであります。どのような計画をつくる方針であるか、伺うものであります。

4点目は、社協委託のヘルパーについてであります。

現状の勤務形態は、いわゆる直行直勤であります。これでは十分な介護ができないのではないか。雇用条件はどうなっているのか。直営ヘルパーとの役割分担をどうするのか。あるいは委託ヘルパーの勤務体制について指導すべきであると考えるものであります。これらについて見解をお伺いをいたします。

5点目は、介護支援センターの整備を進めるとともに、デイケア、ショートステイについては、即対応ができるようにすべきではないかと思うわけでございます。この点については、自宅で介護者が冠婚葬祭、あるいは病気等ですぐに家をあけなければならない、こういう場合があるわけでございまして、それに対応した体制をとる必要があるわけでございます。現状はなかなかこれらについては即対応は難しいということから、ショートステイ、デイケアの機能が必ずしも十分生かせていないところがございます。改善が必要ではないかと思いますので、お答えをいただきたいと思います。

6点目は、痴呆老人対策についてであります。

この問題については、デイケア、ショートステイ、特養老人ホームなどの施設の充実を図るとともに、自主的にデイケアや介護の交流をしている家族会にも援助対策を実施すべきであります。特に、主婦を中心として介護者は必ずしもそのような状況について介護すべき老人の理解はもとより、周囲からも十分理解されずに大変苦労をしているわけであります。この点で、市長は十分このような状況については、おわかりのはずであります。家族会にも援助対策を実施すべきでありますが、見解を伺いたいと思います。

7点目は、保育行政についてであります。

家族の急な都合による一時保育は、当面弁天町1カ所設置ということであります。これについては、一時保育所の拡大を図るべきでありまして、各区1カ所程度を目標に設置を進める必要があると思いますが、見解を伺います。

2点目は、育児休業制への対応についてであります。

柔軟な措置を行い、途中入所についても、受け入れ条件を整えるべきであります。これらについて、きょうも新聞、テレビ等でニュースもございましたが、市としての対応についてお伺いをいたしたいと思います。

質問の第6は、環境対策についてであります。

本市の環境情勢については、環境白書でも示されておりますが、一向に改善が見られず、むしろ悪化の傾向にあることは極めて遺憾であります。

質問の1項目目は、環境保全基本条例の見直しについてであります。

この問題については、昨年12月議会で、公害防止条例の制定に関する議案質疑の中で指摘をいたしたところであります。地球環境保護、自然保護、快適環境の創造等新たな環境情勢と市民の環境意識の高まりの中で、現条例は昭和46年の制定以来20年を経過をしているわけでありまして、一定の役割を果たしてまいりましたが、新たな課題の中で改正が必要と思われます。その上で、地球環境、自然保護、快適環境づくりに積極的に取り組むべきであります。見解を伺います。

2点目は大気についてであります。

NO2の汚染、浮遊粒子状物質等については一向に改善をされておりません。むしろ悪化をしているわけであります。低公害車への切りかえや事業所ごとの排出規制等について、国の施策は業界の抵抗で後退している状況であります。新年度における自動車公害対策について説明をいただきたいと思います。

また、道路運送法による政令市になると、路線バス等の低公害車への切りかえに当たり、国の補助金の交付対象になると聞いております。検討すべきではないかと思いますので、これらにつきましても、御見解をいただきたいと思います。

3点目は、水質についてであります。

千葉市は、生活排水対策重点地域として、県から平成3年3月指定をされております。生活排水対策推進計画についてはどうなっているのか。また、各河川ごとにその取り組み概要について説明をいただきたいと思います。

東京湾につきましては、市長が首都圏サミットに正式メンバーとして参加することにもなっており、それらの中で共通の課題として提起をし、取り組まれるよう要望をいたします。

3点目の地下水対策についても、我が党はかねてより保全のための条例化を主張いたしてまいりましたが、これも早期に検討し、制定するよう強く要望をいたしておきたいと思います。

質問の7は、保健衛生についてであります。

市民の健康を守る対策については、高齢化問題とあわせて一層充実を図る必要があります。

第1の質問は、保健医療計画についてであります。

さきに策定をされた千葉ヘルスプラン21については、一読をさせていただきましたが、諸対策の着実な実現を願うものであります。

まず、老人保健福祉計画との関連についてであります。

福祉部門とあわせて策定をされます保健部門に千葉ヘルスプラン21がなるものであるかどうか、伺いたいと思います。

また、計画の諸事業を進めるに当たっては、保健センターの機能充実は当然でありますが、保健所も各区に必要になるのではないかと思われます。見解を伺います。

2点目は、訪問看護についてであります。全市に拡大をする必要があるわけでございます。若葉区に続きましてどう実施をしていくのか、お答えをいただきたいと思います。

また、実施の体制はどう整えていくのか。看護婦については、委託、あるいは臨時職員ではなくて、保健所または保健センターの正規職員として行うべきでありますが、お考えを伺います。

3点目は、院内保育所についてであります。

海浜、市立両病院で実施をするということでありますが、具体的方法はどのようにするのか。午後9時までの開所と聞いております。これは大変中途半端であります。準夜勤の終了までにすべきであると考えるものであります。当面は、入所希望の看護婦さんについては、勤務を保育所の開設時間にあわせていく必要があるのではないか。こういった配慮がされているのかどうか、伺います。

4点目は、精神保健対策についてであります。

心の健康対策は職場でも、地域でも極めて重要になっております。職場のトラブル、あるいは近隣のトラブルの中のかなりの部分が実は心の健康問題であることが多いわけでありま す。これらのことを考えてまいりますと、精神保健対策は相当力を入れて今後、国や県、市も含めて推進をしていくべきではないか、こう考えるわけであります。

そこで、精神障害者の入院費の自己負担の助成制度について、現状は、自己負担分の2分の1が助成の対象となっております。ただし、所得制限があるわけであります。非課税世帯のみになっておりますが、船橋等々他の自治体におきましては、所得制限もないところが多いわけでありますので、撤廃をすべきであると考えます。

それから、精神保健相談員の配置でありますが、現在、中央保健所に4名配置をされております。これにつきましては、全保健センターに配置をすべきではないか、こう考えます。

さらにまた、社会復帰のための施設でありますが、市立病院の中に作業所がございます。これについては、さらに充実を図る必要があるんではないか。こう考えますので、以上3点につきましてお答えをいただきたいと思います。

質問の第8は、清掃行政についてであります。

本市清掃問題の解決を全市民が一刻も早くと望んでいるわけであります。そして、市の施策、方針について注目をいたしております。それらを踏まえまして、質問をいたしてまいります。

まず1点目は、5分別収集についてであります。

5分別については、当初は、平成7年度で全市完全実施をするとされていたわけでありますす。それをことしの10月に早めた理由について明確にしていただきたいと思います。

また、実施をどうしても必要とするのであれば、周到に準備をした上で、これはちゅうちょなく断固として推進をすべきではないかと思うわけであります。

また、分別、資源化により当面の減量目標はどの程度になっているのか。これも既にお答えは示されておりますが、改めて何トンくらい、また総量の何%ぐらい減量になるのか、また、事業系については、どのくらいの試算になるかを明らかにしていただきたいと思います。

ダストボックスの廃止についてであります。

私は、これはぜひ必要であろうと考えております。その場合に、ダストボックスは廃止をしたけれども、今までどおり買い物袋等々で捨てていたんでは全く減量の意味はないと思うわけであります。したがいまして、ダストボックスの廃止と指定袋による排出はセットでなければならない、このように考えるわけであります。

廃止したダストボックスについては、議案説明では、これを破棄物にすると、こういうお考えも示されたわけでありますが、これについては、いろいろと検討をしていただきたい。私は、廃止したダストボックスについては、単なるごみの置き場、もちろん指定した袋によるごみですが、これの置き場として改造をし、利用したらどうか、このように考えるわけでありますが、検討していただきたい、こう思います。

もう一度説明をいたしますと、ダストボックスは廃止をいたします。しかし、その後に指定した袋で決まった日にごみを出すわけでありますが、その際に、猫がきたり、犬がきたり、カラスがつついたりそういったことを心配される市民もあるわけであります。したがいまして、そのようなことを防ぐ意味合いもあって、現行のダストボックスを改造して、それを生ごみの置き場所にしたらどうかと、こういうことであります。あくまでもダストボックスは廃止をすべきだと、これは私の考え方であります。

次にまいります。

いずれにいたしましても、分別収集に当たりましては、住宅・都市整備公団、あるいは住宅管理組合、地元自治会、町内会との協議、説明会を進めていく必要があるわけでありますが、これらについての対応をお伺いいたしたいと存じます。

粗大ごみ置き場の廃止についてであります。

申し込み制にするというわけでありますが、そうした場合に、今、粗大ごみ置き場には、紙類でありますとか、ボロでありますとか、ダンボールでありますとか、これらが大変多いわけであります。これらの資源ごみについては集団回収でという市の方針でありますが、当然、集団回収から漏れるこれらの資源ごみもあるかと思うわけであります。これについては、対策が必要ではないか、別途回収をすべきではないかと思いますが、これもお尋ねをいたします。

以上、５分別に関連をした諸点についていろいろと伺いましたが、それぞれお答えをいただきたいと思います。

２番目は、新清掃工場についてであります。（56番・野本信正君「有料化はどうした」と叫ぶ）

有料化は後で申し上げます。

新清掃工場については、５７０トンにした理由について改めてお伺いをしたいと思います。

公害防止対策については、各会派の質問に対する答弁を伺いましたが、新工場のプラントの変更等に伴い、改めてアセスメントが必要ではないだろうかと、こう考えるわけでありますが、どうか。

また、余熱利用による地元還元施設について改めてお答えをいただきたいと思います。

また、さらに工場内には、サロン、会議室等を設けて、地元住民、あるいは一般市民の利用に供しながら、PR、あるいはごみの問題についての認識を深め、高められるような対策を考えるべきであります。

また、地元住民の理解を得る十分な説明、話し合いも行う必要があろうかと思うわけでありまして、清掃工場建設については、あくまでも合意と納得の上で早期完成を図るべきと考えます。これらについてお答えをいただきたいと思います。

3点目は、リサイクルについてであります。

住民参加のリサイクルを進めるためには、直営のリサイクルセンターを建設をしなければなりません。同時に、各地区でのリサイクル活動のために、場所の提供、活動の援助をすべきであると考えます。当面は、これに関連をいたしまして、10月で廃止になりますモデル地区でありますが、助成金をいただきましていろいろな活動をやっております。モデル地区の瓶、缶回収を一生懸命やっているわけでありますが、これにつきましては、5分別の推進、あるいはリサイクル活動の推進のために、何らかの形で存続をし、助成をすべきであると考えますので、お答えをいただきたいと思います。

4点目が、有料制の問題についてであります。

市民の問題意識を高めて、減量効果に応じて還元をするという預かり金制度については、私は十分傾聴に値し、検討すべきではないかと思うわけであります。

そこで、例えば、指定袋によるごみの排出、あるいは粗大ごみの有料申し込み制について、有料制というものの概念を整理する必要があろうかと思うわけでございます。これについて、市のお考えを伺っておきたいと思います。また、他の政令市でのいわゆる有料制の実情はどうか。これもお答えをいただきたいと思います。

５点目の質問でありますが、ごみ問題について。

市長を先頭にした全庁的体制についてお伺いをいたします。

私は、ごみ問題はこれだけ深刻である、なおかつ新清掃工場の建設の方針も明確にいたしたわけであります。また、平成7年からの５分別収集、これを繰り上げてことしの10月から始める、こういうわけでありますから、市長を先頭にした全庁的体制を直ちに構築をする必要があろうかと思うわけであります。

そこで、差し当たりましては、かねてより私どもも主張をいたしておりますが、ごみ非常事態宣言を出すように求めるものでございます。その上で、市長をトップにいたしまして、分別に向けた庁内体制を確立をすべきだと主張いたしてまいります。

さらには、全町内会、自治会の会長、清掃推進員、全部集めた説明会を開催をしていただきたい。そして、市長が協力の要請をすべきではないか、こう考えるわけであります。その上で各町内会、自治会で細かく説明会をやっていくわけでありますが、それに当たりましては、清掃局だけに任せるわけにはいかないと思うわけでございまして、全庁の幹部職員がチームを組んで一斉に行うべきではないか、こう考えるわけでありまして、これらの諸点について市長の決意を改めて伺いたいと思います。

質問の第9は、経済、農業対策についてであります。

質問の第1は労働行政について伺います。

労政課を設置をし、ゆとりと豊かさを実感できる労働福祉対策を推進すべきであります。男女雇用平等法、育児休業制の普及、労働時間短縮について、市の施策をもって推進する必要があると考えます。お答えをいただきたいと思います。

2点目は、中小企業振興対策についてであります。

中小企業指導法の政令市と千葉市はなったわけであります。そこで中小企業相談課は、指導センターに改組されると伺っておりますが、それによってどのような充実策を展開をしていくのか、伺います。

3点目は、育児休業制度についてであります。

国も、中小企業での復旧事業を進めておりますが、市としても対応すべきであると考えます。どのような対策を進めるのか、伺います。

4点目は、農業振興についてであります。

農業を取り巻く環境は極めて厳しいわけでありますが、農業もまた極めて重要な産業であります。総合的な振興策の推進を図る必要があろうかと思うわけであります。

そこで、野菜工場について伺います。

野菜工場となりますと、これは第1次産業ではなくて、第2次産業ではないか、こんなふうにも考えられるわけでありますが、私は、野菜工場の事業についても、第2次産業化するのではなくて、あくまでも農業として農家、農協、県経済連等農業団体との連携のもとで推進を図るべきではないか、こう考えるわけであります。

また、低農薬農業の研究、普及についても伺ってまいりたいと思います。何といっても基幹的な農産物の生産については、私は低農薬化をよく研究し、普及をさせるべきではないか、そのようにしながら消費者ニーズにこたえる必要があろうかと思いますので、現状の対策、これからの施策について御説明をいただきたいと思います。

次は、有機農法についてであります。

これも研究、普及を図るべきだと考えるわけでございます。ただ、普通の耕作をしているその地域の真ん中で有機農法、無農薬の栽培をした場合には、これはいろいろと問題が出てくるわけであります。私も農家出身でございますから、いろいろと伺っているわけでございます。有機農法、無農薬農法をするに当たっては、これは、場所等も含めて、調査、研究をすべきであると考えておりますが、これについても御見解を伺いたいと思います。

質問の第10は都市計画、都市整備、公園行政について伺います。

1点目は、都市計画についてであります。

千葉らしい風格、千葉らしい雰囲気のある町づくり、これがどうもトレンディーになっているようでございますが、これについて、長年都市計画行政に当たってまいられました都市局長の見解はいかがか、お伺いをいたしたいと思います。

また、新年度の事業についてはどのようなものを考えておられるか、お答えを伺いたいと思います。

2点目は、新町再開発事業についてであります。

県からの補助金が16億円、もらえなくなりそうだという点につきましては、論議を与えておりますので、いただけるように、市としても強力に県に働きかけるよう、これは要望いたしておきます。

そこで、建設をされる駐車場ビルの問題であります。この安全性について、いろいろと指摘をされているようであります。10階以上ある駐車場ビルでありますが、らせん状の昇降方式とされているわけであります。5階くらいでも上からおりてまいりますと、目が回るのでありますが、10階くらいになりますとどうなのか。これについて、お答えをいただきたいと思います。

3点目は、公園行政についてであります。4月のロッテ球団のフランチャイズ化、プロ野球公式戦が開始をされるわけでありますが、マリンスタジアムの改修、あるいは管理の体制については大丈夫かどうか。改善点等々について、どのような意を用いているかどうか、お伺いをいたしたいと存じます。

公園の2点目でありますが、東京湾の水辺を生かす海浜公園の整備についてであります。新年度事業では、ビーチセンター等々の整備に関する予算が計上されております。これらの整備内容についてお示しをいただきたい。

また、今後の課題といたしまして、釣りができるような施設、あるいは最近どうも貝が余り採れないわけでありまして、アオヤギ、アサリ等々がもっとたくさん採れるような対策をやるべきではないか、こう思いますので、これらにつきましてもお答えをいただきたいと思います。

質問の第11は、土木、下水道行政についてであります。

まず1点目は、道路行政について伺います。

県から移管をされました国道、県道の管理については、万全を期すとともに、整備促進を図っていただきたいと思うわけであります。

そこで国道についてであります。2路線9・6キロメートルが移管をされました。この中で寒川から今井町の間の国道16号線でございますが、湾岸の幹線国道となっております。私は、この区間についても、建設省直轄管理の指定区間に昇格をすべきであると考えるものでありります。今現にそうなっていなかった理由、また今後、建設省に対して要望のおつもりがあるかどうか、御見解をいただきたいと思います。

次は、県道であります。実質23路線、103キロメートルが移管をされました。ところがこの中に、県道の中には一般県道と主要地方道があるわけでありますが、主要地方道として東千葉停車場線というのが載っているわけであります。373メートル、これは旧千葉駅前の停車場線でありまして、市民会館の前から院内町の方に向かっていく区間であります。これを県道だと思っている方は市民の中では少ないんではないか、こう思うわけであります。しかしながら、格づけは主要地方道、こういうわけであります。私は千葉駅前の50メーター道路、これを県道に昇格をさせ、主要地方道に位置づけをして振りかえるべきではないか、こう考えるわけであります。その他一般県道の千葉船橋海浜線、あるいは旭船橋線等々を含めて、主要地方道の資格があると思われるわけであります。昇格に取り組むべきだと考えますが、御見解を伺います。

次は、土木、下水道行政のうちの下水道について伺います。

平成4年度に中央浄化センター、及び南部浄化センターの業務の一部を民間に委託をすると聞いております。しかし、中央浄化センターを例にとってみれば、昭和43年に運転開始以来、職員の手によって現在まで運転をしてきたものであり、何ら不都合は生じているわけではありません。むしろ職員間の協調性や努力によって良好な管理がされてきたのであります。

一方、施設については、建設以来改修等はしているものの、全体的に老朽化が進んでいる現状であります。こうした中で、民間の業者へ運転管理等を委託しようとしているものであります。浄化センターの管理、運営には、放流する水質等の国の基準に基づき、適正、安全な運転管理が求められております。こうしたことから、私は基本的には直営が維持をされるべきだ、こういうふうに考えております。

そこで伺います。

委託する事務の範囲、及び必要性は何かについてお示しをいただきたいと思います。

次は、下水道工事の事故防止対策についてであります。

下水道工事は、市街地内の狭隘な道路など、悪条件のもとでの工事であり、手抜き、不注意は事故と直結をするところであります。

そこで伺います。事故防止対策としてどのような策を講じているのかであります。

次は、企業会計移行についてであります。

平成４年度に下水道事業は特別会計から企業会計へ移行するわけであります。企業会計は、経営内容が明確になるなどの利点があるようには伺っております。そこで企業会計の意義、及びメリットは何かについて伺うものであります。

質問の12、住宅行政について伺います。

年収の７倍から10倍もお金を出さないと家が買えない、日本の住宅事情は極めて深刻であり、まさに住宅政策不在であります。公的住宅の大幅な供給増が必要となっております。そこで、市営住宅の建設計画について伺います。

市営住宅設置管理条例によれば、寡婦、母子、老人等は原則として無抽選で入居できるとされているわけでありますが、現実は、割り当て戸数が少ないために抽選となっていることは大変問題ではないか、こう思うわけであります。入居を確保するために、どのような市営住宅の増設を行うのか、伺うものでございます。

2点目は、借り上げ住宅についてであります。

中堅所得層を対象としたこの制度は、大いに私は伸ばすべきではないか、こう思っております。今後、どの程度このような借り上げ住宅を確保するつもりであるのか、お伺いをいたします。

また、各区に設置を図るべきであると思いますが、あわせて御見解を伺います。

質問の13、消防行政についてであります。

その1は、救急体制について伺います。

救命率の向上が求められているわけであります。本市の救急車出動において、現場到着、病院、搬送時間についてはどうなっているのか。

また、救命率の状況はどうか。全国及び欧米との状況をも含めてお答えをいただきたいと思います。

高規格の救急車の配備と救急救命士の設置が決定をされております。一層促進をすべきであると思うわけであります。救命士については、全救急車に1名は配置をすべきであります。また、高規格救急車についても、各消防署出張所に1台の配置を目指すべきであります。

ただ、救命士でありますが、中央での要請の枠が大変限られていると伺っているわけでございまして、４年度については、救急救命士養成のための派遣研修者は千葉におきましてはゼロと伺っているわけであります。増員を急ぐ必要があるわけでありますが、そのためには、救急隊員を当面看護学校に派遣入学をさせるべきではないかと思いますので、この点について御見解を伺いたいと思います。

新指令システムの早期導入については、要望をいたします。

最後に、音楽隊であります。

政令都市になりまして音楽隊の役割、任務が拡大をするかと思うわけであります。専任化に向けましてどう検討をしているのか、状況を御説明いただきたいと思います。

最後の質問は、教育行政についてであります。

政令市となり、市教育委員会の権限も拡大をいたしますが、それだけ文部省との距離も短くなります。そのことについては、必ずしも安心ではないのでありますが、千葉市の教育が全国の模範になるように、一層教育長には御努力をいただきたいと思うわけでございます。

そこで質問の第１は、ゆとりある充実した教育の実現に向けて伺います。

いっときの校内暴力、いじめは表面的には減少傾向に見られるわけでありますが、真の解決には至っていないと思うわけであります。これらの問題については、学校現場の努力のみでは解決できないとは思いますが、しかし学校としては、教育委員会としてはでき得る最大限の努力をすべきであります。

そこで、市単の事故欠教員の増置について伺います。教職員の突発的な事故欠に備えまして、臨機応変に対応できるように、要員をさらに確保すべきではないかと思います。見解を伺います。

次は、学校5日制についてであります。

これにつきましては、教育労働者に週休2日制を実現をする。同時に、子供に対しても、ゆとりある生活を確保していく。これらの両面からの必要性から実現を図っていく必要があるという教育長の答弁がなされましたが、私も同意するものでございます。

そこで、週休2日制実現に当たっては、土曜日に行われている教科学習、これを月曜日から金曜日に単に振りかえるだけではだめではないかと思うわけでございます。教師にも子供たちにも負担にならないような配慮をすべきと考えます。

また、休日となる土曜日についてでありますが、できるだけ子供の自由な時間を確保すべきではないか、こう思うわけであります。

したがいまして、子供がうろうろ歩くようになると心配だということで、例えば部活で登校させる。あるいは地域の大人による組織、青少年健全育成委員会等々がございますが、これらの管理にゆだねるようなことをすべきではないと私は思うわけでございます。

また、そうはいっても、いろいろと心配があるわけでありますし、また共稼ぎの家庭も多いわけでありますので、子供ルームの対応も含めて、地域の学校5日制の受け入れ体制を整えていくべきではないか、こう考えるわけであります。この点につきましては、児童館の建設を市は進めていく必要があるのではないか。児童館を建設をして、子供が自由にそこで遊べる、交流ができる、なおかつ子供ルームをそこでできるようにするということになれば、私は大変前進になるのではないか、こう考えるわけでありまして、これらの諸点につきまして教育長の御見解を伺いたいと思います。

教育問題の２項目につきましては、幕張３校について４点伺います。

まず、幕張３校の事実上の廃校についてでありますが、教育長は、このことについてどう理解をされているのか、改めて伺うものでございます。いわゆる実験校としての使命が終了したのかどうか、あわせてお答えをいただきたいと思います。

また、３校に投入をいたしております市の負担金約11億円についてでありますが、３校が廃校になり他の用途に県が転用する、あるいは売却をするという事態については、これはどのように考えればよいのか。

マリンスタジアムの場合につきましては、プロ野球のフランチャイズ化、これが実現をしたということで、県に対して補助金を返しております。そうなりますと、幕張３校の場合、廃止をして他の用途に転用売却をするという事態のときには、これはお返しいただけるものかどうか。もし11億円がとられっぱなしということになりますと、極めて遺憾と思うわけであります。

さらにまた、これらの問題を解決、解明することなく、新総合制高校が建設をされる場合に、市は負担金を出すのかどうか、伺うものでございます。

幕張3校には〔通告時間終了5分前の合図〕現在市の生徒は何人、あるいは何%くらい通学をしているのか。総合制高校になりますと、全県1学区になるわけでありますから、市内の生徒の進学は大変狭くなるわけであります。この点について心配をされている父母が多いわけでありますが、支障がないかどうか、お伺いをするものでございます。

教育長は、幕張3校問題について、同僚議員の質問に答えて、県に要望書を出すと答弁をしているわけでございます。どういう立場、内容で出すのか、改めてお伺いをいたしたいと存じます。

幕張3校については以上であります。

最後は、学校給食について要望いたしておきます。

ポリプロ食器の導入については、当面、平成3年度分の現状にとどめるべきではないかと思うわけでございます。他の食器についても、導入の検討を鋭意されるように強く要望いたしまして、私の代表質問を終わります。

（答弁は松井旭市長の他各所管局長からありましたが、松井市長のみ掲載します）

○**市長（松井　旭君）**　ただいま日本社会党を代表されまして、布施議員より市政各般にわたりましての御質問をいただきました。私からは、基本的な事項についてお答えをいたします。

まず、内外情勢の認識についての御質問がございました。昨日の共産党宮野議員にもお答えをいたしましたが、世界の平和と繁栄は世界の人々の共通の願いであり、我が国も平和憲法における国際協調の精神のもと、政治、経済、社会、文化等さまざまな分野において世界の平和と繁栄に向けて積極的に貢献をしていくことが求められております。

地方自治体といえども、このような世界の動きや、世界経済情勢の変化を的確にとらえ、柔軟に対応していくことが肝要であると認識をいたしております。

市といたしましても、地球環境問題について、7都県市首脳会議による地球サミットに向けたアピール行動に参画するなど、政令指定都市への移行を契機として、広域的で、長期的な視点に立ち、世界に貢献する国際都市を目指してまいりたいと考えております。

また、ゆとりと豊かさを実感できる人間優先の社会について御指摘がございましたが、私は、これまで、人間尊重、市民生活優先を基本に据え、第5次5か年計画の愛称も、人にやさしい千葉プランとするなど、人間性を最も重視した人にやさしい都市を目指し、市政運営に努めてきたところでございます。今後とも市民福祉の一層の向上を目指し、恵まれた自然環境のもとで豊かで住みよい都市づくりを進めてまいる所存でございます。

次に、税務、財政についてお答えをいたします。

消費税につきまして、本来、国に納税義務のない一般会計分に転嫁すべきではないとの御意見でございますが、この問題につきましては、既に昨年の9月議会においても布施議員にお答えを申し上げておりますように、地方公共団体も民間企業と同様に、会計ごとに一つの法人が行う事業とみなして消費税法が適用されるのでございます。このことから、一般会計の行う事業につきましても、一事業者として課税の対象になっております。

しかしながら、一般会計につきましては、売り上げにかかる消費税額と仕入れにかかる消費税額を同額とみなし、結果的に納付税額が生じない仕組みとなっているところでございます。これは種々の行政を総合的に経理する会計である一般会計の特性等を踏まえて、納付税額が生じない反面、還付も受けられないという納税経理の単純化を図るための措置がとられているものでございます。したがいまして、一般会計にかかる消費税につきましても、本税の趣旨にのっとり消費者に御負担をお願いすることとなるものでございます。

以上で終わります。

細川内閣の頓挫と村山内閣の誕生から社会党離党への決意

―1995年（平成7年）4月　五期目社会党公認4687票定数9人4位当選―

千葉市が政令指定都市に移行し、この選挙から県議会議員選挙、千葉市議会議員選挙は、各区が選挙区となりました。それまで全市1区で272㎢の選挙区から、面積が約8％1割弱の美浜区選挙区になったので、選挙戦としては濃密な戦いとなりました。この選挙で、社会党は5人の市議公認候補と1名の推薦候補を擁立しましたが、当選は私を含めて公認2名推薦1名にとどまり、左派協会系候補は全員落選しました。私は、地元後援会が次第に強力となってきて、日帰りのお花見や水郷あやめ見学バス旅行、夏の九十九里浜地引網の会バス旅行、県外への一泊旅行を実施し、議会報告会を兼ねた「市民福祉講演会」も開催しました。選挙では、労働組合が京葉線問題で尽力した千葉海浜交通労組が全面的に支援してくれたほか、旧総評系労組では全逓労組、自治労、教職員組合などを中心に、民間労組では私鉄総連京成労組、食品労連の製糖関係労組等の推薦を得て、より厚い支援体制となり地盤を強化出来ました。ただ、全国の政治情勢としては、大きな変動が始まりました。

１９９３年（平成5年）８月細川内閣が、非自民・非共産8党派により成立しました。宮沢内閣不信任案に対して自民党内から小沢一郎氏らが造反し賛成に回ったことから、不信任案可決となり宮沢内閣が総辞職、小沢氏らは新党を結成し8党派による細川内閣が成立しました。ここに自民党と社会党二大政党の55年体制が終焉しました。細川内閣は、衆議院における小選挙区制の導入、政党助成金制度を実現した後、唐突な「国民福祉税」導入をめぐって混乱し94年4月退陣、その後羽田内閣が成立しましたが、小沢氏らが社会党排除を狙って新党結成に動いたことから社会党が離反し、羽田内閣はわずか二か月で崩壊しました。

ここで、自民党のしたたかさが出ます。なんと小沢氏らから排除された社会党の村山富市委員長を担ぎ、村山内閣をつくったのです。１９９４年6月のことでした。これは社会党内の小沢嫌いの左派グループが主導して自民党の働きかけに乗ったと思われます。細川内閣では、連立第一党でしたがその前の総選挙で議席を大幅に減らしていた社会党は、連立内で小沢氏に主導権を取られ「冷や飯」を食わされていました。小沢氏にしても「安保反対・非武装中立」の社会党に主導権を与えては、連立が持たないと思っていたのでしょう。それまでは、党内路線論争の絶えない社会党内にあって、左派は右派に対して国会論争等において常々「自民党との対決を鮮明にしろ」と主張してきましたが、その左派系がこともあろうに対決を主張してきた左派自身が自民党との連立政権を積極的に容認したのです。当時私は、市議会の社会党会派の視察旅行で、札幌市に来ていました。夜食事が終わってホテルで休んでいたところ、左派協会派の先輩議員U氏がやってきて「布施テレビを付けろ！　村山が総理大臣になるぞ」と興奮して叫んで部屋に入ってきました。確かにその通りになった瞬間、私は社会党が終わったと感じました。なんで社会党が弱り目の自民党に復活の手を貸すのか、結局自民党に利用され骨の髄までしゃぶられると言うのにとの思いでした。そしてその予想通りになりました。社会党内には、左派にも右派にも小沢氏のような戦略家がいなかったのです。左派は社会主義イデオロギーで党内の純化にしか精力を注がず、右派は国会でも地方議会でも自民党との多少の妥協でおこぼれを貰うことで「政治家」になったつもりでいると。村山内閣の成立で、私の社会党再生への希望は打ち砕かれた感がしました。

千葉県の社会党には、尊敬しご指導を頂いた多くの政治家がいました。先にご紹介した郷里の大先輩故赤桐操参議院議員は、晩年奥様を失くされ娘さんのうちに同居されていた時、時々呼び出され政界の裏話や銚子市や東総地区振興の計画を託されるなど、最後までご指導を頂きました。同じ千葉県選出で教員組合出身の参議院議員糸久八重子氏は、勝浦市のご出身で独身を貫き、引退後に何度か勝浦にお訪ねし、平和運動への思いを伺いました。旧千葉1区の故木原実衆議院議員は、最初の私の市議選出馬に当たって美浜区内の支持者回りに同行していただき、「個々面接」の仕方、特に不在の方にいつ訪問した旨のメモを置いてくることなど、丁寧にご指導いただきました。晩年脳梗塞で倒れて半身にまひが残り、そのリハビリのため地元船橋市の画家にクレヨン画を習い、素人離れした絵をお描きなったことが思い出に残ります。左派の政治家と言うより芸術家のタイプの優しい方でした。

千葉県社会主義協会派の大御所市川市選出県議から旧千葉一区衆議院議員を務めた上野建一氏、山形弁訛りの歯に衣を着せぬ弁舌で右派政治家をこき下ろし、若手左派活動家に絶大な人気でした。晩年私のもとに頼みがあると呼び出しがあり、何かと思って出向くと昔なじみのさる元料亭の独居老齢女将の支援のことでした。88歳になった彼は、89歳の元女将の面倒を「半ば同棲」状態で見ていたのです。若かりし頃の二人のお付き合いのほどが垣間見えましたが、そこまで世話をするということに彼の人情を知ることにもなりました。さすがに88歳が89歳の支援は困難となり、元女将のケアマネージャーからも要請があったので、旧知の弁護士には成年後見の支援、知り合いの特別養護老人ホーム理事長には早期入所の手続きをお願いしました。

成田空港反対の衆議院議員から成田市長を務めた故小川国彦氏には、北総地域の地方議員の勉強会のための「成田塾」開設の協力を求められ、神奈川県茅ケ崎市にある松下政経塾の視察に同行し、開設と運営に協力させて頂きました。赤桐操氏が社会党右派を代表する労働組合派とすれば、小川国彦氏は、市民運動派です。地元成田市にあって、衆議院議員として成田空港反対運動に努め、最後は成田市長として反対派農民と国・空港公団との和解に努めました。彼の心情を思うと「成田塾」の構想に協力せざるを得ませんでした。地元千葉市選出の県議会議員故市川福平氏、故星野昌世氏も思い出深く、様々ご指導を頂きました。

社会主義協会を辞める時は、口角泡を飛ばして深夜まで議論したり、デモに参加したりお酒を飲んだりした仲間との決別は、あたかも「カルト」宗教から脱会するような内面の苦しみがありました。しかし、社会党からの離党には、ご指導を頂いた方々の恩義を大切に感じながらも、そのような苦しみは不思議とありませんでした。自分では「政党人」であることを辞めるつもりはなく、政党をイデオロギーのみで選ぶのではなく、基本的な理念と政策で選択する立場に転換をしていたからだと思います。ただしその選択は、内面化した「社会民主主義」的なもの、戦後の「平和と民主主義」に立脚したものを基準として判断するつもりでした。そして政党としては、当時社会党衆議院議員の山花貞夫氏、横路孝弘氏の新党に期待していたのです。

1995年（平成7年）1月17日「山花新党」が発足するはずでした。阪神淡路大震災が、それを打ち砕いたのです。新党の結成は、1996年（平成8年）9月鳩山由紀夫、菅直人共同代表による（旧）民主党結党まで待たなければなりませんでした。

1993年（平成5年）7月の総選挙は、中選挙区最後の衆議院選挙であり社会党員として取り組んだ最後の国政選挙でもありました。千葉1区に故吉峯啓晴弁護士が社会党公認で立候補しました。党本部で事務局職員をしていたY氏の依頼で、吉峯氏の選挙参謀の一員として支援しましたが、党内での左右対立が選対の勢いを欠いたのと、弁護士としては優秀ながら、候補者としてはパフォーマンスを出し切れず落選しました。吉峯氏には弁護士としてその後もプライベートのことや、民主党関係の選挙対策法律顧問としてお世話になりました。残念ながら、65歳と言う若さで早世されました。

こじま公園内日本海軍最後の海防艦「こじま丸」撤去問題

１９９８年（平成10年）１月

千葉市の面積は、２７１平方キロメートル余、そのうち美浜区は、21平方キロメートル余です。美浜区全体が東京湾を埋め立てて出来た街です。東京湾沿いに細長い区域のちょうど真ん中あたり、蒸気機関車の設置された大きな公園、「稲岸公園」のすぐ南側に中規模の「こじま公園」はあります。ここにかつて、なぜか全長79メートル、排水量約１０２８トンの船が係留されていました。日本海軍最後の海防艦「こじま丸」です。当初は、１９４５年3月佐世保海軍工廠で沿岸の哨戒や艦隊の護衛を行う海防艦「志賀」として建造されました。日本海軍最後の軍艦として建造された「志賀」は、軍艦としての任務はわずか5か月でした。その間沖縄戦に出撃した戦艦「大和」を護衛し、潜水艦を攻撃して沈没させたという「戦績」が伝わっています（「海防艦戦記」原書房発行）。戦後は、米軍の連絡船、中央気象台観測船「志賀丸」、その後海上保安大学練習船「こじま」となり遠洋航海に従事し１９６０年には海上保安大学生4年生60名を乗せてサンフランシスコまで航海しました（「海と空」１９６０年11月号島田兵三氏記）。

１９６５年（昭和40年）廃船となり、呉市と競合しましたが千葉市が海上保安庁から払い下げを受け、１９６６年（昭和41年）5月宿泊も可能な「海洋公民館」として開館しました。当時はまだ埋め立ての真っ最中で、東京湾を曳航されて稲毛海岸の停泊地までやって来たのです。その後周辺が埋め立てられ、「こじま」は、公園内の池の中に浮かぶ船の公民館となりました。船の公民館は珍しく、多くの市民に利用され親しまれ、また「海洋少年団」の活動拠点にもなっていました。

しかし、その後消防法、建築基準法が改正されて宿泊施設として不適となり、宿泊が廃止。その後老朽化して公民館施設としても不適格とされ、１９９３年（平成5年）4月休館となりました。「こじま」保存について、千葉市当局も種々検討しましたが、維持費に多額の経費を要するとのことから、１９９７年（平成9年）3月末「海洋公民館」を廃止し、解体することを決定しました。これに対して、地元住民を中心に「解体反対・保存運動」が巻き起こったのです。

解体反対保存要求の住民は、直ちに「『こじま』の保存を推進する会」を結成し活動に乗り出しました。会には、地元自治会長や商店会長に加えて、海事補佐人、海軍史研究家、元海軍兵学校出身者から、大東亜戦争記録保存会那須「戦争博物館館長」など多士済々な方々が参加して来ました。会の代表には、地元商店会「稲毛海岸商店会」会長の関直継（故人）さんが就任しました。関さんは、その商店会の中で居酒屋を経営していました。そこには、近隣の住民や近くの東京歯科大学の職員・学生などが集まり、お酒とカラオケを楽しんでおり、私もその常連の一人でした。解体反対の住民集会が開かれ、私の知人や支持者、地元自治会長が集まるということで私も参加せざるを得ない、行って議会での議決経緯を説明しようと思っていました。議員としての説明責任があると。足は重かったのですが、参加しました。行ってみると議員の参加は、私一人でした。普通に考えると会員の顔ぶれからすれば、自民・保守系議員が参加するはずなのに誰もいませんでした。共産党市議や市民ネット市議は最初から来ないと思っていましたが。腹を決めて私は、市の教育委員会が説明するような話をしました。参加者からは、「こじま」が日本海軍最後の「海防艦」と言う軍艦であり、歴史的に保存する価値のあるものであること、そもそも千葉市が埋立地の象徴として保存する目的で払い下げを受けたものではないか、近くには浅間神社があり、さらに愛新覚羅溥傑の別荘も保存されていることから、保存はこの地域の価値を高めることになるのではないか等々、会のメンバーから様々な反論を一身に受けることとなりました。立派な軍服に身を固め腰にサーベル様の軍刀を差して、カイゼルひげを蓄えた那須「戦争博物館」館長を名乗るK氏は、「街宣カー」でも出すかと声を上げましたが、他のメンバーからはそれはちょっと待ってもらいたいというやり取りもありました。私は、議会の審議では出されなかった、様々な「こじま」に関する意見を聞き、保存すべき「価値」を認識せざるを得ませんでした。そこで私は、議決事項を変えることは出来ないが、会の皆さんのご意見は教育委員会に伝え、交渉の場を設けることを約束しました。会の終了後、くだんのK館長に、「私は社会党員だがこの会に出ても良いのか」と話しかけましたが、彼は『こじま』の保存に協力してくれるなら誰でも良いのだ」と答えました。彼は外見からして「右翼」活動家の雰囲気がありましたので、本当はどのような方か確かめたかったのです。その後、保存する会と市教育委員会との話し合いを何度か設定しましたが、市の「こじま」解体方針は変わりませんでした。ただし、住民側からせめて重要な部品は取り外して保存してもらいたいと要望が出され、それは受け入れられ、スクリュー、操舵輪等の部品、艦内に展示されていた戦艦大和の模型と各種船舶の模型、海洋に関する書籍、南極の石2個等々が稲毛海浜公園内の「いなげ記念館」に保存されることになり、住民側もそれで引き下がることになったのです。もう一つ、戦争博物館のK氏から、「こじま」の船首部分は特殊な金属が使われ、菊の紋章もついているから那須の「戦争博物館」で保存し展示したいので譲渡してもらいたいとの要請がありました。

これは廃棄物処理法の関係で難題でしたが、折衝を繰り返し最終的に船首部分3メートルのみで、しかも一般に公開するための展示物とするならと言うことで、承認してもらいました。例の日の丸の旗を掲げ大音量のスピーカーのついた「街宣車」が活躍することもなく決着したことで、K氏も納得でした。その後会の役員と私は、K氏の経営する那須の温泉ホテルに慰労のため招待され、みんなで参加しました。彼は、那須の御用邸の近くに良く出かけるということで、そこで雅子皇后（当時は皇太子妃）を見かけることがあったようで、「まさこ、まさこ」といかにも親しげに名前を呼んでいました。帰る途中に館長の案内で「戦争博物館」を見学しました。すると博物館敷地の前庭にデーンと「こじま」の船首が飾られていました。私も感動して眺め、そっと「こじま」の船首に手をふれ、心の中で「良かったね」と語りかけました。「良かったね」は二つの意味です。一つは、「こじま」（海防艦志賀）が戦闘に巻き込まれ撃沈されずに生き残ったことです。その船首を見た人は、先の戦争への様々な思いを胸に温めることが出来ると思います。もう一つは、その船姿のすべてを残せなかったにしても、その一部が稲毛記念館の展示物として、船首部分が那須の博物館に展示され、あたかも戦時中多くの兵士が戦闘で亡くなった中で奇跡的に生き残った人たちが、戦友の鎮魂に努めるかのごとく、この世に残ることが出来たということです。

１９９８年（平成10年）1月18日、高洲市民プール（現こじま公園）駐車場で「『こじま』お別れの会」が開かれました。稲毛浅間神社宮司による「祭祝」の儀に続き、千葉市消防局音楽隊の「海ゆかば」等の演奏があり、その後式典に入り「こじま保存会」代表の故関直継氏の惜別の辞、来賓挨拶では美浜区の市議代表で私が挨拶、最後に参加者全員で「蛍の光」を合唱しました。要請していた市関係者の出席はありませんでした。

数奇な運命を経て任務を終わり、広島県の呉からはるばる太平洋を経て東京湾を曳航され、ここ稲毛海岸の地に停泊することになった「こじま」。今は、その姿はありません。千葉市の一公園に、その名前を残すのみです。公園の半分はマンションとなり、半分に公園の植栽と銀色の屋根を持つ室内スポーツ施設・屋外プールが整備されました。公園の近くを通る時、バスケットボールする若者、プールで歓声を上げている子供たちが、決して「人」が彼らに向けた銃弾で、「人」が彼女たちに向けて撃たれたミサイルで殺され傷つくことがないように、「政府の行為によって再び戦争の惨禍が起こることのないように」（日本国憲法前文）、私たちが政治に責任を持たなければならないと、胸に刻み込んでいます。

第3章

千葉県民主党の発展を担う

民主党入党、参議院千葉選挙区広中和歌子選挙に取り組む

1998年（平成10年）4月（新）民主党が結成されました。その頃（新）民主党の千葉県の組織の立ち上がったことから私も入党しました。当時の県連代表は、故松崎公昭衆議院議員、幹事長は故加賀谷健県議会議員だったと思います。すぐ参議院選挙があり、千葉県選挙区の選挙に取り組みました。候補者は広中和歌子さんで、加賀谷幹事長と連合千葉スタッフと共に取り組みました。広中さんは、公明党の全国比例参議院議員からの民主党への鞍替え候補でした。当初は「創価学会員」ではないかと正直違和感がありました。「非学会員枠」と聞いて、しかも夫が高名な数学者と言うことで、民主党推薦の無所属候補ではありましたが、結党間もない民主党千葉県連で次第に熱が入っていきました。本人の気さくで明るい少し「天然」的な性格も好印象を与え、選挙結果は75万票余り獲得し、堂々自民党井上氏を上回ってトップ当選し、千葉県選挙区で永年守ってきた旧社会党の一議席をしっかりと確保できました。世界的数学者のご主人が開票日に挨拶にお見えになりました。高名な大学者の来訪とあって選対スタッフも興奮気味の中、候補者本人の喜びの声よりも、広中教授の落ち着いた中にもユーモアを交えたお話に感動したことを憶えています。

加賀谷健幹事長と布施副幹事長との二人三脚の党運営

民主党員として最初の参議院選挙に取り組み、この党で政治エネルギーを燃やす決意を固めました。そして民主党に合流した元民社党の故加賀谷健県議会議員と今後の民主党千葉県連の運営について話し合いを持ちました。

当初は、「民社党」と言う政党に対して60年安保闘争時に社会党から分裂した右派で、社会党・総評ブロック対民社党・同盟という対立関係があり、加賀谷氏に対してもうまく付き合えるかどうかの不安がありました。しかし、民主党千葉県連の事務所で会ったところ、立ちどころになかなかの好漢であるという印象を持ち、互いに「肝胆相照らす」仲となりました。加賀谷氏の要請で副幹事長になり、実質的に加賀谷・布施のコンビで民主党千葉県連の運営を仕切ることになったのです。

加賀谷氏は、北海道苫小牧市の出身で地元の工業高校を卒業して東京電力の社員となりました。同盟系の東電労組の役員となり、千葉市から県議に出馬して当選を重ねていました。釣りとお酒が好きで、銚子のヨットハーバーに自前の釣り船を持ち、仲間と釣りを楽しんでいました。大物のヒラメとかクロダイなどが釣れると、西千葉駅近くのなじみの居酒屋に持ち込んで調理してもらい、仲間を集めて酒盛りをしていました。一見「豪放磊落」の人柄に見えますが、エリートではないたたき上げの政治家で、人情味のある寂しがり屋でもあり、いつも仲間に囲まれていました。私にも、「布施ちゃん、何している?」と電話があると、決まって飲み会のお誘いでした。後述する民主党千葉県連の地方議員等の研修活動、「政治スクール」に関する私の提案に、即座に賛成して当時の故松崎公昭県連代表(衆議院議員千葉8区選出)の承認を取り付け、予算もつけてくれました。

加賀谷氏は、千葉1区のたじま衆議院議員の勝利、熊谷俊人千葉市長の実現にも力を発揮し、2007年(平成19年)7月の参議院千葉県選挙区から参議院議員を1期務めました。しかし、2011年の東日本大震災で福島原発が大事故となり、あまり周囲には語りませんでしたが、自身の出世の基盤であった東電の原発であり、恐らく心痛の極みであったのでしょう、肺がんを発症し70歳の、まだまだ政治家として働ける年齢でしたが、永眠されました。残念な思いに涙せざるを得ませんでした。

千葉1区北村哲男弁護士の選挙での悔しい思い

2000年(平成12年)6月の総選挙では、千葉1区に北村哲男弁護士を民主党公認候補として擁立し取り組みました。北村氏は、当時の全電通労働組合（現情報労連・NTT労組）の顧問弁護士をされ、社会党参議院全国比例選出の参議院議員でした。千葉1区（中央区・稲毛区・美浜区）は新住民が多く充分自民党に対抗できると踏んで、連合を通じての出馬でした。残念ながら、当時はまだ民主党の地盤は固まっておらず、県議2名、千葉市議布施1名に加えて市民ネットワーク議員の協力を得られましたが、自民・公明の硬い保守地盤に敗れました。それでも美浜区では自民党の世襲2代目の臼井日出男氏を上回る得票でした。

選挙中、北村氏は自民党臼井陣営の街頭活動と重なると、相手陣営の大勢の支援の千葉市議・県議に囲まれて活動している状況を見せつけられて、悔しさをにじませていました。

敗れはしたものの北村氏の出馬が、その後田嶋要衆議院議員の実現、熊谷俊人千葉市長そして千葉県知事の誕生につながっています。北村氏は、その後もしばらく千葉市内に法律事務所を構え、私の「無料法律市民相談会」の弁護士としてご協力を頂いた他、姪二人を事務所の職員として面倒を見て頂き大変お世話になりました。２０２３年4月の統一地方選挙で、北村弁護士の東京にある法律事務所の所属弁護士をされていた小宮明史氏が、流山市で社民党県議を務めていた亡き母親の後を継ぎ千葉県議選に出馬することとなり、その支援を依頼されました。千葉から流山市に赴いて支援した結果、本人の努力もあり当選できました。北村先生に少しでも恩返しができたかなとの思いです。

民主党千葉県連「政治スクール」の開催と党勢拡大

1999年において、民主党千葉県連結成翌年の統一地方選挙で千葉市内の各党派市議・県議の勢力は、民主党千葉市議2名、同県議2名に対して、連合系及び非自民無所属市議6名、同県議1名、自民党市議8名、同党県議5名、保守系無所属市議18名、公明党市議8名、同県議0、共産党千葉市議7名、同県議1名、市民ネットワーク市議6名、同県議1名でした。社民党と新社会党は、市議・県議とも議席はありません。

このように、民主党の地方組織は全く貧弱でした。これをどう強化拡大し、小選挙区で勝てる党勢を築くかが課題でした。これには、地方議員候補者の擁立に向けたリクルート、それに選挙態勢の確立には連合千葉の協力は欠かせませんでした。

市民ネットワークは、女性のみを「代理人」として議員候補者を立て、職業政治家「先生」にしないために、2期で交代させることとして勢力を拡大していました。旧社会党を支持していたような民主リベラル・無党派層の支持を引き付けていたのです。当時、細川非自民党政権が誕生したものの、短期で終わってしまったことの消化不良的・政治的不満が市民間に渦巻いていたのでしょう。それを生活クラブ生協の活動を基盤にして引き付けていたのが、市民ネットワークでした。そこには、クラブ生協の理念と活動実践とが相まって、千葉大学等の県内大学の先生や専門家の方がアドバイザーとなり、講演会を開催するなど、活発に活動していました。

そこで、民主党千葉県連の地方組織を整備するために、それを担う各小選挙区の国会議員候補としての総支部長を擁立すること、総支部長を支える地方議員の拡大と活動強化が必要であるとして取り組むこととしました。そのために、私は現職各級議員と立候補予定者及び希望者、議員秘書、総支部事務所スタッフを対象にした、理論と実践の研修活動として、「政治スクール」を提案しました。これは同時に、県内の「民主リベラル政治」に期待している学者専門家に対して、「政治スクール」の講師をお願いしながら、民主党千葉県連の政策アドバイザー、顧問団を形成したいという狙いでもありました。

民主党千葉県連政治スクールは、「千志塾」と称して２００５年（平成18年）11月27日（日）～２００６年（平成19年）９月16日（土）まで、月に一回のペースで10回にわたり開講しました。「千志塾」の命名は故加賀谷幹事長の提案であったかと思います。千葉の民主党は、多くの志ある仲間を作ることとの意であり、千葉県における民主党草創期に大いに党勢拡大への意欲を掻き立てることが出来たと思います。第一回の政治スクール「千志塾」スケジュール表は次のとおりです。第二回以降を含めて「千志塾」でご協力いただいた先生方には、いずれも当時の肩書で千葉大学法経学部教授廣井良典先生、前原誠司民主党代表、枝野幸男民主党憲法調査会長、森田朗東京大学公共政策大学院長、浅野史郎前宮城県知事、環境学の倉坂秀史千葉大学教授、飯尾潤政策研究大学院大学教授、矢尾板俊平淑徳大学専任講師（当時その後教授）、熊谷俊人千葉市長、千葉銀総研の研究員の方にもお願いしました。各先生方には、ご多忙の中講師をお引き受け頂き、感謝申しあげます。

政治スクールは、2012年頃まで開催されましたが、私が千葉市議会議員団の活動に集中せざるを得なくなり、千葉市議団の当て職であった県連副幹事長を交代したことで、次第に規模が縮小され単発化しながら、県連業務多忙を理由に開催されなくなりました。長く継続できなかったのは、残念で仕方ありません。この点は、私の力不足です。

政治家は常に研鑽勉強を怠ってはならず、政党がそれを組織的に支えるべきです。自民党から共産党まで、「党学校」的なものはそれぞれ行っていますが、今の立憲民主党こそ、本部から都道府県連、各総支部に至るまでの各級で、党所属議員等の研鑽、政策研究のための政治学校を強力に取り組むべきだと思います。

民主党千葉県連政治スクール「千志塾」（第一期）

第1回　11月27日（日）
廣井良典・千葉大学法経学部教授
①「これからの社会保障、社会ビジョンについて」
前原誠司・民主党代表
②「民主党の新しい政治戦略」

第2回　12月11日（日）
枝野幸男・民主党憲法調査会長
①「民主党の憲法に対する考え方」
森田　朗・東京大学公共政策大学院長
②「これからの国と地方のあり方について」

第3回　1月15日（日）
若井康彦・前衆議院議員・まちづくりプランナー
①「住民主権と協働のまちづくり」
浅野史郎・前宮城県知事・宮城県社会福祉協議会長
②「地方自治と議会制度について」

第4回　2月19日（日）
渡部恒三・民主党最高顧問・衆議院議員
①「政治家の仕事とは」
野田佳彦・民主党国会対策委員長・衆議院議員
②「政治家の仕事とは」

第5回　3月19日（日）
西村ちなみ・衆議院議員（民主党男女共同参画推進本部副本部長）
①「男女共同参画社会の実現に向けて」
松本　剛明・衆議院議員（民主党政調会長）
②「民主党の目指す未来と基本政策」

第6回　5月14日（日）
鈴木一男・千葉県環境生活部次長
①「千葉県の環境問題」
大野一敏・元船橋漁協組合長の船「太平丸」（18トン）に乗船
②「豊饒の海」三番瀬を視察

第7回　6月18日（日）
福嶋浩彦・我孫子市長
「市町村行政の課題」

第8回　7月30日（日）
民主党千葉県連所属議員
①「先輩地方議員から学ぶ」
穂坂・前志木市長
②「市町村の課題と国政に求めるもの」

第9回　8月20日（日）
県連副代表・吉峯啓晴（弁護士）
①「公職選挙法・政治資金規正法と選挙活動について」
接遇インストラクター・木本比路美
②「接遇の向上について」

第10回　9月16日（土）
長浜 博行 県連代表
①「マニフェスト時代における議員の役割」
今泉 昭 参議院幹事長 県連選対委員長
②「政権交代をめざし統一地方選、参院選に勝利しよう」
田中 明 県連幹事長
③「07年4月の統一選挙にむけた県連の基本方針、選挙をどう戦い、どう勝つか」

（資料）　民主党千葉県連政治スクール「千志塾」（第1期）
2005年～2006年

千葉1区たじま要の勝利（2003年・平成15年11月第43回総選挙）

２０００年（平成12年）６月の総選挙で、千葉１区に北村哲男弁護士を民主党公認候補として擁立し取り組みましたが、自民の世襲二代目の現職臼井日出夫法務大臣（当時）に敗れました。民主党千葉１区では、加賀谷県議と千葉市議の布施で次の候補者を検討していたところ、北村氏から「若くて優秀な人材がいる」と紹介されたのが、ＮＴＴ社員で千葉市でも勤務経験のある田嶋要氏でした。ＮＴＴ労組からの直接の要請ではありませんでしたが、北村氏がＮＴＴ労組の顧問弁護士であることから、同労組に相談すれば推薦が得られるとのことで、擁立を決定しました。早速選挙闘争の企画を練りましたが、相手は圧倒的な保守地盤と自民党・公明党の県議・市議に支えられており、業界団体の分厚い支援がありました。我がたじま陣営は、地方議員が加賀谷、河野と二人の県議に千葉市議布施一人です。力の差は歴然でしたが、支援の地方議員に市民ネットワークの女性議員４名、連合系無所属議員３名を要請し、ＮＴＴ労組を中心とした連合千葉の組織力を頼りとしました。

田嶋要氏は、愛知県出身で、東大法学部卒、米国ペンシルバニア大学ウオートン校でＭＢＡ取得、ＮＴＴ、世界銀行に勤務経験を有するエリートです。持ち前の明るい性格に加えて、東大合唱部に所属した経験から張りのある良く通る声を持ち、たちまち演説もうまくなり、彼が街頭演説をすると数百人とまではいかなくても、数十人から１００人以上の人が足を止めるほどになりました。

相手の臼井陣営は、従来型の選挙運動で、多数の支援議員による個人演説会を義務的に各所で開催し票固めをすること、各業界団体に対しては上から支援依頼を降ろしていくことが中心です。分厚い保守層での組織戦をすれば、ポッと出のよそ者に負けるわけがないと高をくくっていたのでしょう。

民主党田嶋陣営は、組織力、知名度に劣る分、街頭に出ました。駅頭での朝夕の挨拶活動、街角で小演説を数多くこなしていく、労組の動員で宣伝ビラの大量配布と、いわゆる空中戦で「制空権」を取りました。「油断大敵」とはこのことでしょう、選挙では常にこの言葉を肝に銘じておかなければなりません。臼井陣営は、田嶋陣営を「なめて」かかっていました。老舗の世襲二代目、地元進学トップ校千葉高、そして法務大臣経験者です。負ける訳がないと。結果は、田嶋10万８３８票、臼井８万９８７３票で勝利しました。

以後、２０２１年（令和３年）10月の第49回総選挙までの７回の選挙で、２００５年（平成17年）９月の郵政選挙（自民党臼井氏）と２０１７年（平成29年）10月選挙（自民党門山氏）の希望の党での小選挙区落選を経験しましたが、いずれも比例復活しており、衆議院議員が途切れることはありませんでした。２００５年の郵政選挙では、さすがに小泉旋風に吹き飛ばされました。稲毛海岸駅の小泉総理参加の街頭演説会には、１万人以上の聴衆が集まり、美浜区中で選挙の話題となりました。私は、その時必死で自分の事務所からたじま候補の電話作戦をしていましたが、稲毛海岸駅近くの団地の支持者が誰も電話に出てくれなかったのです。後でそれらの支持者に聞いてみると、小泉演説会に行っていたということでした。「ただ見に行っただけだよ」と苦笑いしながら弁明されましたが。結果、美浜区でも自民臼井氏に僅差ながら負けました。それでも、比例復活に望みをかけて夜中まで待ち、神奈川県からの出馬で田嶋氏も私も尊敬する藤井裕久元財務大臣と最後の一議席を争う形になりました。確か夜中の午前2時頃だったと思いますが、田嶋候補の当選が決まりました。藤井氏には申し訳ない気がしましたが、田嶋氏と私は抱き合って喜んだことを鮮明に覚えています。

２０１７年の総選挙で私は、田嶋氏と話し合い希望の党には行かず、立憲民主党に入党しました。田嶋氏は、当時民主党と維新の党が合流した民進党の県連代表を務めていたので、民進党が党として希望の党に移ることになったことから、田嶋氏の決定に敢えて反対はしませんでした。しかし布施後援会としては田嶋氏を応援しつつも、私自身は、13区立憲民主党公認の宮川伸氏を選対事務所に張り付いて応援しました。希望の党公認で田嶋氏は立候補しましたが、小選挙区で落選し、比例復活しました。希望の党が民主党その後継の民進党よりもさらに右に寄ったことを有権者が見逃さず、一部のリベラル票が共産党候補に流れたことが、敗北の原因だと思いました。

13区の宮川氏は、千葉市の美浜区打瀬に在住し、東京工業大学大学院理学博士で、東大の医科学研究所の研究員をしていました。学生時代から菅直人衆議院議員のファンで、選挙のボランティアをしていて政治家を目指すようになった人です。私とは、田嶋氏の選挙の応援や集団的自衛権行使容認の安保法制反対運動、核廃絶運動など市民運動の仲間でした。彼はこの選挙で小選挙区では敗れましたが、比例復活しました。残念ながら2021年の総選挙では、小選挙区で敗北し比例復活もできませんでした。日本の研究開発力が低下していることや日本学術会議の問題を見ると、宮川氏のような科学者を何としても国会に送らないといけないと思います。

田嶋氏の話に戻すと、2021年（令和3年）10月の第49回総選挙では、立憲民主党から出馬して自民党門山氏に3万票の大差をつけ7回目の当選を果たしました。選挙区では、金子勝慶応大学名誉教授や森田朗東京大学法学部名誉教授を講師陣に揃えて、「房総未来塾」を設置して地方議員との勉強会を定期的に開講しているほか、地道な地域活動に取り組んで幅広い支持層を形成しています。

民主党政権時代に、東日本大震災が発生し福島原発が爆発し未曽有の原子力災害となりました。たじま議員は、経産大臣政務官として原子力災害現地対策本部長を務め、除染対策、避難支援対策にあたりました。その任務を通じ未曽有の原子力災害に直面したことから、原発廃止に政策を転じました。そして徹底した省エネ推進、太陽光、風力等の再生可能エネルギー中心の政策を強く主張しています。そのために、原発推進の連合内一部有力労働組合の支援を得られなくなっていますが、筋を曲げずに頑張っているので、これからも「老骨に鞭打って」いっそう支援をしなければと思っています。立憲民主党の中枢で、政権交代を目指して働いてほしい議員です。

2007年（平成19年）7月参院選民主党長浜、加賀谷2名当選

２００６年（平成18年）３月、小沢一郎氏が民主党代表に就任し、代表代行に菅直人氏、幹事長に鳩山由紀夫氏を起用して「トロイカ体制」敷き、小泉旋風での惨敗から民主党立て直しを図りました。その真価を発揮するチャンスは、すぐ訪れ同年4月に衆議院千葉7区の補欠選挙が行われました。自民党は前埼玉県副知事斎藤健氏、東大、ハーバード大学ケネディースクール卒の超エリート、民主党は地元出身の県議太田和美氏でした。この選挙で、小沢代表は陣頭指揮を執り、関係者の意表を突いた戦術として、第一声を選挙区北端の関宿町で行ったのです。敢えて選挙区内大票田の松戸市内繁華街ではなく、農村部の関宿から行ったのは、大企業に対しては中小企業や農業、社会的には弱い者の立場に立つという姿勢を鮮明に印象付ける作戦だったのでしょう。もう一方で、関宿町は、終戦時の総理を務めた鈴木貫太郎の地元でもあります。２・26事件で銃弾を4発受け九死の状態から妻「たか」の気丈な機転でとどめを刺されるのを避けられ、近所に住んでいた日本医科大学塩田広重学長（医師）に助けられて、命を救われます。二度目の危機は、終戦の日１９４５年の早朝に、国粋主義者の青年将校らがクー

デターを起こそうとして首相官邸と私邸を襲撃した事件で、警護官に間一髪で救い出されています。その日の午後、終戦の「玉音放送」が放送されました。二度のテロから生き延びて、終戦に導いた鈴木貫太郎首相を小沢一郎は、自分に重ねながら、この選挙に民主党の浮沈をかけたのだと私は思います。選挙は、超エリートに対して26歳県会議員1期途中の女性が勝ちました。そして翌年の2007年統一地方選挙、同年の参議院選挙で民主党は躍進しました。

この参議院選挙で、千葉県選挙区定数3で民主党は、現職長浜博行氏に加えて加賀谷健を立て、2名当選を果たしました。加賀谷幹事長から私に相談があった時、当初は立候補に私は反対しました。3名区に民主党2名は無謀に思えたのです。共倒れになるかもしれないと。しかし、加賀谷はあきらめず、最終的に当時の連合千葉会長の黒川悟氏とも相談しながら、公認申請をすることとなりました。県連内には、2名体制に不安を持つ向きは残りましたが、小沢代表から本部に呼び出され、現職長浜氏は党組織を中心に、加賀谷氏は連合千葉の労組を中心に取り組むと裁定が出され、3名区で2名の擁立が決定されました。結果は、2名当選という快挙となりました。参議院選挙での躍進が、2年後の政権交代へとつながっていきました。

民主党政権の誕生と挫折

２００９年（平成21年）９月の総選挙で、民主党は３０８議席を獲得して大勝しました。自民党は１１９議席に止まり、選挙での政権交代が実現しました。この時多くの国民にとっては、今後の日本の政治は自民、民主と二大政党による政権交代のある政治へと移行するものと思われました。しかし、民主党の鳩山由紀夫内閣、菅直人内閣、野田佳彦内閣と三代の内閣とも短命に終わり、２０１２年12月の総選挙で自民党に大敗し、政権の座を降りました。民主党政権が短命に終わった理由については、様々な方の分析がなされていますので、私としては、一地方議員の立場から残念な思いを綴りたいと思います。

鳩山由紀夫内閣は何故うまくいかなかったのか

鳩山由紀夫内閣が発足しましたが、小沢氏の影響力が強いとみなされており、民主党内の旧社会党グループには小沢氏の影響力拡大を警戒する向きがありました。鳩山首相と小沢氏は、日米安保は重視しつつも一辺倒ではなく、中国との関係を含めて東アジアに軸足を寄せる外交政策を示しました。そのことが、民主党政権の「政治主導」の主張と相まって、官僚に「お手並み拝見」的な姿勢を取らせたのではないかと思います。その頃から問題になっていた沖縄の基地問題、普天間の米軍基地の辺野古への移設について、出来ればグアムなどの海外、少なくとも県外への移設方針に、沖縄県民も私も大いに期待していました。しかし、移設先は難航し、結果として「腹案がある」と国会答弁をしたものの、必ずしも練られたものではなく、鹿児島県の離島を想定したと言われていましたが、鳩山首相は明確に答えられず窮することとなりました。高い支持率で国民に期待された鳩山内閣でしたが、自民党政権下で日米が交換していた「日米年次改革要望書」の廃止や、中国の胡錦涛国家主席との会談、ニューヨークタイムスに寄稿したアメリカの経済政策や日米関係を批判的に書いた鳩山論文に対して、アメリカが強く反発していました。これらを背景に自民党と官界は批判を強め、わずか9か月で退陣に追いこまれました。しかし、沖縄の基地負担を軽減し、日本がアメリカ一辺倒ではなく、中国との良好な関係を築くと共に東アジアに軸足を移す政策は、私としては大変期待していましたので、残念な気持ちです。そのこともあり、鳩山氏が政界引退後取り組んでいる「世界友愛フォーラム勉強会」には、ほぼ毎回参加するため東京・文京区音羽の鳩山会館まで出かけています。道路から会館玄関までの急坂がだんだんきつくなってきましたが。

菅直人内閣と東日本大震災

次に菅内閣が発足します。しかし2011年3月11日マグニチュード9・0の大地震・東日本大震災が発生しました。そして「安全」なはずの福島原発が水素爆発し、未曽有の原子力災害となりました。自民党と原発推進派は、菅首相が事故対策に忙殺されている原発事故現場にわざわざ視察に行ったために事故を大きくしたと喧伝し、「安全神話」にしがみつき、数年前に東日本における地震災害を予測し、福島原発を10数メートルの津波が襲う可能性を指摘されていたにも関わらず何の対策も行わなかったことについて、国民の目を背けすべて菅内閣の責任と押し付けました。菅首相は、一時最悪のシナリオの中で、東京を含む東日本全体の避難を余儀なくされる事態を想定しましたが、現地での決死的な作業と「奇跡的」要因を含めてそれを避けることが出来たのは、まさに不幸中の幸運と言うほかないと言われています。その後菅内閣は、参議院選挙で敗北したことと原発事故対策に一定の目途をつけたとして退陣し、千葉県出身の野田内閣となりました。菅直人氏は、その後も原発廃止のために東奔西走尽力しています。それは、当時福島第一原発の所長であり、決死の覚悟で事故対応にあたって「東日本壊滅」と言った大惨事を避け得た、同じ東工大の後輩であり原発事故と戦った「戦友」でもある、故吉田昌郎氏への鎮魂でもあると思います。吉田氏は、まさに過酷極まる原発事故対応に「刀尽き矢折れる」まで戦い続け、お亡くなりになりました。事故対応時の彼の心中はいかばかりであったでしょうか。原発事故の犠牲者と言わざるを得ないと思います。心よりご冥福をお祈りいたしたいと思います。

東日本大震災に千葉市議としてどう対応したか

東日本大震災は、統一地方選挙直前の3月11日の発生です。私は、その時後援会の仲間と幕張西地区のマンション団地内で「個々面接」中でした。支援者を車に待たせ一人でマンション5階の支持者に挨拶をし、その家の玄関ドアを閉めた直後に、激しい揺れが襲いました。恐ろしいくらいの揺れでしたが、階段の柵に捕まり揺れの鎮まるのを待ちました、直感的に建物は倒壊しないと思いました。その5階の前の部屋から高齢の男性が飛び出して階段を降りようとしたので、それを制止し、玄関ドアを開けたまましばらく待つように話しました。かなり長く感じた揺れでしたが、ようやく収まってくると外では、住民が地面から水が噴き出していると騒いでいました。その団地内では、大きな被害が出ていないことを確認して、急いで高洲の選対事務所に戻りました。事務所に待機していた選対支援者に、出来る限りの被害状況の確認をお願いして、私は防災服に着替えて自転車で美浜区内の被害状況調査に出発しました。学校の校庭が、保育園・幼稚園の園庭が池でもできたかのように水浸しになっていました。住宅街の街路は両側の宅地内から砂が吹き上がり、50センチくらいの厚さで塞がっていました。砂を吹き上げた住宅は、大きく傾いています。あるいは道路に大きな窪みができ水が溜まって通行不能の個所がありました。美浜区は全て東京湾の埋め立て地です。東京湾の海砂を吸い上げて埋め立てしたのです。地下水位が浅く50センチメートルも掘ると水が染み出てくるのです。液状化は、住民の誰もが想定外でした。その16年前やはり選挙の年でしたが、阪神淡路大震災が起こっています。被害状況調査のため、単独で神戸市を視察したことがありましたが、直下型の震災は、多くの木造住宅を押しつぶし、ビルを倒壊させました。その結果多くの圧死者を出したのです。美浜区の液状化は、住宅を押しつぶすことはなく、地盤を流動化させ住宅を傾かせたのです。圧死者こそ出さなかったものの、「全壊」「大規模半壊」等そのままでは居住不能の住宅が多数に上りました。

被害状況の激しいカ所のメモを作り、区役所の災害対策担当部署に連絡しました。美浜区内の液状化被害の状況を見ると、被害の激しい地域とそうでもない地域のあることがわかりました。同じ一戸建ての地区でも、高浜地区は全く液状化の被害はありませんでした。しかし、県の埋め立てした真砂・磯辺地区は全体に液状化しました。ＵＲ公団住宅団地も液状化は出てはいましたが、軽微なところが多かったように思います。液状化の被害の少ないところは、一般の道路面よりもやや高い盛り土がなされた地域でした。地盤の液状化対策を施したのかどうかは分かりませんでしたが、素人目からの観察の結果です。

その年の選挙は、防災服を着たままの選挙活動となり、５３３５票で4位当選を果たしました。５月連休後、私は同じ民主党の三井美和香千葉市議、段木和彦千葉市議、網中肇県議を誘って、被災地のお見舞い、現地派遣の千葉市職員激励を目的に、陸前高田市と大槌町に向かいました。私は選挙後供託金50万円が返ってきましたので、それを大槌町と陸前高田市に寄付するつもりで持参しました。その他に民主党市議団のカンパ、連合千葉地区協議会の千葉駅前の義援金募集活動に参加して得たお金を加えて、派遣職員にはリポビタンDとかお菓子などの「激励品」を車いっぱい積んで、5月6日~8日2泊3日の行程で出発しました。東北自動車道から仙台市に入ると、地震で倒壊した建物はほとんど見当たらず、時々木造の古い住宅の被害がある程度でした。名取市に入り仙台空港に行きました。空港に至る道路で車を降り歩道を歩いてみると、街路樹の自分の背より高い位置の枝に、何かごみの切れ端が引っ掛かっているのが見えました。そこまで津波が来ていたのだと想像するとぞっとしました。そこから海岸沿いには岩手県に入れないので、宿泊場所を花巻温泉に取りました。そこも、県内被災者の宿泊場所となっていたのです。夜ホテルの温泉に浸りに行くと、70代のおじいさんが先客でいて、ぼそっと漁業していた弟が津波に呑まれたと語ってくれました。翌日釜石市の海岸に至ると、そこは見る影もないがれきの山でした。先ずそこから陸前高田市を訪れ鳥羽太市長(当時)に面会し、民主党市議団からのカンパ、布施後援会として25万円の寄付をお贈りしました。その後千葉市から派遣されている市立青葉病院の医師、看護師を激励しました。大槌町では、東梅政昭副町長(当時)と面会して、義援金をお渡しし、派遣されている看護師等を激励しました。津波に襲われて完全に破壊された役場庁舎を見て、茫然と立ちすくみました。町職員の3割にあたる40名が亡くなったということです。

福島原発の爆発後、数日で千葉県にも放射能の影響が表れました。3月25日に千葉県の食品検査で、香取郡多古町の「ほうれんそう」が放射性ヨウ素3500ベクレル／kgを記録し、出荷停止第1号となったのです。基準500ベクレルの7倍です。私の生家の隣町です。私は、愕然としました。私の生まれ故郷は、旧匝瑳郡光町宝米地区、ここは多古町ではありませんが、この地域産出のお米は、「多古米」で通っています。しかも地区の名前が「宝米」ですよ！

私は、宝米産コシヒカリが販売できなくなるものと悲観しました。実家の「跡継ぎ」の長兄故精司のそのまた後継ぎ、「兄弟」のよう育ってきた、おしめも変えてやった甥っ子俊一の悲しむ顔、部落の幼馴染の顔を思い浮かべると居ても立っても居られない気がしました。その後、放射能についてにわか勉強したところ、放射性ヨウ素の半減期は8日と分かりました。2012年（平成24年）当時の野菜類の暫定基準値は、放射性ヨウ素に関しては2000ベクレル／kg、穀類の基準値が300ベクレル／kgでした、1か月もすると測定値の10分の1程度まで下がるということになります。お米に関しては、田植えが4月以降であり実るのは9月ですから、放射能の影響は全く問題がないことがわかりホッとしました。それでも、「風評」被害が心配で、宝米部落の甥っ子や部落の人たちを励ます意味で、「宝米」の新米コシヒカリを、本来は農家が自家用とする一番おいしいお米を甥っ子に確保させ、熊谷俊人千葉市長（当時）、早川千葉銀行元頭取、齋藤康元千葉大学長・千葉市病院管理者（当時）、他市内枢要な方々に試食用に提供いたしました。

その一方地元では、連日のように○○「ベクレル」等と聞いたこともない横文字の単位で数値が報道され、住民の皆さんに放射能の不安が広がっていたことから、放射能とは何か、福島原発による放射能の影響をどのように受け止めるかについて、6月26日「福島原発による放射能問題講演会」を地元の千葉市施設・高洲コミュニテイセンターで開催しました。講師には、稲毛区にある放射線医学総合研究所の研究員をお願いしました。200人の会場がぎっしり埋まり開催出来ました。

7月には、「子供たちの未来と放射能について」をテーマに、「チェルノブイリハートを千葉市で上映する会」と共催で、映画「チェルノブイリハート」上演と講演として①「国における福島原発事故にかかわる放射能対策について」(たじま要衆議院議員)、②「千葉市における食品・給食の放射能対策」(千葉市職員)、それぞれについてお話を頂きました。

さらに、福島産の野菜や果物が風評被害で困っているという報道があり、12月に福島支援のため「放射能と食品の安全」をテーマにして、財団法人日本分析センター(千葉市稲毛区)研究員を招き、講演会を開催しました。福島県出身のご近所の方に協力してもらいながら、これも地元高洲コミュニティセンターで開催し、たくさんの参加者を得ました。またこの講演会に合わせて福島県東京事務所所長を特別招待し、復興の取り組みをご報告頂くとともに、福島県の特産品等の物品を紹介し販売しました。「困った時はお互い様」の精神です。

東日本大震災は、数百年に一度の大災害でした。しかも、福島原発による未曽有の大事故が誘発されました。私は、震災対策について議会でも積極的に質問を行うとともに、地域でも最大限住民の皆様と一緒に考え、あくまでも科学的知見に基づき活動いたしました。このような災害時に、千葉市議会議員を務められたことは、天命と思いその活動を後世に残したいと考えました。この年の5月市議会議員選挙後の臨時議会、本来は改選後に議会の役職を決めるための会議で、2日間の日程で終わるのが通例です。この議会は、大震災後初の議会であることから、本会議の前に全員協議会を開き、震災の市内被災状況と当面の対策について熊谷市長から説明を受け、私は数項目の質問をいたしました。これらの経過を含め、布施まさよし「平成23年度第1回臨時議会報告」にまとめた資料を添付いたします。

２０１３年3月には、福島原発事故の際、政務官として現地対策本部長を務めた田嶋要衆議院議員の誘いを得て、千葉1区内の県議・市議数人で福島県飯館村（全損避難のため福島市内で）、南相馬市、川内村を訪問しました。目には見えない放射能の恐怖の中、避難生活を余儀なくされている皆さんの苦難を、関係首長さんのお話を伺って肌で感じました。南相馬の桜井市長（当時）さんからは、同市は海に面していることから、大津波、激震、原発災害と三大災害に見舞われたことは世界でここだけである、市民と懸命に地域の再建に取り組んでいるが人員の不足が課題である等、切実なお話を伺いました。3自治体の首長さんはいずれも厳しい現実を語りながら、政府の現地対策本部長として政府と福島県、県内各市町村長と原子力災害対策の調整にあたった、たじま議員の支援活動に感謝の言葉を語ってくれました。たじま議員も私も、福島原発災害の発生までは、原子力の「平和利用」すなわち原子力発電は、良いことではないか、日本は積極的に推進すべきと思っていました。しかしこの現実から、私もたじま議員も原発否定に転じて、菅直人元総理さらに小泉元総理も加えて、原発廃止、再生可能エネルギー推進の活動を、全国で強力に進めなければならないと思うようになりました。

それから6、7年たったでしょうか、たじま議員に紹介されて、なんと私の生まれ故郷隣接の匝瑳市に設置されている大規模な「ソーラーシェアー」施設を見学に行きました。荒れた耕作放棄農地が、銀色に輝く短冊状の発電パネルとその下で緑の野菜が育っていました。私は、「これだ！」と思いました。農地を再生し発電もする、農産物とエネルギーの地産地消のまさにこれこそ究極？　いや救国⁉　の事業ではないかと。地域住民と市民がこうした努力をしている中で、またも巨大な権力を持つ「原子力村」が、こうした活動の発展を無視している現実に怒りを覚えます。

野田内閣があと半年続いてくれたらの思い

菅内閣が粘りに粘った後、千葉県出身の野田佳彦内閣が発足しました。予想外の驚きとともに、県内国会議員であり期待も膨らみました。何故か戦後の終戦処理にあたった、2・26事件で瀕死の重傷を負い夫人の機転でとどめを刺されずにすみながらも、終戦時またも右翼軍人に命を狙われた鈴木貫太郎首相が頭に浮かびました。300議席以上を獲得して成立した民主党政権、自民党政権にならされてきた官僚の「非協力」を見越して「政治主導」を唱えながらも、目には見えないアメリカの圧力が加わり、鳩山内閣は理想を掲げただけに終わりました。菅直人内閣は、未曽有の大災害に見舞われました。そうしたことのために国民の生命財産を守るのが政府ではないか、とはおっしゃる通りです。天の与えた民主党政権への試練は大きすぎました。それでも野田氏に期待したのです。

「社会保障・税等の一体改革」に関する国会論戦では、野田首相の答弁が野党自民党故安倍氏の主張を圧倒していました。しかし、消費税増税をめぐって公約違反だとする小沢一郎グループの離党、原子力政策に批判的なグループも離党する等党内混乱から、２０１２年12月の総選挙で敗北し、民主党政権はわずか３年で退陣となってしまいました。野田政権としては、４８２日継続し民主党３政権の中では、最長でした。

野田氏は、総理になる前、県議の時代から、衆議院議員そして総理になってからも、一衆議院議員に戻ってからも、「野田佳彦かわら版」を毎日船橋の駅前で配布しています。選挙では圧倒的な強さです。普段は穏やかな話し方ですが、演説では必ず聴衆を一度は笑わせ、感動させます。討論では国会の答弁で天下周知となりましたが、無類の弁舌力を発揮します。私生活では、「一升酒」を飲む酒豪です。熊谷俊人千葉市長が、県知事選挙への挑戦を目指した時、立憲民主党千葉県連内では異論がありました。無所属で立憲の推薦を受けずに県民党で立つことへの反発でした。私は、すぐに野田氏に相談に行き、熊谷氏の真意を説明して党内の取りまとめを依頼しました。野田氏は即座に理解して、県連として熊谷知事候補を下支えではありますが、全面的に支援して戦うこととなったのです。結果はご承知の通り、自民党単独推薦候補に対して事実上の一騎打ちで、圧倒的に勝利し当選です。

熊谷知事当選後、立憲の国会議員と県議団が県民党の姿勢で県政運営にあたる熊谷知事との間で、微妙な空気が生じたりしていました。私は、県議会で少数派であり国政で野党である立憲は、県政においては与党であるはずなので、熊谷与党としての「気概」を持って、その立場から熊谷県政を支えてもらいたいと思っていました。2022年11月に、長浜博行参議院議員が副議長に就任し、県連代表が奥野総一郎衆議院議員に代わったことを契機に、そのお祝いと次年が知事就任の折り返し年にあたるということを名目に、野田議員の呼びかけと言うことで、知事との会食会をお願いしました。

2022年12月千葉県経済同友会が、「千葉イノベーションスクエア構想（千葉のイノベーション促進に向けた4つの提言）」を同会の勉強会の最終報告として取りまとめました。当然知事に対しても提出し、県経済の発展・イノベーションを目指して提言されることになります。私は、早速野田氏に面会を申し出て議員会館でお会いしました。この提言書について、県経済同友会を招き県連として国会議員、県議団を中心に勉強と懇談の場を設けてはどうかとお願いしました。統一地方選後に検討するという返事でしたが、7月の総選挙が取り沙汰されている中で、いまだ実現していません。その野田氏との面会の際に、わたしは、野田氏にもう一度総理を目指してはどうかと「けしかけ」ました。彼はにこにこして「いやいや」と言って受け流している風でしたが、まんざらでもないと感じました。彼はこのように、私のような一千葉市議会議員のOBの話を真面目に聞いてくれる「腹」を持っている政治家です。硬軟取り混ぜた演説と討論のできる政治家です。政策、路線としては、立憲の中で「センターライト」でしょう。しかし左右を包摂しうる「器量」を持ち合わせている政治家は、立憲内に数少ないと思います。ですから、もう一度総理にしたいのです。現在の立憲民主党の党勢状況に危機感を持つ党内外からは、ふつふつと野田氏への期待が沸き上がりつつあるのを感じています。

第4章

熊谷俊人千葉市長実現と支える議員として

鶴岡啓一市長逮捕の不祥事から市長選挙へ

2009年（平成21年）4月22日、私は千葉県日中友好協会の緑化協力事業訪中団の一員として、中国西安市を訪れていました。一行を乗せた大型バスの車窓から千数百年前の「長安」時代の街並みを復元した、しつつ（復元工事中の）ある風景を眺めていたところ、突然千葉の市議団メンバーから携帯の着信がなりました。「鶴岡市長が逮捕された、市長選挙になる。すぐ帰ってきてくれ」と言うことでした。と言ってもすぐに帰れるわけはありません。そうは言いながら、何人かのメンバーに情報を得るべく電話したり、受けたりしていました。当時、現職の鶴岡氏は、既に6月の市長選挙に三選の出馬をしないことを明らかにし、自分の後継として林孝二郎副市長を指名していました。その後援会長には、バスに同乗している千葉県日中友好協会会長・元千葉銀行頭取早川恒雄氏が就任し、自民党、公明党、連合千葉の推薦を得て、着々準備を進めていました。現職市長逮捕という予想外の事態に、車内ではバスの後部座席で早川氏が、前方の座席で私布施が、それぞれ深刻に電話をやり取りする異常事態でした。

民主党千葉市議会議員団と千葉県連内では、党勢が昇り調子でもあり、市長選挙戦うべしの空気が充満していました。とは言え、市長候補をどうするかとなると相手は自・公に連合です。

しかも、林副市長は千葉市内生まれで千葉高・東大・建設省（当時）・副市長と典型的な千葉のエリートコースです。私が、中国から返ってくるまでに何度か公式非公式に党内協議が持たれ、K県議が有力かなと言う雰囲気でした。

中国から帰国し成田空港に到着すると、たじま代議士から連絡が入り、熊谷市議と布施事務所で市長選挙について相談したいということでした。帰宅し妻にそのことを話すと、市長候補になるなら先ず「ハンコ」を押してくれと。離婚届にハンコを押してから、立候補するならしろと言うことで事実上絶対反対と言うことです。自分としては、61歳で市議8期の民主党市議団の「長老」と言う立場からすれば、どうしてもということであれば責任上出馬もやむを得ないかと言う気持ちではありました。しかし、勝つ自信はもちろんなく、しかも離婚してまでと言うことになると、躊躇せざるを得ませんでした。たじま代議士と熊谷市議は、事務所に着くと早速それまでの民主党県連内の動向を含めて、現職市長逮捕と言う不祥事の中で、ここで民主党が候補を出さなければ、市民の批判を浴びることになると力説しました。たじま要衆議院議員は、「連合は林氏を推薦しているが民主党として市長選挙は戦わざるを得ない。県都千葉1区の総支部長として候補を擁立し、選挙に責任を持つ」と約束しました。私もそれはその通りだと思いましたが、私自身の出馬については、妻が反対していると伝え腕を組んでしばらく考えていました。すると熊谷俊人市議が、突然「布施さんが出ないのなら、私にやらせていただけませんか」と言い出しました。一瞬間がありましたが、私は「よし分かった。私としては助かるし異論はない、たじま議員どうでしょうか」と答えを求めました。たじま議員は、「市議一期の途中で31歳という若さに懸念はあるが、本人が決意するとあれば、自分と同じNTT出身ということもあり、総支部長の立場から県連を挙げての支援体制を作る。必勝を期して戦おう」と表明しました。

民主党千葉県連の千葉市関係総支部である千葉1区、2区、3区、9区総支部長、千葉市議会議員団、千葉市内選出県会議員で協議会がもたれ、私は市議団を代表して、今回の市長選挙は現職市長の逮捕という異例の不祥事を受けての選挙であるから、千葉市議会議員が責任をもって取り組む必要があると主張しました。そこで、熊谷市議会議員が立候補の意思を示したので、31歳と言う若さをもって挑戦させたいと提案しました。市議団こぞっての提案に異論はなく、熊谷俊人市長候補が決定しました。選挙資金は、布施、故加賀谷参議院議員、たじま衆議院議員が基本的必要額を確保し、幅広い市民主体の手作り選挙をやろうとなりました。そこに市民ネットワーク市議や、無所属の若手市議が加わり、田嶋要衆議院議員を選対委員長にして、私が事務局長になり、二人で事実上選挙全体を取り仕切ることになりました。妻もちょうど県職員を定年になり、布施の代わりに「熊谷さんが出てくれた」と言うことで、選対事務所スタッフとして朝から晩まで毎日働いてくれました。もちろん布施後援会はフル動員です。

こうして、31歳市議会議員経験わずか2年の青年が民主党単独推薦で、千葉市長候補となりました。相手は、千葉市のエリート街道を歩み、自民党、公明党の推薦に加え民主党の支持基盤である連合の推薦を得ている前副市長であり、本命中の本命候補です。林陣営は、「どうせ民主党の連中がアリバイ作りに若造を出してきたか」と高をくくっていました。熊谷陣営は若さを前面に、「市長が代々国からの天下り、助役・副市長から市長と言う官僚主導の姿勢だからこそ汚職を生む」と主張し、「市政マニフェスト」を掲げ、「今こそ」の「クマ」のシンボルマークを付けて街頭に繰り出しました。熊谷陣営の選挙運動は次第に盛り上がりを見せてきました。青年会議所が、「公開立会演説会」を開催することになりました。候補者は、事前に主催者から渡された質問にそれぞれが答える方式でした。私は、選対関係者に会場に行ってどのような様子か見てくるように頼みました。終了後、会場の様子を聞くと、「熊谷候補は自分の言葉ですらすらとうとうと課題をしゃべっていた、林候補は、原稿を見ながら説明調に話していた」と聞き、「これで勝った」と確信しました。市民の印象は、「熊谷は若いけどなかなかやるな」と感じてくれたはずです。そうした中で、熊谷の出身母体であるＮＴＴ労組も連合の決定をさておいて、事実上の支援を行うようになりました。

結果は、熊谷俊人17万千６２９票、林孝二郎11万７５６０票と、圧勝でした。２００９年（平成21年）６月14日、31歳の政令指定都市で最も若い青年千葉市長が誕生したのです。選挙事務所は大歓声に沸き立ち、私は熊谷候補とがっちり握手し抱き合って、背中をたたきました。

「大久保彦左衛門」のつもりで市長を支える

当選が決まった直後、熊谷本人から副市長をどうするかの相談がありました。本人の意向としては、鶴岡前市長が逮捕時以降市長代理を務めていた藤代謙二副市長を再任したいということでした。私も即賛成しました。藤代氏は、生え抜きの職員で調整能力に優れ庁内の信頼も厚く、温厚な性格は議会からの受けも良く能吏です。31歳で民間の出身、市議の経験が2年足らずの青年市長に、局長、部長、課長級の幹部職員は、行政運営に当然不安を持つでしょう。藤代副市長の再任は、そうした庁内の不安をぬぐい、円滑な市政転換を図ることが出来る妥当な人事として受け止められるはずです。藤代氏は、熊谷当選後型通り辞表を提出しましたが、熊谷市長は慰留し副市長就任を要請しました。私も藤代氏に強く就任を求め、彼もそれを納得し、全力で熊谷市長を支えると約束してくれました。

そうした中で私は、民主党市議団の重鎮である私に対して、庁内や市議会の中で布施市議が毎日のように市長室に出入りし、市政を牛耳るのではないかとの疑念を持たれることを懸念しました。私は、市長から直接呼ばれない限り、秘書課、市長室には安易に出入りしないと決めました。あくまでも市長与党の一議員として対応するということです。議会内では、自民党市議団は思いもよらない民主党若造市議に市長選で敗れたとあって、マニフェストに基づく熊谷市長提案の予算や、条例案に対してさまざまな抵抗を試みました。しかし、与党であることが当然のように議員生活を送ってきた自民党市議に、市長提出議案に対する修正案の作成は困難な作業であったようです。議員提案であっても、提案されれば議案に対する質問ができます。私は主としてそれらに対する質疑や反対討論で、自民党案を否決に追い込みました。公明党は、選挙では自民党と組んで林陣営にいましたが、熊谷市長が圧倒的に勝ったのを見て、選挙後は熊谷市長寄りに姿勢を変えました。私はそれを「歓迎」し、市長に公明党市議団の事実上の与党化を心掛けるように進言しました。熊谷市長は、マニフェストに基づき有識者による「事業仕分け」を早速実施し、各種事業の見直しや、市役所改革を進め、政令指定都市中最悪クラスの市財政立て直しのため、「脱・財政危機宣言」を発表するなど、着々と施策の推進を図りました。民間出身の市長だからこそできる市政改革だと、庁内はもとより、市民の評判もうなぎのぼりで上昇しました。若さが大いにプラスの評価となったのです。

市議会の各会派は９月の決算議会を終わると、市の決算状況を踏まえ「翌年度の市施策及び財政運営に係る要望書」を提出します。市長はそれを市長との政治的距離を勘案して、さじ加減しながら予算編成をすることになります。公明党の要望書は比較的良く練られた面もありますが、その中の特に重点課題について、市長が予算を付けた施策がありました。その後の市議会では、公明党が「我が会派の要望が実り実現しました」と発言することになります。これには副反応が出てきます。特に我が民主党会派から、「俺たちが応援して実現した熊谷市長なのに、なんで公明に気を使うのか」と。自民党会派に対しても市議会内最大会派であるし、中央での政権党でもあることから、国の補助金獲得では自民党千葉県内選出の国会議員にお願いせざるを得ない事情から、それなりの対応が必要となります。民主党会派議員内では、自分たちより歳の若い、しかも議員経験の少ない熊谷氏がいきなり市長になってしまい、多少の「戸惑い」がありました。議会では少数与党と言う自らの立場で、どのように市長とかかわるのか、理解するまでに少しく時間を要しました。ともすると、市議会の質問で、民主党議員が当局に批判的な内容の発言を、かなり厳しくするような場面が出てきたりしたのです。他党会派からは、「市長与党のやる質問かよ」と揶揄するようなこともありました。地方政治においては、首長と議会は二元代表制であり、建前として議会は首長に対して「野党」の立場にあります。ですから、市長与党の議会会派であっても、必要があれば厳しい批判的質問もあって当然です。とは言いながら、政党政治の現実からは、自分たちが応援して実現した首長に対しては、他党の攻撃から擁護しその手腕を発揮して大いに施策を推進してもらい、そのことで与党会派としてのアピールをすることも重要です。私としては、会派内をまとめるために、他のメンバーと相談しながら年四回の定例市議会ごとに、市長との協議懇談の場を設けて、意思疎通・情報交換を行うこととしました。しかし、市長選挙から2年後の市議会議員選挙では、私は、熊谷市長とのツーショットの写真を使って、人気の高い市長との距離をアピールするように指導しましたが、それに従わず自分の実力を過信した二人の現職議員が落選しました。当選したとたんに市の幹部職員からは「先生」と呼ばれ、自分の後援会や関係する団体の会合に市長の出席を頼めば出てくれることを、個人の力と勘違いしたのです。ある時、会派の議員控室（会派執務室）で、自分の議会質問の打ち合わせに来ていた職員に、「お前は……」と乱暴な口を利く1期生議員がいました。私はその議員にすぐ注意しました。「あんたに私が『お前なあ』、と言ったらあんただっていやな感じがするだろう、職員にそんな口をきいてはダメだ。職員と議員は対等の立場だ、私は9期の議員だけど職員に一度もそんな口をきいたことはないぞ」と一喝しました。何のために議員になったのか、「市民のために」と言う当たり前のことを決して忘れてはならないのです。当たり前すぎるから忘れるのかもしれません。それが「おごり」です。それと勉強でしょう。他都市の先進的な施策を勉強すること、他議員の優れた主張を「盗む」も良しです。多忙な中でも本を読むことが大事だと思います。私は、新聞の書評を見てその本を買ったり、「朝日カルチャー」の講演会を受講して、その先生の本を購入したりしていました。正直半分くらい「積読」で、テーブルに積みあがった本の山を見て、時々妻に「なんとかしなさい」とどやされていましたが。内心では、市議会議員の中で、市政に関係することでは一番の物知りだと思われるくらいに勉強しようと思いました。市民のために、そして市長を守るためにです。議場の隣席に座っていた共産党長老議員からは、「あんた、何でも知っているね」と言われて苦笑したことがありましたが。彼とは党は違っても、お互い意の通じるところがありました。

千葉市カジノ誘致問題の顛末

２０１０年（平成22年）４月、国会ではカジノ合法化法案の成立を目指し、超党派の国際観光産業振興議員連盟が発足しました。それを受けて、千葉市議会では２０１０年12月「アミューズメント議連」が設立されました。ＩＲではなく、はじめは一見無難な「アミューズメント」で行こうとなったものです。しかし、千葉市の幕張メッセ周辺にＩＲを誘致しようという意図であることは、明白です。私は、それでもあえて「慎重に検討」と言う口実で、メンバーとなりました。民主党会派にも何人か入会する人もいたことから、「議連」があまり前のめりにならぬよう、歯止めをかける意図もあってです。特に市長には、それほど積極的ではないとみていましたが、「議連」が出来て押し切られないように、歯止めをかけたいと思っていました。

私自身は、カジノを一回だけ経験しています。２００８年8月に次男が、アメリカ西海岸北端のポートランドに住んでいたことから、次男の案内で西海岸一帯のポートランド市からサンフランシスコ、ヨセミテ公園、グランドキャニオン、ラスベガス、そしてロスアンゼルスを回ってきました。ラスベガスでは、カジノを経験したのです。３万円すりましたが、充分味わいました。

その当時は、まだ私の中でラスベガスはＩＲシティーの認識がなかったので、千葉市及び市議会でＩＲ誘致の機運が盛り上がってきたことから、反対するにしても現場を見ないといけないということで、高校の同級生に頼み、彼の会社の支店がシンガポールにあったことから、頼み込んで現地の案内をお願いして、シンガポールのカジノ視察に行くことにしました。在シンガポール日本大使館に対しては、たじま衆議院議員から紹介してもらい便宜を図ってもらったと記憶しています。

２０１２年1月30日、台北経由でシンガポール視察に出かけました。現地で先ず駐シンガポール日本大使館で、国土交通省駐在館員（観光担当）、警察庁駐在館員（治安問題担当）からそれぞれ、カジノ運営状況と、ギャンブル中毒や犯罪防止対策についてレクチャーを受けました。その後現地視察では、例の上部の繋がった超高層2棟のビルとそのすぐ近くのカジノ施設を見ました。観光客や地元のシンガポール市民の家族連れが楽しむ1階のカジノ場は日本円でせいぜい1～3万円程度を使う方が大半で、2階の特別ルームは賓客用と言うことでした。そんなお客は〇千万円とか〇億円をかけるのでしょうね。自宅まで自家用飛行機で送り迎えがあり、ホテルはビップルームの宿泊です。私たちの想像を超えます。

マリーナサンズのスカイパークからマラッカ海峡、シンガポール海峡を通る船の絶景を鑑賞し、「マーライオン」を見て、シンガポール料理は味わいましたが、滞在1日でほとんど観光らしい観光はそれだけで帰国しました。

私がシンガポール視察中の２０１２年1月30日千葉市議会では、「アミューズメント議連」

が名称を変更し、「ＩＲ議連」が発足しました。私に続いて10月にシンガポールのＩＲ視察を行っています。その上で、翌年２０１３年３月15日ＩＲ誘致に関する市長申し入れを行いましたが、私は参加しませんでした。２０１３年12月には、統合型リゾートの整備を推進する決議を市議会で行っています。市議会の決議を受けて、千葉市では、２０１４年（平成26年）12月、幕張新都心におけるＩＲ可能性調査を実施しました。これは、ＩＲを誘致した場合のメリット、デメリットを総合的に調査したもので、今後の検討課題を提起した内容です。２０１６年12月には、ＩＲ推進法が成立し、２０１８年にはＩＲ整備法が成立して、候補地の募集が始まりました。その間、私は、幕張新都心地区の民間企業団体のＩＲ誘致のための集まりに参加して、意見を聞くとともに、日本弁護士会や千葉県弁護士会のＩＲ反対の集まりにも参加し、静岡大学の鳥畑与一教授の講演を聞いて勉強しました。さらに、横浜市の林市長が、それまでのＩＲ誘致について白紙との立場を覆し、誘致の方向を鮮明にしたことから反対の声が沸き起こりました。特に「横浜（ハマ）のドン」と呼ばれている横浜港湾協会会長の藤木幸夫氏の強烈なカジノ反対に関する講演（２０１９年８月民権かながわ記念講演～横浜港の未来に向けて～）が開催されました。私は、立憲横浜市議団の紹介で講演会に参加させてもらい、それを聞いて感動し、千葉市におけるＩＲ誘致について、私も絶対反対の立場をとることとしました。その後２０２３年５月藤木氏のドキュメンタリー映画「ハマのドン」を東京まで見に行き、「ハマのドン」の「ハマのドン」たるゆえんを知り、人間の大きさを感じて改めて感動し、わが胸を熱くしました。

２０１９年11月頃、市民ネットワークの松井佳代子市議から千葉市のＩＲ誘致に反対しようと呼びかけがあり賛同した所、「カジノ問題を考える千葉市民の会」を設立したいので「代表」を引き受けてほしいと依頼されました。私で良ければと引き受けました。既に市議は退任していましたので、民主党千葉市議団に諮ることもなく、「よっしゃ」と引き受けることにしたのです。引退市議ではありますが、熊谷市長に一番話が通じやすいという市民ネット関係者の思惑もあったのでしょう。私は、市長は「市議会決議」の関係上表向きは「慎重に調査検討」と言っていましたが、本心は誘致に消極的と読んでいました。２０１９年12月17日「カジノ問題を考える千葉市民の会」の設立総会が開かれ、鳥畑与一静岡大学教授の講演のあと正式に会が結成され、私が会長に選出されました。そして、早速12月24日熊谷市長宛ての「ＩＲ誘致に反対する要望書」を持参し、鈴木達也副市長に提出しました。12月26日森田健作千葉県知事は、定例記者会見で「子どもたちの教育や地域の安全安心に日陰の部分も入ってくるのではないか」と慎重姿勢を示しました。そして、年明け２０２０年（令和２年）１月７日熊谷市長は記者発表で、「（ＩＲ誘致の）申請期間が短く、昨年９月から10月にかけて千葉県を襲った史上最大級の台風や大雨により市内・県内で大きな被害が発生している状況で、調整や手続きに充分な時間が取れない」として、申請を見送るとし、事実上の誘致断念を表明したのです。事前の地元打瀬地区における意向調査で、大半の住民が反対するという結果が出ており、自画自賛ながら絶妙のタイミングでカジノ反対の市民団体を立ち上げ、市に対して要望書を提出することとなり、熊谷市長の背中を押したものと受け止め、反対運動関係の皆さんと市長の「英断」としてその評価と信頼を高めました。

その後、2023年4月大阪府・大阪市のIR整備計画は認定されました。しかし、米ニューヨーク在住の建築デザイナー・村尾武洋氏は、米国全土の名だたるカジノの設計を30件近く行ってきた立場から、カジノに関する大阪のイベントで「大阪IRは間違い」と断言！「行政が中毒になって収拾がつかなくなる」（日刊ゲンダイデジタル2023年6月19日）と発言したと報じられています。大阪の市民が心配です。

LGBT問題に取り組む

2015年（平成27年）12月第4回定例会で、私は一般質問に立ちLGBT問題すなわち性的マイノリティ問題に取り組みました。それまでの私は、LGBT問題に関して、関心も知識も乏しい状況にありました。そのころ既に有名タレントであったマツコ・デラックスさんについても、〝彼女〟の卓越した「芸能」であると思っていたのです。あるいは、テレビドラマに出てくる「おかまバー」的なイメージでした。しかし、共産党議員や市民ネットワーク議員の議会質問を聞いていて、性的少数者の人たちが確かに存在していて、そうであるがゆえに不当な差別や偏見に苦しんでいると認識し、これは重大な人権問題だと思うようになりました。

そこで、２０１５年の秋ごろ旧知の当事者であったM氏に相談し、当時社民党の豊島区議会議員であった石川大我氏を紹介してもらい、ＬＧＢＴ問題を勉強させて頂くことにしました。豊島区議会の石川氏の議員控室で、M氏と一緒に話を聞き、この年に東京の世田谷区と渋谷区で同性パートナーシップ制度が導入されていることを聞きました。ＬＧＢＴの方は、人口の３％から７％位存在し、例えば名字で田中さん、佐藤さん、高橋さん、鈴木さんの四大名字は人口の５％くらいで、それから比べると決して少なくない方がＬＧＢＴの傾向を持っているということでした。そしてヨーロッパの主要国が同性婚を認めており、２０１２年ロンドンオリンピックでは、開会式、閉会式に当事者のアーティストを参加させ、積極的にＬＧＢＴの方への配慮を取り入れて大成功を収めたこと、その結果２０１４年のオリンピック委員会でオリンピック憲章を改定し、性的指向の差別を禁止する条項を加えたということでした。

石川豊島区議のレクチャー、M氏の意見をもとに議会質問に臨みました。市長与党の「重鎮」たる私の質問に、当局は意外性をもって慎重ながらも前向きな答弁をいたしました。特に、５年後に決まっていた東京オリンピックで幕張メッセが競技会場となることから、オリンピック憲章を遵守するためにも、千葉市としての対応が必要ではないかとの主張に、基本的に同意をせざるを得なかったのです。後日市長からは、同性パートナー認証制度の導入を考えているが、まず市民理解が必要であり、それを進めてもらいたいとの話がありました。私は早速M氏と話し合い、市民理解を広げるためＬＧＢＴに関する市民団体を設立してもらうことにしました。そして翌年２０１６年１月、当事者の市民団体「レインボー千葉の会」の設立につながりました。同会は、設立後活発に活動し、千葉市の男女共同参画課と連携して意見具申や共同の啓発イベント、当事者の相談業務に協力したほか、他の自治体の行政や教育委員会、商工会議所等民間団体の研修活動への講師派遣に取り組み、ＬＧＢＴに関する理解を広げています。この団体には、千葉大学の教育学部片岡洋子教授や、千葉県弁護士会所属弁護士さんが協力、指導にあたっており、大きな力になっています。私も、会の発足当初は、「顧問」格で役員会に顔を出し、協力し一緒に勉強しました。

ある時、千葉市の男女共同参画センター主催のＬＧＢＴに関する相談会に勉強の意味で参加したところ、衝撃的なお話を聞きました。参加していたある母親の話です。高校生になった長女が、お母さんに話があるということで聞くと、自分は女の子として生きてきたけれども、もう嫌で我慢ができない。男になりたいので、乳房の切除手術を受けたいと打ち明けたそうです。母親はびっくりして娘の話を聞きました。お母さんは、娘の話を聞き終わった後、お父さんにも話しなさいと静かに言ったそうです。お父さんは娘さんの話を聞いて、絶句したということです。結局娘さんは、両親の同意を得て手術を受けることになりました。お母さんは、その話を泣きながらしていたのです。お母さんは、娘さんのことを納得できない、理解できないけれども、大事な、大切な自分の子であるからこそ、そのように受け止めなければならないと、自分に言い聞かせてきたのでしょう。私もお母さんの心情を思い涙が出ました。

娘さんが性転換手術を望むのは、性自任によるものですが、社会的差別や偏見によるものでもあると思います。法的な性転換に一定の要件は必要となるにしても、高額な手術代や手術と言う肉体的ストレスをかけることなく可能となる制度を作って行く必要があると思います。世界を見ると、性別適合手術を受けなくても法的性別変更が認められる国は、イギリス、フランス、北欧諸国、中南米諸国など多数あります。

２０１９年（平成31年）１月29日千葉市は、「千葉市パートナーシップの宣誓の取り扱いに関する要綱」を施行し、同日６組のパートナーが熊谷市長から直接「パートナーシップ宣誓証明書」の交付を受けました。それぞれ胸を熱くして受け取ったことは言うまでもありません。立ち会った私も、「レインボー千葉」のメンバーも同様でした。

２０２３年６月同性パートナーシップ制度導入自治体は３２８団体です。しかし国会では、ＬＧＢＴ理解増進法が自民、公明、維新、国民の賛成多数で可決されました。立憲、共産等は、「多数派に配慮するような規定が設けられ、かえって理解を阻害することになりかねないなど、性的少数者の尊厳を守る観点が大幅に後退している」として反対しました。この法律の成立は、当事者や当事者団体が望んでいた内容から大幅に後退して、関係者の納得が得られない内容となったことについては非常に残念でした。

私は、少し飛躍した見解と言われることを恐れずに書かせていただければ、ＬＧＢＴの問題を考えると、日本において「同性婚」、「夫婦別姓」が法律的に認められていないことを含めて、憲法第11条に規定されている「基本的人権の享有」、13条の「個人の尊厳」に関する理念がまだ充分に浸透していないのではないかと思います。14条の「法の下に平等」、24条の婚姻に関する「両性の合意」「個人の尊厳と両性の本質的平等」は、その上に成り立つ規定だと思います。現在の日本の社会情勢において、経済優先の新自由主義が社会にまん延し、一部の「勝ち組」の声が通り、社会的弱者、少数意見が尊重されず、「自己責任論」で切り捨てられていることに危機感を覚えます。一部の声の大きい人の意見が「世間の声」となって社会の同調圧力を強め、少数意見を飲み込んでしまう社会はやがて硬直し、停滞し、破滅への道につながりかねません。今、「新たな戦前」と指摘する意見が出されています。少なくとも今の社会状況は、戦前の軍国主義下における日本の「物言えば唇寒し」といった巷の雰囲気、まともな審議をしないさせない国会の有り様を見ると、「新たな戦前」の指摘は決して飛躍ではないと思います。

その意味で、LGBTの人たちの支援活動は、「人間の尊厳」「人権の尊重」を何よりも大切なものとして、今後も共に取り組まなければならないと思っています。

〈2015年(平成27年)12月　第4回定例会一般質問から(千葉市議会ホームページ会議録の検索と閲覧より)〉

質問の大きな項目2に移ります。

性的マイノリティーの問題であります。

ノーマライゼーションの考え方が、私たちの社会に広く認識されて久しいと思います。障害者も健常者も特別に区別されることなく、社会生活をともにするのが正常なことであり、本来の望ましい姿であることから、そのための活動や支援の施策が推進されるべきであるとする考え方であります。

しかしながら、性的マイノリティーの人たちに関しては、特別視され、差別されて悩みながら生活している現実があります。ＬＧＢＴの方は、成人の３％から７％存在すると言われております。

日本の名字のベスト４は佐藤さん、鈴木さん、高橋さん、田中さんで、この合計が５％、７００万人いらっしゃいます。佐藤さんも鈴木さんも、珍しい特別な名字ではございません。ごく普通の名字である名字であります。ＬＧＢＴの方は、それだけいらっしゃるということでございます。その人たちを特別視し、差別することは、人道上も、法的にも許されないことであると思います。

各自治体では、渋谷区が平成27年３月、男女平等及び多様性を尊重する社会を推進する条例を制定し、パートナーシップ証明書の発行を開始しました。世田谷区では、パートナーシップ宣誓の取り扱いに関する要綱を１１月に制定し、宝塚市も来年３月に制定すると聞いております。

２０２０年東京オリンピックが開催されます。オリンピックの開催に当たり、開催国日本に突きつけられた大きな課題があります。ＬＧＢＴの問題であります。２０１４年12月８日、国際オリンピック委員会は、オリンピック憲章の改定をいたしました。追加された第６項、第７項を紹介させていただきます。

第６項、このオリンピック憲章の定める権利及び自由は、人種、肌の色、性別、性的指向、言語、宗教、政治的またはその他の意見、国あるいは社会のルーツ、財産、出自その他の身分などの理由による、いかなる種類の差別も受けることなく、確実に享受されなければならない。

第7項、オリンピック・ムーブメントの一員となるには、オリンピック憲章の遵守及びIOCによる承認が必要である。このように改正されたわけであります。

ロンドン市は、この問題についてもともと先進的な取り組みを行ってまいりましたが、オリンピックに当たり、開会式、閉会式に当事者のアーティストを参加させるなど、積極的にLGBTへの配慮を進めた結果、大きな成果と高い評価を得たのであります。

2020年の東京オリンピックについては、今のところこの問題について明確な方針が示されておりませんけれども、メーンスタジアムの建設やエンブレムの決定以上に大きな課題であるかと思うわけであります。

本市の幕張メッセで、オリンピックではレスリング等3種目、パラリンピックでは車椅子フェンシング等4種目が開催される以上、千葉市としても、この問題を避けて通ることはできないと思います。千葉市会場の成功のためにも、LGBTの問題の積極的な対策を進める必要がございます。

そこで、性的少数者の人権問題については、まず1点目は、性的マイノリティーに対する支援対策の実施状況について、これは市長のマニフェストにも掲げておられる課題でありますが、お尋ねをいたします。

（中略）

この問題については、第1段階として、庁内の女性職員の活躍推進施策を進めるということは、当然のことであろうかと思いますけれども、ダイバーシティという以上は、性的マイノリティーの問題も、そこに当然含まれなければならないというふうに思っておりますので、ぜひひとつこの部を推進して、推進を図っていただきたいと思っております。

続きまして、同性婚についてお尋ねをさせていただきます。

同性婚といいますと、大変まだ日本においては違和感を持つ方が多いのではないかなというふうに思っておりますが、しかし世界を見てまいりますと、決してそのようなことではないという状況についても、認識をしていかなくてはならないのではないかというふうに思っております。

我が国においては、民法上も認められておりませんけれども、しかし世界ではオランダ、スウェーデン、フランス、イギリス、カナダ、アメリカなど欧米を中心にして、20カ国以上で法律上認められております。しかも、登録パートナーシップを持つ国につきましては、フィンランド、イタリア、スイス等、25カ国・地域以上でありました。アジアでは比較的少ない状況がございます。しかし、そのアジアでも、タイ、台湾、ベトナムが、既にこの同性婚を認めるための法案を国会で審議中ということでもございます。そういったことを踏まえて、さっき申し上げたオリンピックを迎えるに当たって、これらについて日本も大きな課題にしていかなくてはならないのではないかというように思います。

そこで、法律上の同性婚までは今後の課題としつつも、当面、千葉市におきましては、グローバルシティ、ダイバーシティを目指すためにも、同性パートナーを認めるような施策について条例の制定、あるいは要綱作成を含めて取り組むべきではないかなというふうに思っておりますが、見解をお尋ねいたします。

JFE・中国電力の石炭火力反対の質問を行う

2018年（平成30年）9月第3回定例会の一般質問で、JFEと中国電力が千葉市中央区のJFE千葉製鉄所敷地内で石炭火力発電所の設置計画を進めていることを取り上げました。それまでも、市議会では、共産党議員や市民ネットワーク議員などがこの問題を取り上げてはいました。しかし、取り上げ方はやや平板すぎていました。私といたしましても、充分な関心を持っていましたが、同じ会派内に民主党籍は持っていませんでしたがJFE労組出身の議員が2名おりましたので、正直遠慮していました。しかし、今期をもって市議を引退する決意を固めていたことと、スウェーデンのグレタ・トゥーンベリさんの影響もあり、ここで質問しなかったら自分の市議会議員人生に汚点を残すとの決意で、この問題を取り上げることにしました。

そこで、この問題を取り上げると地元の田嶋要衆議院議員が、連合千葉内で影響力の強い基幹労連ＪＦＥ労組との関係に影響を受ける可能性を考慮して、彼に相談しました。彼は、そんな懸念は必要ないとして、逆に彼の親しい千葉大学の環境専門家である倉坂秀史教授を紹介してくれました。２０１８年8月24日田嶋衆議院議員と共に、千葉大学の倉坂秀史教授の研究室を訪ね、石炭火力発電所に関する環境負荷の問題と、石炭火力発電を廃止し建設を抑制する世界的な流れに関してレクチャーを受けました。先生は、事業者が市当局に説明して計画している石炭火力が、「超々臨界圧石炭火力発電方式」でCO_2（二酸化炭素）排出を大幅に減らすという説明がされているが、実はそれでも天然ガス発電の2倍以上の排出であることをデータを示して説明してくれました。そして、世界の流れとしては、ヨーロッパを中心に石炭火力を廃止し、あるいは設置計画を見直して再生可能エネルギー利用に大転換していること、さらにこの傾向を受けて世界的な金融・銀行も、石炭火力への融資を中止・撤退しているという傾向についても伺いました。私は、千葉市における石炭火力の設置を止めさせることは、千葉市の地球温暖化防止計画に沿った主張であり、また過去に大気汚染で公害病を発生させ、そのため永年工場の公害防止に努めてきたＪＦＥの努力を無にすることではないかとの確信を強め、詳細な質問を行うこととしました。

そこで質問にあたり、ＪＦＥ千葉工場を訪ね、この質問を行うことの「仁義」を切ることとしました。「御社の石炭火力が千葉市の環境政策にもとり、世界の流れからしても御社の経営にプラスになるとは思えない。むしろマイナスの結果をもたらすことになるのではないかと心配している」と倉坂教授のレクチャーを受けた内容を含めて説明し、「決して御社に公害企業のレッテルを再び張るつもりはない、むしろ千葉市の経済発展に多大な貢献をされた御社が、今後とも本市経済の基幹企業として発展をしてもらいたい為での質問である」と石炭火力の中止を求める議会質問内容を「力説」しました。さらに、スウェーデンでは、製鉄所が大量のCO_2を発生させることから、「水素製鉄」が既に実用化されており、JFEがそのような製鉄所への転換を図るということなら、千葉市として支援対策を検討させるとも話しました。すると工場責任者のI氏は、「それって市長から布施議員に質問するよう話があったのですか」と私の目を覗き込むように聞いてきました。もちろんそんな事実は全くありませんし、笑顔で否定し「私のポリシーです」と答えました。2018年（平成30年）10月2日、私の一般質問当日、JFEスチールの社員の方は、私の質問を多分傍聴してくれたと思います。

この質問の後、2018年12月27暮れも押し詰まった「御用納め」の前日、中国電力株式会社、JFEスチール株式会社、千葉パワー株式会社は、共同で「石炭火力発電所共同開発の検討中止」を発表しました。これは、I幹部社員氏の決断だと内心で受け止め、経営者としての素晴らしい見識を発揮して頂いたと、感謝の気持ちでいっぱいでした。以下に、石炭火力に関する質問の抜粋を掲載します。

〈2018年（平成30年）9月　第3回定例会布施貴良質問（千葉市議会ホームページ　会議録の検索　閲覧より抜粋）〉

それでは、2回目の質問をいたします。

まず、地球温暖化対策についてでありますが、政府は、２０１５年6月に地球温暖化対策推進本部において、２０３０年度に温室効果ガスの排出量を２０１３年度比で26％削減するという目標達成のため、省エネ・低炭素型の製品への買いかえ、サービスの利用、ライフスタイルの選択など、地球温暖化対策に資する賢い選択をしていこうという取り組みのクールチョイス、クールチョイスと言われると、ホットコーヒーではなくてアイスコーヒーのほうじゃないかと、そんな感じもしないわけではないですが、こういった国民運動を提唱しております。

先ほどの答弁にもございました。千葉市として、これに積極的に呼応していこうという姿勢を評価いたします。地球温暖化物質CO_2の抑制と削減に向けた取り組みの課題については、市全体の温室効果ガス排出量の6割を占める産業部門において、大規模事業者による省エネ法の着実な履行と省エネ法の適用を受けない中小企業の取り組みが目標を達成する上での課題というお答えでございました。

そこでお伺いをいたします。

1点目は、千葉市を含めた東京湾周辺の石炭火力発電所の設置計画については中止されたものもあると聞いておりますが、それを含めて何カ所と把握しているのか。また、石炭火力発電所の問題点は何か、お答え願います。

2点目は、千葉市に計画されている石炭火力発電所の環境影響評価の現状と見通しについてどのようになっているのか、伺います。

3点目は、石炭火力は、総合資源エネルギー調査会の火力発電に係る判断基準ワーキンググループ報告書によりますと、最新技術の超々臨界圧、略でUSCと言うんだそうでありますが、それでもLNG火力の2倍以上のCO_2を排出すると言われております。千葉大学の倉阪秀史教授の試算によりますと、千葉市に計画されている石炭火力発電所の年間CO_2の排出量は、599万9000トンであり、2013年における千葉市のCO_2排出量1533万2000トンの39%、約4割を占める計算となります。

こうした中で、ESG投資、これは環境、Environment、社会、Social、企業統治、Governanceの頭文字ですね、に配慮している企業を重視、選別して行う投資のことでありますけれども、日本では、年金積立金管理運用独立行政法人が昨年、運用資金の一部をESG投資に振り向けると表明をし、内外で投資家、金融団によるESG投資残高が2500兆円にも達している、急増しているほか、日本生命、第一生命等、大手生命保険会社が石炭火力発電への新規投融資をしないことを決めたほか、三つのメガバンク、三井住友、みずほ、三菱UFJも、石炭火力への投融資を厳格化するなど、ダイベストメント、投資の撤退が進行しています。世界ではアップルが、日本ではイオンやリコー、積水ハウスが再生エネルギー100%を目指す企業ネットワーク、RE100に参加するなど、その勢いが加速をしています。

このような石炭火力発電に対する投資、金融の面と発電した電気の需要の両面から、石炭火力に関する環境は極めて厳しく、千葉石炭火力の2030年時点での稼働が可能かどうか不安であります。何よりも、千葉市地球温暖化対策の達成に支障となる事業となりかねないと思われますが、見解を伺います。

環境局長（米満　実君）　２回目の御質問にお答えします。

初めに、地球温暖化対策についてお答えします。

まず、東京湾周辺の石炭火力発電所の設置計画数及び問題点についてですが、東京湾周辺の計画につきましては、環境影響評価法の対象事業として、（仮称）蘇我火力発電所建設計画に加え、（仮称）千葉袖ケ浦火力発電所１、２号機建設計画、（仮称）横須賀火力発電所新１、２号機建設計画について、手続が進められております。このほかに、市原火力発電所建設計画がございましたが、昨年6月に法の手続が廃止され、計画が中止となっております。

石炭火力発電所の問題点といたしましては、ＬＮＧを使用した発電に比べCO_2の排出量が多いことや現状では石炭火力発電所の新設、増設計画が多数存在し、このままでは２０３０年度の国の温室効果ガス削減目標の達成に深刻な支障を来すことが懸念されること等が挙げられます。

次に、本市で計画されている石炭火力発電所の環境影響評価の現状と見通しについてですが、本年7月20日に発出された経済産業大臣通知をもって、環境調査の項目や調査方法の詳細、環境影響の予測手法等が記載された環境影響評価方法書に関する手続が完了したところでございます。

現在、事業者は、方法書に対する関係自治体からの意見を踏まえ、環境調査等を実施しているところであり、今後、調査結果、環境影響の予測及び評価結果等が記載された環境影響評価準備書が提出される見込みとなっております。準備書が提出された際には、内容が適切であるかを確認した上で、学識経験者で構成される環境影響評価審査会の意見を踏まえ、市長意見を述べてまいります。

次に、本市で計画されている石炭火力発電所は、地球温暖化対策の支障となり得ることに対する見解についてですが、地球温暖化対策の推進に関する法律では、温室効果ガスの排出とは、人の活動に伴って発生する温室効果ガスを大気中に排出することや他人から供給された電気もしくは熱を使用することなどとされ、火力発電所から排出されるCO_2につきましては、市民や事業者など電力を使用した側で算定することから、本市の削減計画に直接含まれるものではございません。

しかしながら、本市といたしましては、可能な限りCO_2を削減することは重要であると認識しており、方法書に対する市長意見において、温室効果ガス排出量削減に向けた取り組みを明らかにすることや省エネ法に基づくベンチマーク指標を達成できないと事業者が判断した場合は、事業の見直しを検討することなどの意見を述べたところです。

今後も、環境影響評価の手続において、厳しい姿勢で削減対策が確実に実行されるよう事業者に求めてまいります。

それでは、３回目の質問をさせていただきます。

まず、環境対策、地球温暖化対策についてであります。

石炭火力を含む火力発電所については、市民や事業者など電力を使用した側で算定するという方式、千葉市の削減計画に直接含まれないというのは、国の制度とは言いながらも、極めて私は不合理だと思います。（「そうだ」と呼ぶ者あり）発電事業者は、幾らCO_2を出してもよいということになってしまうと思います。消費者に一方的に省エネを押しつけるものであります。しかしながら、現に大量にCO_2を排出することには間違いないのでありまして、電力の生産は、石炭よりＬＮＧの方がCO_2を出さない。太陽光、風力などの再生可能エネルギーはCO_2を全く出しません。千葉パワーの石炭火力発電計画については、CO_2の排出が問題なのです。

このほかの、例えば、硫黄酸化物、窒素酸化物、粉じん等の大気汚染物質あるいは水質汚濁物質については、現在の技術であれば、相当程度除去できるはずです。旧川崎製鉄、現ＪＦＥスチールは、その対策に県と市と協力をし、全力を挙げて取り組まれてきたと私は思っております。しかし、CO_2に関してだけは、これは除去できないのです。除去する技術は研究段階で、まだ確立されておりません。

千葉パワー株式会社石炭火力発電所については、千葉市の環境政策推進の立場から、ＬＮＧ発電への切りかえを求めるように要望いたします。また、他の東京湾周辺の石炭火力についても、計画を中止し、ＬＮＧ等への変更を求めるよう、九都県市で取り上げるべきだと考えております。これは強く要望いたします。

私は、単にこの石炭火力が公害企業だというレッテルを張るつもりはないんです。ただ、世界の流れからすると、私は間違いなく、これは経営上問題が発生するだろうというふうに思っております。これは金融団の問題と、それからもう一方では事業化の問題ですね。業務を千葉市内の店舗では再生可能エネルギーを100%使うと、これは2030年度に目標にしているんですね。ですから、化石燃料を使った石炭火力発電所の電気は買わないという意味合いなんです。ですから、そこを私は、会社の立場、それから千葉市の環境の立場、両方から私は問題があるんじゃないかというふうに考えております。

千葉市地球温暖化対策実行計画改定版では、次のように記載をされております。地球温暖化は、市民生活に身近なものであり、市民、事業者、市が一体となり、温室効果ガス排出削減に継続的に取り組んでいくことが何よりも大切です。次世代に引き継ぐ豊かな環境の実現のため、目標年度である平成42年度、2030年度に向け、点検、評価を行いながら、本計画を着実に推進するとあります。そのことを断固として実現するように、強く要望をいたします。

第5章

千葉市議会議員としての集大成

議員生活最後の一般質問

２０１９年3月5日、私の10期、足掛け40年にわたる千葉市議会議員活動の最後を締めくくる一般質問を行いました。4月の統一地方選挙・市議会議員選挙を控えた定例市議会では、この期で引退する議員に、慣例で一般質問の最後に質問順を割り当てられることとなっています。と言うわけで、議員生活最後の質問に登壇することになったのです。

一般質問のテーマをどうするか、この間千葉市議会で10期務めてきた議員としては、大きなテーマを設定し、最後に熊谷市長の答弁で締めくくろうと考えました。そこで、国は２０１４年（平成26年）「まち・ひと・しごと創生法」を制定し、全国の自治体に「まち・ひと・しごと創生総合戦略」の策定を要請していました。千葉市では、人口減少の克服と地域の活性化に取り組み、千葉市独自の「まち・ひと・しごと創生、地方創生」を実現するため、平成28年3月、「千葉市まち・ひと・しごと創生人口ビジョン・総合戦略」を策定しました。その後、統計データ等の更新を踏まえ、２０１８年（平成30年）12月、「千葉市まち・ひと・しごと創生人口ビジョン・総合戦略」改訂版が策定されました。今後の人口減少社会に向けて、千葉市として活力ある社会を維持していくための総合的な方針であり、中長期を見据えた千葉市の市政運営の基本となる計画となります。これをテーマとすることが、私の議員生活40年を締めくくる質問に相応しいと考えました。

森田朗先生のレクチャーを受ける

森田朗先生を思い出しました。先生は、東京大学公共政策大学院長を退官された後、津田塾大学の教授をされていました。津田塾に来られる前、2014年-17年国立社会保障・人口問題研究所長をされていました。私の最後の質問にあたり、少し図々しいとは思いましたが、先生のレクチャーを頂きたいとお願いすることにしました。先生は、千葉大学で教鞭をとられていた1993（平成5年）頃、地方分権が国・地方の大きな課題となっていたなかで、千葉大学のリカレント教育の一環として、行政手続法の研修会があり、その講師をされました。県や市町村の職員が主な受講対象者でしたが、元千葉県職員の現職千葉市議として大いに関心を持ち、受講を申し込みました。その講師が森田先生であり、貴重な出会いでした。その時いくつか講義内容にかかわる質問をしたかもしれません、先生も市議会議員が受講生になることで珍しいというか一定の評価を頂いたと思います。それが先生との知己を得たきっかけでした。その後森田先生は東京大学に移られ公共政策大学院長になられました。私は、2005年（平成17年）12月〜2006年9月（全10回講座）の民主党千葉県連第一期政治スクール担当として、森田先生に講師をお願いしたところ快くお引き受け頂き、「これからの国と地方の在り方について」を講義していただきました。この時は、廣井良典千葉大学教授（当時・現京都大学教授）にも、「これからの社会保障、社会の在り方について」のテーマで講師をお願いしています。森田先生には、翌年2007年（平成19年）11月にも政治スクール講師をお願いし「政権交代の意義と課題」と言う大テーマでお願いしました。森田先生に、最初に政治スクール講師をお願いした時に、先生は「私で良いのですか」と聞かれました。一瞬その質問に意味を飲み込めませんでしたが、先生は「民主党のブレーンの立場ではなく、学者としての立場からの話しですよ」と言う意味であったと解釈しました。私は是非もなく、「先生しかいません」と答えました。私は、民主党に政権を取らせたいと真面目に思っていました。その夢はわずか4年後に突然来たのです。ちょっと早すぎましたが。

私としては、民主党の一県連ではありましたが、その政治スクールには、日本でトップクラスの学者・専門家を揃えて、政権党を目指す気概を内外に示したかったのです。当時の松崎公昭県連代表・衆議院議員千葉8区（故人）、加賀谷健幹事長・県議会議員その後参議院議員（故人）両氏は、「布施に任せる」と全面的にプロジェクトを委ねてくれました。森田先生は、その後も介護保険制度の発足にあたって、認知症高齢者の増加が見込まれることから、民法の成年後見制度における「成年後見人」の不足を補うため、「市民後見人」を育成することが必要であるとして、東大に開設された「市民後見人育成講座」で講師を務められていました。私は、ＮＰＯの仕事の関係もあり、早速その受講生となりお世話になりました。半年間の受講でしたが、ちょっぴり「東大生」の気分を味わい、何とか修了証書を頂きました。

そうしたご縁もあり、私の最後の質問にレクチャーをお願いしたところ、超多忙な、一流経済人や霞が関の高級官僚に講義する立場の先生が、一介の千葉市議会議員の質問のレクチャーを快諾してくれたのです。２０１９年2月14日先生は、霞が関ビルの１階レストランを予約してくれました。そして、「日本そして世界の人口動態がもたらす政治経済社会的課題」―その解決に向けて―と言うパワーポイント形式のレジュメを用意して頂いて、お話してくれました。私としては、これまで市議を務められたこと、31歳で政令指定都市千葉市の市長となった熊谷俊人氏を曲がりなりにも支えることが出来たこと、政治スクールの講師を引き受けて頂き民主党千葉県連に大きな知的刺激を与えて頂いたことに、まずは感謝の気持ちを少しでもお伝えしたかったのですが、先生に貴重な時間をさいて頂きたいへんな厚遇に感謝の気持ちでいっぱいでした。その先生のレクチャー、レジュメをどれだけ生かせたかは、自信がありませんがしっかりと胸に受け止めて質問をいたしました。

議長の指名により最後の質問に登壇しました。大きな拍手がかなり長く議場に響き、同僚議員のお気持ちに胸を熱くしました。精一杯の質問を行い、議場の執行部や先輩同僚議員に感謝と健康での活躍さらに市政の発展と千葉市民の幸せを祈り、最後に熊谷市長の答弁を頂き、私の最後の質問を終えました。

質問を終えて、控室に戻ると共産党の女性議員からなんと花束が届きました。彼女の決して紋切り型でない、充分な調査を踏まえたＤＶ問題の質問を高く評価したことがありました。子育てしながらの議員活動も他党ながら応援の言葉をかけていました。そのことへの彼女の思いとして有難く頂戴しました。後日、同じ共産党の男性議員からも花束が贈られてきました。自分としては、共産党議員とも分け隔てなく付き合い、評価すべきものは評価してきましたが、花束までいただくとは思ってても見ませんでした。うれしかったです。同じ会派の皆さんには、盛大なお別れ会を開いていただきました。

〈足掛け40年の市議会議員生活を締めくくる最後の一般質問　千葉市議会ホームページ　会議録の検索と閲覧から抜粋〉

○48番（**布施貴良君**）　未来民主ちばの布施貴良でございます。盛大な拍手を、私の最後の質問でございますので頂戴したわけでございますが。今定例会の最後の質問でもございますが、私にとりましても、10期足かけ40年にわたりまして議員活動の最後の質問になるわけでございますので、ひとつ、よろしくお聞き取りのほどお願い申し上げます。

私が初当選いたしましたのは１９７９年、昭和54年でありますけれども、千葉市の人口は73万７０００人余りでございました。当時は、千葉県の県庁所在地、京葉工業地帯の中心都市として発展途上にありました。その後、１９９２年、平成４年に政令指定都市に移行し、現在は人口97万人を超える全国有数の大都市へと発展いたしました。

かつては、若い都市と言われた本市も、今や成熟期を迎えております。そして２０２０年、来年からは人口の減少期に入るとされております。私は、戦後のいわゆるベビーブーム期に生まれました団塊の世代の一員であります。物が不足する時代に成長期を過ごし、小中学校時代は私たちの学年が卒業すると給食が始まったり、あるいは体育館、プールができ上がったりいたしておりました。

人口や経済、給料と国民生活、道路と公共交通機関、上下水道等の都市基盤整備など、全てが右上がりでした。ところが、今や少子・超高齢化に入り、人口の減少、経済もかつて「ＪＡＰＡＮ　ＡＳ　Ｎｏ．１」と称され、アメリカを追い越すと言われた日本のＧＤＰも、２０１７年、ＩＭＦ統計で中国の約４割となり、１人当たりでは、世界第25位となっているのであります。

日本全体が少子超高齢化時代を迎えて内向きになっているのではないかと、不安感や悲観論が社会を覆いつつあるのではないかとの懸念が私の中にもあります。

こうした中で、国は２０１４年、平成26年、まち・ひと・しごと創生法を制定し、全国の自治体にまち・ひと・しごと創生総合戦略の策定を要請したところであります。

そこで、本市においても、人口減少の克服と地域の活性化に取り組み、千葉市独自のまち・ひと・しごと創生、地方創生を実現するため、平成28年３月、千葉市まち・ひと・しごと創生人口ビジョン・総合戦略を策定いたしました。その後、統計データ等の更新を踏まえ、昨年２０１８年、平成30年12月、千葉市まち・ひと・しごと創生人口ビジョン・総合戦略改訂版が策定されたのであります。本計画が千葉市の、千葉市民にとっての明るい未来への道しるべとなることを期待して、私の議員生活40年を締めくくる質問をさせていただきたいと思います。

まず、「千葉市まち・ひと・しごと創生　人口ビジョン・総合戦略」についてであります。

まず、基本的な考え方をお尋ねいたします。

千葉市が目指すべき人口の将来展望、ちばシナリオとして、人口減少・少子超高齢化社会に果敢に挑戦し、交流と共創による自立した圏域をつくり出す、すなわち、ちば共創都市圏の確立を目指すとありますが、ちば共創都市圏とはどのような概念なのか、伺います。

次は、ちばシナリオを実現する、「7つの重点戦略」についてであります。

総合戦略は、ちばシナリオの実現を目指して、三つの都市経営の方針を掲げています。すなわち、一つ、自立したちば共創都市圏を支え、活力の中心となる都市へ、二つ、産業と経済、地域社会の活性化を推し進め、魅力あふれる都市へ、三つ、人口減少・少子超高齢社会を見据えた成熟都市へであります。

それぞれを踏まえて、七つの重点戦略が掲げられていますが、それぞれ、内容をお伺いいたします。

まず1点目は、七つの重点戦略について、それぞれEBPM、Evidence Based Policy Makingと書いてあります。根拠に基づく政策づくりの概念でありますね。それからSDGs、これは国連で決められた持続可能な開発目標の考え方でありますけれども、これらに基づいているかどうか、お答えいただきたい。

2点目、重点戦略1でありますが、自立したちば共創都市圏で、私たちが果たす役割の追求についてであります。

この中で、東京でも地方でもない新しい価値観をともに創るちば共創都市圏を形成するとありますが、東京でも地方でもない新しい価値観とは何か、御説明いただきたい。

3点目でありますが、重点戦略の2であります。都市の活力を支える産業の振興と人材の育成についてであります。この点は、特に起業精神の涵養と再チャレンジ可能な制度の確立が重要と考えます。

2項目伺います。

我が国は、近年起業精神が外国に比べて薄く、特に若者にそれが顕著であると言われております。若者にその責任を押しつけるわけにはいきません。それは親世代の影響もあると思います。公務員、大企業に就職してほしいという安定志向であります。しかし、少子超高齢化社会というからこそ、若者を中心として起業家精神を涵養していくことが重要であります。外国にも学んで、視点を変えて制度を整える必要があると思います。

そこで、一つとしては、起業家精神にあふれる人材の育成についてどのように進めるのか。

二つは、従来の補助金、融資中心の制度から、投資環境の整備、確立が重要と考えますが、どのように考えるのか。

融資では、たとえ利子補給があったとしても、失敗したら借金を背負うことになるわけであります。再チャレンジがこの場合には困難となるわけであります。再チャレンジを可能にするためには、よいアイデア、創意工夫のある試作品には、投資が必要であります。この二つについてお答え願います。

4点目でありますが、重点戦略の3です。出産、子育ての希望をかなえ、若い魅力にあふれたまちづくりについて伺います。

きめ細かな子育て支援施策を推進し、こどもを産み育てたい、こどもがここで育ちたいと思うまち、ちばの実現を目指すとあります。また、もう一方、諸外国と比較して、日本の子供たちは自己肯定感や向上心が低く、将来への希望を持てない割合が大きいとされております。子供たちの自立性、社会性、自治意識を育んでいく必要があるとも指摘しています。保育や子育ての施策は、少子化対策として他の施策よりも最優先してしかるべきものと思います。

今、児童虐待が全国で激増している状況があります。これらについては、現代は核家族化が極端に進んでしまった都市生活において、厳しい仕事と生活に追われる父、母、保護者が育児に余裕を持って行い得ず、悩み苦しむ姿がこの児童虐待の激増にあらわれていると思います。

そこで、3項目お伺いいたします。

1点は、核家族化が極端に進展する中で、子育て世代を支援する施策についての考え方について。

二つ目は、児童虐待について、社会的な背景にメスを入れることが重要でありますが、当面、児童虐待にならない、させないための児童相談所の機能強化と関係機関の連携体制についてどのように取り組みを行うのか、伺います。

３点目は、子供の自立を促進するとともに、子供が主役となって考えるまちづくりはどのような考え方なのか。

以上、それぞれお答え願います。

５点目でありますが、重点戦略４に関してであります。高齢者が心豊かに暮らせるまちづくり、人生１００年とは、何となく響きのよい、おめでたくも聞こえますが、それは大家族に囲まれた、比較的裕福な一部の家庭なら、おめでたくも、ほほ笑ましくもあると思います。しかし、それは現実を考えると、支援を必要とする要介護、あるいは要治療の高齢夫婦、ひとり暮らしの高齢者が多数、町の中に住んでいるということでもあります。高齢者の孤立、孤独の問題は、ますます深刻化すると思われます。

そこで、地域包括ケアシステムの構築とは、どのような境遇のお年寄りであっても、その方にふさわしい尊厳ある人生が全うできるように支援することであると思います。これについてお伺いいたします。

人生１００年時代を見据えながら、地域包括ケアシステムをどのように構築していくのか、お答え願いたいと存じます。

６点目は、重点戦略５、都市資源を活用し、人と人とがつながるまちづくりであります。

幕張新都心については、国家戦略特区の活用、2020オリパラ開催、新駅設置、さらに若葉地区の大規模住宅団地の開発など、さらなる発展が見込まれるところであります。

2項目、伺います。

1点目は、幕張新都心の競争力強化について、その考え方と方向性について伺います。

2点目は、幕張新都心における起業促進についてであります。

幕張新都心の各企業群、就業者にはさまざまな先端的、知的資産が集積していると思われます。これらの企業や人材に、交流や共同研究等の場を提供し、支援して、新都心中瀬地区、若葉、豊砂地区の起業地化を促進すべきではないか、御見解を伺います。

7点目、重点戦略6でありますが、千葉市を知り、そして好きになる仕組みづくりであります。

1点目に、千葉市にアイデンティティーがあると思う人の割合が5割には達していない状況であります。

そこで、千葉市の四つの地域資源、加曽利貝塚、オオガハス、千葉氏、海辺を広く市民に周知し、来訪者にもわかりやすく知ってもらうための施策の充実が必要であります。私は、千葉市にアイデンティティーがあると思う人の割合を8割くらいまで引き上げる必要があるんじゃないかと、このように思っております。

そこで、千葉駅東口再開発事業に合わせて、4地域資源を象徴するモニュメントを配置し、大型スクリーンも設置して、4地域資源を動画で紹介する番組を流してはどうか。

イとして、都市アイデンティティー確立のいま一つの進め方でありますが、市制施行100周年を記念して、千葉市民はもとより、全国でもカラオケで盛んに歌われるような千葉市にまつわる市民の歌の創設について、市民公募等の方法により行ってはどうか、見解を伺います。

同僚の亀井議員が千葉市歌をもっとはやらせてはどうかと、そういう御提案もございまして、これはこれで、非常に大事なことではあると、このようには思っておりますが、いま一つですね、例えば、横浜市。横浜たそがれとかね。札幌市へ行くと、ありますね、石原裕次郎の歌とかね。仙台市、青葉城、青葉城恋唄、こういうのを千葉市で欲しいんですよ、私は。こういう歌をやっぱり市制100年を記念して市民につくってもらったらどうかなと。千葉大学にも作曲家の教育学部の先生がおりますから、こういう先生に作曲をお願いするという手もあるんじゃないかなと思っております。

８点目、重点戦略７でありますが、未来へと引き継がれるオリンピック・パラリンピックレガシーの創出について。

オリンピック・パラリンピックにたくさんのお客さんを迎えることができ、オリパラ７競技が大きく盛り上がる中で開催に成功し、選手も来訪者も、千葉市と千葉市民の対応に満足していただくことが第一の目標であります。

その延長に、レガシーとして、それぞれ多様な個性と生き方を持った人たちがお互いに認め合う共生社会の実現を目指すことが大事だと考えております。特に、私はロンドンオリンピックでもＬＧＢＴの人たちが開会式、閉会式の式典にかかわりまして、大成功したんです。そこからオリンピック憲章が改正になり、ＬＧＢＴに関して、性的少数者の差別をしてはいけないと、こういう規定がされ、これが今、東京オリンピック・パラリンピックに向けて、この日本国内でも盛んに、いわゆるＬＧＢＴの対策が促進されているところであります。

そんなわけで、特にＬＧＢＴの人たちも普通に暮らせる町、外国人も住みやすい、活躍しやすい町のあり方について、どのように構想しているのか、お答え願います。

以上で、１回目の質問といたします。（拍手）

◯総合政策局長（大西公一郎君） 初めに、千葉市まち・ひと・しごと創生人口ビジョン・総合戦略における基本的な考え方についてお答えします。

ちば共創都市圏の概念についてですが、本市は、東京湾に面した海辺と緑豊かなグリーンエリアを有し、三方を海に囲まれた中に山々が存在する房総半島の豊かな自然資源の入り口に立地しております。また、本市人口の社会増が本市以東、以南を中心とする周辺地域からの流入に支えられているのみならず、その通勤先となり、また商圏として高い拠点性を有していることなどとも符合して、本市が首都圏、他の政令市と比較して高い昼夜間人口比率を保持しているなど、本市及びこれら地域を含む圏域は、自然、人口、経済活動、生活実態などにおいて一体性を有しているものと考えております。

既に、本市の周辺地域で人口減少が始まっている中、本市が将来にわたり活力を維持していくためには、本市のみならず、圏域全体として人口減少の克服と地域経済の活性化に向けて取り組む必要があることから、この圏域をちば共創都市圏と位置づけ、取り組みを進めているところであります。

次に、七つの重点戦略は、それぞれＥＢＰＭとＳＤＧｓの考え方に基づいているのかについてお答えします。

まず、ＥＢＰＭについてですが、現在の国の基本方針で、地方創生の政策の企画実行に当たっては、経済、社会の実態に関する分析を行い、ＥＢＰＭの考え方のもと、ＰＤＣＡサイクルを確立することと示されているように、本市でもその考え方に基づき、人口ビジョン・総合戦略を策定しております。

次に、ＳＤＧｓについてですが、持続可能な開発目標、いわゆるＳＤＧｓは、平成27年９月に国連サミットで採択され、29年12月に、初めて我が国の総合戦略に位置づけられました。平成26年12月に策定された国の総合戦略を勘案して、28年３月に策定。このたび改訂を行いました本市の総合戦略は、ＳＤＧｓにおいて掲げられた幾つかの分野では適合しているものの、その考え方に直接基づいているものではありません。

貧困の撲滅を初め、世界中の誰一人取り残されない世の中をつくっていくことを目指すＳＤＧｓの理念は、地方自治の本市である住民福祉の向上、そして、本市とまちづくりの方向性と底流を同じくするものであり、次期基本計画の策定において適切に対応してまいります。

次に、重点戦略１についてお答えします。

東京でも地方でもない新しい価値観についてですが、本市を含むちば共創都市圏は、東京に近接しながらも容易にアクセスが可能な海辺と日本の原風景である里山から、少し足を伸ばせば緑の山と青い海までグラデーションに富む貴重な自然資源を豊富に有すると同時に、千葉都心や幕張新都心など、働く場合としての高い拠点性や買い物、質の高いサービスの提供といった部分で都市的な利便性も有しており、いわゆる田舎と都会、どちらの魅力をも日々の生活の中で日常的に享受、満喫できる希有なエリアであると認識しております。

こうしたメリットを存分に活用し、一人一人の市民が自身の時間をより有効に使うことを可能とする千葉に住み、働き、遊び、憩い、学ぶ、そうした豊かなライフスタイルを本市、そしてちば共創都市圏が提供できる独自の価値観として確立し、高めてまいりたいと考えております。

次に、重点戦略5についてのうち、所管についてお答えします。

幕張新都心の競争力強化の考え方と方向性についてですが、幕張新都心は、未来型国際業務都市として幕張メッセを核とした国際的な業務機能や先端成長産業の中枢的業務機能、研究開発機能の集積など、先進的なまちづくりを推進してきており、多くの人々が住み、働き、学び、訪れる町として大きく発展してまいりました。

しかしながら、これまでの先進的な取り組みに基づく優位性を維持し、この先も持続的に成長していくためには、現状で立ちどまることなく、未来を見据えながら新たな価値を創造し続けていくことが重要であると考えます。

若葉住宅地区の進捗やＪＲ京葉線新駅設置といった新たなまちづくり上のインパクトも契機として、幕張新都心の次のステージに向け、国家戦略特区を生かした先進的な取り組みや公共空間の積極的な活用、町の機能間の交流促進、夜間の経済、文化の振興など、これまでにない技術、機能の導入や新たな領域の取り込みのほか、地元企業などによる町の価値向上のための活動との連携などにより、これからの時代にふさわしいまちづくりを進めていく必要があると考えております。

次年度からは、幕張新都心とかかわるさまざまな主体が共有でき、これからのまちづくりの方向性を示す将来ビジョンの策定に向け作業を進めていくこととしており、そのビジョンのもとで選ばれ続ける未来都市を目指し、地域と一体となってまちづくりに取り組んでまいります。

次に、重点戦略６についてのうち、所管についてお答えします。

市制施行１００周年を記念した市民の歌の創設についてですが、今、多くのアーティストが地域を愛する心情の発露として、自分たちの居場所としての風景などを織り込んで楽曲を制作し、これが広く歌われるなどしております。市内外の人々に対して、千葉市らしい風景や文化が根づいていくための取り組み、都市アイデンティティーの確立のための取り組みを進め、こういった活動によって、千葉を歌うアーティストが次々とあらわれ、その歌の中から、つくった人、歌う人、聞く人のものから、みんなのもの、そして地域のものとなる歌が出てまいることを期待しております。

以上でございます。

○経済農政局長（今井克己君）　初めに、重点戦略2についてお答えいたします。

まず、起業家精神にあふれる人材の育成についてですが、本市は、地域における創業の促進を目的として、産業競争力強化法に基づく創業支援と事業計画を策定しており、市産業振興財団、千葉商工会議所及び千葉県信用保証協会が実施する創業者向けセミナーを同計画に位置づけ、地域全体で効果的な起業家人材の育成に努めているところです。

セミナーは、起業に当たり必要となる、ヒト・モノ・カネ・情報の経営4資源についてバランスよく学べるものに加え、ビジネス経験を相当程度有する方を対象に、高度なノウハウを獲得できるものも実施するなど、受講者のレベルに応じたカリキュラム構成により実施しております。

セミナーを主催する産業支援機関は、受講者の円滑な起業に向けた個別相談を実施するなど、きめ細かな支援体制を整えております。

次に、投資環境の整備についてですが、起業家にとって多様な資金調達手段を選択できることが重要であり、来年度は新たにクラウドファンディングの活用を促す事業に取り組むことといたしました。

具体的には、クラウドファンディングの基礎から効果的な活用手法までを学ぶセミナーを開催するとともに、資金募集に要する費用の一部を助成することといたしております。

次に、重点戦略5のうち、所管についてお答えいたします。

幕張新都心の起業促進についてですが、幕張新都心地区は、成長産業である情報通信業が集積しているとともに、さまざまな形態のオフィスが供給され、大手ベンチャーから若手起業家まで集いやすい環境が整っていることから、創業地として大きな魅力を有していると認識いたしております。

本市では、同地区のレンタルオフィスと創業支援に関する連携協定を締結し、起業家の個別相談に対応するとともに、オープンスペースで経営相談会を開催するなど、創業機運の醸成も図っているところです。幕張新都心地区のポテンシャルを生かし、創業支援施策を推進することで、同地区における起業を促進してまいります。

以上でございます。

○こども未来局長（山元隆司君）　重点戦略3についてお答えします。
まず、核家族化が極端に進展する中で、子育て世代を支援する施策についての考え方についてですが、本市では、妊娠期から子育て期までの切れ目のない支援を行うため、母子健康包括支援センターにおいて、応援プランの作成や産後ケアを実施しているほか、子育て支援コンシェルジュによる子育て支援事業の情報提供などにより、保護者の育児不安や負担感の軽減を図っております。

また、喫緊の課題である保育所、子どもルームの待機児童への対応や子供の貧困対策、里親制度の推進など、全ての子育て家庭への支援の充実を図り、市内外の若い世代から子育ての場として選ばれ、安心して子供を生み育てたいと感じることができる環境づくりを推進してまいります。

次に、児童相談所の体制強化と関係機関との連携体制についてですが、高い水準で推移し、複雑多様化する児童虐待通告に適切に対応するため、これまでも、弁護士や警察官ＯＢなどの専門人材の活用とともに、児童福祉司を初めとする職員の増員、研修体制の強化を図ってきたところであり、今後も、子供たちへの配慮がおろそかになることがないよう体制強化に努めてまいります。

また、要保護児童対策及びＤＶ防止地域協議会や本市、県、県警で構成する千葉県人身安心関連事案連絡会議の活用、平成29年に県警と締結した児童虐待事案における情報共有に関する協定書の的確な運用などにより、警察や学校等、関係機関とのさらなる連携体制の強化を図ってまいります。

最後に、子供の自立を促進するとともに、子供が主役となって考えるまちづくりの考え方についてですが、まちづくりは未来をつくることであり、未来を一番持っている子供たちの意見を取り入れ、市政やまちづくりに反映していくことが未来の住みよい千葉市につながるものと考え、こどもの参画を推進しております。

幼少期から青年期に至るまでの子供の発達段階に応じ、社会への関与の度合いの異なるプログラムを用意し、参加体験を通じて市民参加、協働を担う自立した市民への成長を促すとともに、こどもの参画の取り組みを広く内外に発信することにより、引き続き、子供たちが本市で育ちたいと思える町のブランド確立に努めてまいります。

以上でございます。

○保健福祉局長（小早川雄司君） 重点戦略4についてお答えします。

人生100年時代を見据えながら、地域包括ケアシステムをどのように構築していくのかについてですが、高齢者が、支援が必要となっても安心して住みなれた地域で暮らし続けるため、身近な相談窓口であるあんしんケアセンターの増設や職員の増員などにより機能を強化し、小規模多機能型居宅介護など介護資源の拡充を図るとともに、訪問診療を行う医師の増強や、かかりつけ医の普及促進など、在宅医療の充実を図り、在宅医療介護連携支援センターを通じ、医療と介護の連携体制を構築していくこととしております。

また、認知症施策としては、認知症の早期発見、早期対応を目指すため、認知症初期集中支援チームの増設や医療福祉専門職向けの研修の充実、さらには、地域による認知症高齢者見守り体制の構築を進めるとともに、生活支援コーディネーターをあんしんケアセンター圏域ごとに配置し、より身近な生活資源の情報収集と活用、家事支援や見守りなど、高齢者の在宅生活を支えるための生活支援を行うこととしております。

さらに、終末期の医療や介護についての小規模講演会の開催支援や講師の派遣、死後の葬儀、埋葬、財産処分などのエンディングに関する情報提供など、少子超高齢社会におけるさまざまな課題に対する方策を検討してまいります。

以上でございます。

○**都市局長（佐久間正敏君）**　重点戦略6についてのうち、所管についてお答えします。
四つの地域資源を広く市民の皆様に周知するためのモニュメントの配置、大型スクリーンの設置についてですが、現在、千葉駅東口再開発事業に合わせ、再開発組合により駅前広場の一部で改修を行っております。現在の計画では、モニュメントの配置については予定しておりませんが、大型スクリーンの設置については、再開発組合が再開発ビルに設置する方向で検討していることから、今後、公共情報の提供や四つの地域資源を含めた本市のＰＲなどを発信できるよう交渉してまいります。

以上でございます。

○**市民局長（小池浩和君）**　重点戦略7についてお答えします。
本市を訪れるＬＧＢＴや外国人の方々が住みたいと思い、誰もが活躍できるまちづくりについてですが、市民一人一人が性の多様なあり方について理解を深め、差別や偏見をなくすとともに、国籍や言語、文化などについても違いを認め、互いにわかり合え、支え合うことが、誰もが活躍できるまちの実現につながるものと考えております。

そこで、東京２０２０オリンピック・パラリンピック競技大会の開催を契機に、千葉市パートナーシップ宣誓制度や千葉市多文化共生のまちづくり推進指針などの施策をより一層推進することで、国籍や文化、性のあり方などの多様性を理解し、一人一人の個性と能力が尊重される社会の構築を目指してまいります。

以上でございます。

◯48番（布施貴良君）　２回目でございます。ただいまは、各所管より大変丁寧かつ前向きの御答弁をいただき、まことにありがとうございました。

２回目は、要望と、１点のみ市長にお尋ねいたします。

私は、今回の質問を行うに当たり、千葉市まち・ひと・しごと創生人口ビジョン・総合戦略を全文熟読させていただきました。

千葉市新基本計画審議会会長、千葉市まち・ひと・しごと創生会議、北村彰英部会長以下10名の委員の先生方と各所管の職員の真摯な検討により、本市の人口減少・少子超高齢化社会に果敢に挑戦する計画であることが認識できました。委員の先生方と関係職員の皆さんに敬意を表するものでございます。

その上で、何点か御要望を申し上げます。

その１は、重点戦略３、出産、子育ての希望をかなえ、若い魅力にあふれたまちづくりについてであります。

合計特殊出生率は、国の見通しに従い、２０６０年に１・94まで上昇するとしていますが、

2015年の数値は1・35であり、現状では願望的数字にすぎないと思います。それを実現可能な目標とするためには、子ども・子育て最優先の施策を進める必要があります。市民にも、そのことの重要性を理解していただき、子育ては社会全体の責務であることを広く認識してもらうため、このような対策の推進を強くお願いいたします。

明石市でありますが、先だって、テレビ、マスコミ等で、市長が職員に対して暴言を吐いたと、こういった報道がなされたところでありますが、実は、明石市は、子育てに関しては、かなりすばらしい施策をやっているところであります。市長の暴言は、熊谷市長にあっては、当然あり得ないことではあると思っておりますけれども、その明石市長の暴言についてはですね、その背景にあることと、それから実際にやっていることについては、やっぱり分けて考える必要があるんじゃないかと。

端的に申し上げますと、明石市の子供の出生数でありますけれども、2018年の数字では、人口1000人当たりの数字でありますが、9・5という数字であります。

では、千葉市はどうか。千葉市1000人当たりの人口の出生数でありますけれども、これは6・6という数字でございました。私の記憶が間違っていなければ、それだけの開きがあるわけですね。これは、例えば、泉市長が言っておりますけれども、大規模団地ができたら、これは当然子供の数はふえるわけです。しかし、自分たちはそんなことはやっていない。ただ、ひたすら、子供最優先の施策をやってきた。毎年毎年、子供の数はふえているということを言っております。

合計特殊出生率は、これはいろんな状況の中で変化することがあるけれども、ゼロ歳から4歳までの子供の数については、これは地道な活動をやっていかないとふえていかないというんです。明石市は、確かに、年齢が低くなるほどこの人数がふえているんです。要するに、4歳から3歳、2歳、ゼロ歳と年が下がるごとに出生数がふえている。これはまさに、そういった施策の効果のあらわれではないかと思っておりますので、千葉市もぜひそうなるように、やっぱり、地道な活動をしっかりと市長にはやっていただきたいと思っておりますので、よろしくお願いいたします。

次に、重点戦略5の都市資源を活用し、人と人とがつながるまちづくりについてであります。幕張新都心の競争力を強化し、中国・シンセン市のような若者の起業の町とすることが私の夢であります。シンセン市は、私はぜひ訪問したいと思っておりましたが、残念ながら訪問はできませんでした。しかし、私は1月になってから、シンセン市の日本の代表事務所がございますので、そこを訪問いたしまして、さまざまなお話を伺ってまいりました。

シンセン市は、今、アメリカのシリコンバレーに匹敵し、また、それをしのぐようなハイテクの町になっておりました。例のドローンのDJIという会社はここで生まれていますね。若者の起業から始まった。ファーウェイも有名になっております。ファーウェイは有名になってですね、5Gの携帯が世界を席巻する勢いだとということがありまして、これは恐らく、アメリカが戦略上、これを潰したいということの中で、ああいった問題が起こっているんではないかと思いますけれども、いずれにいたしましても、こういう世界の超有名な企業がシンセン市のいわば若者の起業のるつぼの中から生まれているということは、私どもは、率直に、学んでいく必要があるんじゃないかなと考えております。

ぜひ、市長には、こういった若者の起業のリーダーシップをとってもらいたいと、こう思っているわけでございます。

このような幕張新都心の発展のために、私はやはり、都心と千葉を結んでいく、特に幕張新都心を結ぶ第2湾岸道路の整備が必要なんではないかなと思っておりますので、国土交通省、千葉県とも協力して、この促進を図っていただきたいと、このように思っております。これは要望でございます。

最後に、私は、鎌倉資本主義という本を御紹介したいと思っております。

かつて、私が第1期目のあたりでは、結構血気盛んでございまして、旧社会党に属しておりました。この中では、実はマルクス・レーニン主義を標榜していたんです。資本主義に対抗する社会主義を実現しようと、こういうことでございまして、資本主義、とんでもねえというような思いもございましたけれども、きょうは、あれから40年ということで、実は資本主義というものを考え直したんです。

その契機になりましたのが、この鎌倉資本主義という本でありまして、副題は、ジブンゴトとしてまちをつくると。ジブンゴトというのは自分のためにということです。ジブンゴトとしてまちをつくるという副題がついておりまして、著者は柳澤大輔氏、１９７４年の生まれですから、40代半ばになりますか。慶応大学を卒業した方でございまして、おもしろい会社をつくろうと、学生時代から仲間３人が集まって、なおかつ、なぜ鎌倉かというのは、鎌倉が好きだというんですね。鎌倉が好きだからＯＢが３人集まって、鎌倉に面白法人を名乗る、カヤックという会社をつくった。最初は３人、今や３００人の社員が働いているということであります。デジタルコンテンツの制作開発を主力にして、不動産、葬儀、移住支援などの事業を手広く手がけるユニークな会社であります。

彼らは、おもしろい社会をつくっていきたいと考えました。日本中が東京にならなくてよいという思いなんですね。多様性が認められる社会、すなわち一人一人が輝く社会、一社一社が特徴的である企業社会、地域ごとに特徴がある地域社会でございます。誰もが東京を目指すのではなく、地域がそれぞれの個性を強みとして、地方創生に取り組むことはおもしろい。そして、この考え方は、資本主義が直面している課題、地球環境の汚染、富の格差の拡大を克服することになるのではないかという思いに彼らは達したというわけなんですね。

そして、ＧＤＰ拡大がこの弊害を生み出した。ＧＤＰにかわる新しい物差し、地域を中心とした新しい資本主義の形を鎌倉資本主義と称することにしたということであります。鎌倉資本主義を鎌倉で活動しているさまざまな人たちと議論して到達したものが地域資本という考え方だということであります。

その三つの要素として、地域経済資本、これは財源や生産性、普通の会社がどのくらいの規模になっているのか、もうかっているのか、そういうこととほとんど同じですね。それから、二つがユニークでありまして地域社会資本、これは人とのつながりだということです。それから、もう一つは地域環境資本、自然や文化、そういうことですね。

このような鎌倉資本主義は、短期的な経済合理性を追い求めるのではなく、持続可能な資本主義であると言っています。

カマコン、これは意味はよくわからないんですけれども、鎌倉コミューンというようなことでもあるんでしょうか。カマコンと称する鎌倉の異業種交流的地域団体の集まりでありますが、そこでさまざまな議論をするわけですが、ブレーンストーミング、これが大事だということなんです。ブレストと称しておりますが、鎌倉資本主義を形にしたものが、例えば、町の社員食堂、これは、一つの会社の社員食堂から発展して、この加盟する会社がここで食べていいと。それで、加盟した会社の社員がこの町の社員食堂で食べるときには割引があるというようなことだそうです。

選挙を盛り上げようプロジェクトというのをつくった。選挙投票所に行くと、何か、人力車に乗っけてもらえるというサービスをするとか、あるいは、商店で何か選挙の投票に行ったという証明書をもらって買いにいくと、少し割引になるとか。こういったものを若者たちがいろいろ考えて知恵を出したということだそうでございまして、こういった新しいユニークな事業がこの本では紹介されております。

著者は、新しい資本主義をつくっていく仲間がふえることを願っていると、こういうことで巻末に結んでいるところであります。

誰もが東京を目指すのではなく、地域がそれぞれの個性を強みとして地方創生に取り組むことはおもしろいという著者の考え方でありまして、これは、千葉市まち・ひと・しごと創生人口ビジョン・総合戦略、これの重点戦略1、自立したちば共創都市圏で、私たちが果たす役割の追求についての中で、東京でも地方でもない新しい価値観をともにつくる。これに私、非常に通じているなと。期せずして、そのような読み方ができたわけであります。

そこで、かつて我が千葉氏であります。頼朝を助けて鎌倉へ出陣して、鎌倉幕府成立に多大な貢献をした。今、鎌倉に私は新しい力が生まれているなということを実感したわけであります。この鎌倉の若い力を千葉に呼んできて、千葉資本主義を打ち立てたら、全国に、世界に輝く千葉市の未来を実現できるのではないかと考えました。

そこで、熊谷市長には、市長就任以来、先端的な施策を大胆に、機敏に実施してこられました。ぜひ、その熊谷市長の御見解をお伺いしたいと思っております。

以上を申し上げまして、私の最後の一般質問を終わるわけでございますが、議場の執行部の皆様、選挙を控える先輩、同僚の皆様には、この間、頂戴をいたしました御指導、御厚誼に心から感謝をいたします。そして、引き続き、皆様の御尽力で、この千葉市が21世紀の発展を遂げ、千葉市の市民の幸せな暮らしを充実していただくことを切に願っております。

あわせまして、皆様が御健康で御活躍をされますよう、お祈りを申し上げます。御清聴まことにありがとうございました。（拍手）

○市長（熊谷俊人君）　2回目の御質問についてお答えをいたします。

カヤックをつくられた柳澤さんとは、私も交流がございまして、大変そういう意味で興味深い、そうした主義だというふうに思っております。

鎌倉資本主義をベースに、千葉資本主義の打ち立てをとのことですけれども、今、世界的にも経済効率性などを背景に、大都市への人口の集中と機能の高度集積が進んでおります。そうした中で、人的、経済的資源の集中が進む東京圏の中に立地し、羽田、成田の両国際空港の中間に位置する本市は、大きなアドバンテージを有していると考えております。

そうした中で、豊かな自然、資源を生かした職、住、遊、近接のライフスタイルなどに示される新たな価値観の創出や、データに明確にあらわれた経済的な拠点性及び独立性に基づくちば共創都市圏の確立などにより、国内でも、本市でこそ、東京というものに依存することなく自立した都市の社会経済システムの構築が可能になると考えるものであり、これを果たすことは我々、千葉市の使命でもあると考えております。

また、私は、この鎌倉幕府の樹立が日本の歴史に与えた役割というのは、やはり、京都を中心とする中央、そしてまた貴族、そうしたものに対して土着の在地領主が中心となった、そうした政府であり、そして、また価値観を樹立したというところが、私は大きな意義であるというふうに思っておりますし、そういう意味では、土着であり、地方創生そのものだと、鎌倉幕府そのものが定義づけられるというふうに思います。

そうした中で、千葉常胤がその町の、もしくはその時代の成り立ちに大きな役割を果たした鎌倉、そして、そこで展開されている先進的な取り組みも参考として、その常胤が治めた千葉という町がそれに負けぬように、ともに本市の未来をつくっていく取り組みを進めていくというのは、歴史的にもつながってくることかと思いますので、我々も、千葉資本主義かどうかはともかく、そうした我々独自の価値観とまちづくりをしっかり大事にしながら、これからも進めてまいりたいと考えております。

以上でございます。

第6章

議員と市民運動について

安保法制改定、集団的自衛権行使容認反対の市民運動に取り組む

2014年（平成26年）7月安倍内閣は、多くの国民や憲法学者の反対を無視して、憲法9条を解釈改憲し、集団的自衛権行使容認の安保法制を閣議決定し、翌年9月関連法案を強行改正しました。私は、これに黙っている訳に行かず早速市民運動を自ら起こすべく、同じ美浜区のデモクラッツ千葉代表の宮川伸氏（当時・後千葉13区で衆議院議員1期務める）、千葉県弁護士会9条の会代表錦織明弁護士、廣瀬理夫弁護士、自治労、教員組合、情報労連等の労組、市民ネットワーク、市民の千葉をつくる会等市民団体、民主党千葉市議有志に呼び掛け、「安倍内閣の解釈改憲による『集団的自衛権』行使容認に反対する千葉市民の会」を立ち上げ、自ら代表兼事務局長を引き受けました。直ちに活動を開始し、千葉市内での街頭集会とデモ行進を計画しました。

同年7月6日、千葉市の中央公園で集会と市中心部でのデモ行進を決行することを決定。

布施後援会のおばさんたち数十人を動員して、会場に駆けつけました。後援会メンバーは、今までは地元で私の議会報告会や福祉講演会に参加をしてくれていましたが、このような「政治集会」への参加は初めての経験でした。皆さんは、「布施市議が一生懸命やっているから仕

方なく行ってみるか」と言う感じではありました。当日は、テーマがテーマですし、梅雨明け直後の蒸し暑い陽気でしたので、何とか70~80人も集まれば格好がつくかと思いきや、なんと300人も集まったのです。市内労働組合の動員も大きかったと思います。私は、主催者を代表して演説し、田嶋要衆議院議員、小西洋之参議院議員、錦織弁護士、舘正彦市民の千葉をつくる会代表が、弁士として演説、市民ネットの岩崎明子さんが集会宣言、最後にデモクラッツ千葉宮川氏が「団結頑張ろう」を三唱して、集会は大いに盛り上り大成功でした。

それから、デモ行進です。布施後援会のおばさんたちは、何せ初めてのデモ参加でしたので、初めはおっかなびっくりでした。シュプレヒコールをしながら、超ゆっくりと行進しました。皆さん大汗をかきながらも事故なくデモも終了し、笑顔で「やあー良かった」とほっとしたような、やり切ったという満足感をないまぜにして、解散しました。私としては、共産党や労働団体に先駆けてこのような活動を行ったことで、自画自賛していました。同じ民主党の議員の中には、議員が市民運動を主導し、街頭活動までやるのはいかがなものかと批判的に考える向きがありました。私としては、そんな声に惑うことなく、むしろ日本人がアメリカやヨーロッパ先進国に比べても、政治的デモや労組のストライキが少ないのは民主主義として不十分であり、であれば議員こそ率先して国民の権利として、表現の自由の行使として、市民活動を活発に取り組むべきだと考えていました。今でも私の考えに変わりはありません。まあ、私は根っからの「市民運動家」なのだと、一人苦笑していました。

7月6日の行動を継続すべく、次に集団的自衛権問題を理論的に考えようということで、講演会を計画しました。８月17日、若手憲法学者木村草太氏（当時首都大学東京准教授・現東京都立大学教授）を講師にお願いし、次の演題で講演会を実施しました。

「ＳＴＯＰ　集団的自衛権」―憲法と集団的自衛権―
＝憲法は集団的自衛権を許すのか＝

当日は、約80人の方が集まり、熱心に講演を聞いてくれました。９月６日の街頭集会とデモ、そして８月17日の講演会を成功させましたが、残念ながら千葉県内では、労働団体や立憲民主党などのリベラル政党の大きなうねりを作り出すことは出来ませんでした。

集団的自衛権行使容認反対の全国民的運動は、シールズ等若者の参加もあり、60年安保、70年代「全共闘」運動以来の盛り上がりを見せましたが、労働団体と民主党系の政党議員関係の動きが鈍く、翌年の９月の強行採決を許した後は、潮が引くように下火となりました。このころから、リベラル勢力の腰が引けていたと思わざるを得ません。

２０２２年2月にウクライナ戦争が勃発し、アメリカのジャパンハンドラー筋発の、日本への北朝鮮、中国の脅威があおられる中で、特に中国の台湾進攻がまことしやかに喧伝され、安保３文書がほとんど国会での議論もなく閣議決定されました。それに基づく防衛予算のＧＤＰ比２％、実質倍増を決定し「敵基地攻撃能力の保持」など、事実上憲法９条の改正が国会議論をほとんど抜きにして岸田内閣で行われ、急速な「右傾化」が進行する事態になっています。しかも、こうした状況に立憲民主党が明確な批判を打ち出せず、単に税負担などの国民負担のみを問題にするようでは、先行きが思いやられ流されていくことが心配です。「新たな戦前」、いつの日かに日本のウクライナ化が指摘されており、そうさせないためにも、リベラル勢力の本気の奮起が問われていると思います。

核兵器廃絶の市民運動に取り組む

世界で唯一の被爆国、日本こそ核兵器廃絶の先頭を切って進むべきと思うのですが、「日米安保条約」で旧ソ連・現ロシアと中国、さらに北朝鮮の核から守ってもらうという口実で、我が国はアメリカおよび西側の核を事実上容認しているのです。国連で毎年のように日本が提案している「核兵器廃絶」決議は、圧倒的多数で可決されますが核兵器廃絶はおろか削減の役にも立っていません。「決議」は文言上だれも否定できないので、「お題目」として賛成しているだけの話です。中国、ロシア、北朝鮮が反対するので、これらの国を「核軍拡している悪い国」としてあぶり出し、日本自身の核容認を正当化していると言わざるを得ません。本気度が疑われて久しい日本提案の「核兵器廃絶」決議に対して、２０１７年７月７日国連総会でまさに核廃絶に向けた「本気」の「核兵器禁止条約」が採択されました。この条約の採択を主導したのは、国際赤十字、オーストリア、メキシコ、ブラジル、コスタリカ、インドネシア等の政府と「核兵器廃絶国際キャンペーン」（ＩＣＡＮ）でした。「核兵器廃絶国際キャンペーン」（ＩＣＡＮ）は、その後ノーベル平和賞に輝いています。アメリカ等核保有国と日本は不参加でした。日本の不参加は、政府によれば「核保有国が入っていないので実効性がない、かえって分断を招く」と。アメリカに遠慮していることは明らかです。ＮＡＴＯ加盟国のノルウェー、ドイツ、オランダは、締約国会議にオブザーバー参加しましたが、日本は、２０２３年5月のＧ７会議が広島で開催されたにもかかわらず、被爆者の強い要請にこたえることなく、オブザーバー参加を拒み続け、核廃絶を願う人々の期待を裏切り続けています。

私は、「核兵器禁止条約」の採択や「核兵器廃絶国際キャンペーン」（ＩＣＡＮ）のノーベル平和賞受賞を契機として、唯一の戦争被爆国である我が国こそ同条約の批准を主体的に行い、国際社会において核兵器廃絶の先頭に立って行動すべきと例年以上に核廃絶への思いを強めていました。そこで、千葉県被爆者友愛会上野博之会長さん（当時）と直接接触し、労働団体や有志の市民との話し合いを重ね、２０１８年4月24日「核兵器廃絶をめざす千葉の会」を設立しました。代表には、元八千代市長の秋葉修一氏、事務局長に千葉市議会議員の亀井琢磨氏、副代表に県被爆者友愛会上野博之氏、県議会議員入江明子氏、佐倉市議会議員大野博美氏、千葉県議会議員小宮清子氏をお願いし、私も副代表として活動の企画を中心に会を支えることとしました。千葉から核兵器廃絶の声を広げるため、講演会、各種署名、自治体議会の意見書・

決議の採択要請など積極的に取り組みました。

同年6月17日には、千葉市内ホテル会場でＩＣＡＮの川崎哲氏を招いて講演会を開催し約２００人を集めました。８月には千葉市美浜区の高洲コミュニティセンターで、「原爆と千葉市空襲の図パネル展、腹話術による被爆体験を語る会」を開催しました。この時の腹話術は、八千代市在住の腹話術で核廃絶を子どもたちにもわかりやすく説明する活動に取り組んでいる、小谷たか子さんと「あっちゃん」（人形）に出演していただき好評を得ました。この活動に合わせて、広島、長崎の被爆地に送るための千羽鶴募集も行いました。核廃絶運動には、次代を担う若者の参加が必要だということで、10月7日には、「若者が考える核廃絶」のスローガンで若者中心のイベントを開催。会場にノーベル平和賞公式レプリカを展示し、シンポジウム「若者が考える核廃絶　ぼくらがつくる！核なき世界を」をテーマに、ヒバクシャ国際署名キャンペーンリーダー林田光弘さんの基調講演、若者による意見表明を行い核廃絶の意義を深める活動を実施しました。

この種の市民運動は、一過性で終わらざるを得ませんでしたが、「原水協」とか、「原水禁」とかの労働団体中心の運動体とは違った、一石を投じたと思っています。思い立った人が、自由に声を出し手を挙げる、そして活動を作る。そんなことが許容される社会が民主主義社会だと思います。２０２２年2月ウクライナ戦争が始まったころ、これはまかり間違うと第三次世界大戦になりかねないと思い、一人で「ウクライナ戦争停戦、改憲・軍拡に反対」と言う趣旨の看板を作りそれを首にぶら下げて、スウェーデンのグレタさんに倣って、〝美浜のグレタ老人〟

と銘打って稲毛海岸駅前に一人で立ちました。時々、市議時代の支持者が声をかけてくれましたが、若者等が一緒に立ってくれることはなく、文字通り一人舞台に終わりました。75歳を過ぎましたが、必要があればまたやるつもりです。

日中友好協会の活動

私の政治活動は、前述したとおり旧社会党最左派・社会主義協会向坂派の青年組織、日本社会主義青年同盟（社青同）協会向坂派から出発しました。当時の協会向坂派は、純粋マルクス・レーニン主義を自認し、日本共産党が中ソ両共産党との距離を置く宮本顕治氏の自主独立路線を取る中で、ソ連共産党寄りの姿勢を示し社会党の「階級的強化」を目指していました。ただし、社会党内に存在し共産党との違いを出すため、あくまでも「議会を通じての革命」を標榜していたのです。

市議に当選した直後、千葉の協会系幹部から、東ドイツ（当時のドイツ民主共和国）の青年団との交流旅行を勧められました。これが初めての海外旅行でした。途中ソ連の首都モスクワに寄りクレムリンや赤の広場を見学、レーニン廟にも訪れました。東ドイツでは、まだ厚い壁に囲まれたベルリンを訪れ、東側からブランデンブルグ門を見学しました。東西の厳しい分断・対立と国家の分裂に複雑な思いを感じていました。しかし常温で飲むビールはおいしかったです。南部の大都市ドレスデンを見学しました。第二次大戦中の空襲の跡が街のあちこちに残り、戦後40年近くになっても復興が追い付かないのかなと思い質問しました。しかし、答えは「戦争の傷跡を残して、平和の尊さを忘れないためだ」と言うことでした。東ドイツ共産主義青年団との交流は、バンガローに泊まりキャンプファイヤーを囲み、フォークダンスをするなど楽しさを演出するものでした。しかしながら、バスでの移動の際の車外風景は、華やかさに欠けむしろ貧しさが目立つ印象でした。それと延々と続く鉄条網に囲まれたソ連軍の基地で、バスの中からでもカメラを向けてはいけないという注意がされていました。その後沖縄に初めて行ったとき、まったく同じ印象を持ち、東ドイツ旅行を彷彿とさせられました。この旅行で、私の「東側」社会主義への確信は生まれるどころか、むしろ不信が募りました。

一方、中国及び中国共産党に対しても、１９６８年から始まり１９７６年あたりまで続いた文化大革命、紅衛兵の狂乱に強い嫌悪と反発を感じていました。ただ、１９７２年の日中国交正常化共同声明には、日中関係の明るい未来を予感させるものがありました。１９７９年私が日本社会党公認で千葉市議に立候補するにあたり、故郷の旧光町の父方伯母の嫁ぎ先故畔蒜源之助氏、その弟にして「準養子」の故畔蒜義衛氏の支援を受けました。源之助氏は、千葉県経済連会長で千葉県農協のボス、自民党千葉県議会議員でした。私が、千葉県職員に採用される際に「裏口」から手を回して（県職員に）入れたと伯母が言っていたその人です。自分では、もしかしたら千葉大に入れる学力はあるはずだと思っていましたので、県職員は自力で合格したと思っていました。もちろん伯母さんには「はい、ありがとうございます。」と素直に言っていましたが。何せ、事実として大学進学の道が家計の都合上断念せざるを得ず、県職員の採用試験を受けることになっていたものの、当日の朝になってもぐずぐずしていたことから、親の頼みで畔蒜の家で車を出してもらい、試験会場まで連れて行ってもらったのです。両親たちが多分おろおろする中で、畔蒜はここで親戚の若者を腐らせてはいけないと思ってくれたのでしょう。おかげで、見事県職員に合格しました。源之助氏は、私がせっかくの県職員を辞めて社会党千葉市の書記になる時も、市議会議員に立候補する時も、県経済連会長室を訪ねて挨拶すると「うん、うん分かった」と一言で了解してくれました。そして、市議選の際は部下の幹部職員を通じて農協関係の支援体制のために「裏選対」を結成して、選挙応援してくれたのです。義衛氏は畔蒜工務店の創業者です。選挙にあたって「裏選対」の責任者として、農協関係の票固めや、千葉市内関連業者への支援を要請して回り支えてくれました。

そして両者とも、中国「満州」からの帰還者でした。伯母のたか・源之助夫婦は、源之助が「満州鉄道」の職員であったことから、戦後まもなく満州から帰還しました。義衛氏は関東軍の憲兵軍曹であったことから戦犯として一度はシベリアに送られましたが、おそらく撫順の収容所から運よく釈放され、引き揚げてきたのです。

源之助氏は、旧光町の実家に帰り農協役員として活躍し後に県議になりましした。県経済連会長になったころ、旧満州で苦労した仲間が戦後も苦労しているのを見かねて、積極的に農協職員として採用しました。その人たちが、源之助氏の意向もあり千葉県日中友好協会の有力メンバーとなっていきます。千葉県日中のもう一つの流れは、旧社会党のグループです。どちらかと言えば、反協会系の人たちでした。ですから、中国の文化大革命のこともありで、日中友好協会の活動には、なじめないところがありました。しかし、社会主義協会をやめた1990年代になり、同じ社会党の市議故鈴木俊輔氏や国鉄千葉動力車労組の白井忠博氏の勧めもあり、また畔蒜系の元農協職員で千葉県日中友好協会の役員をしていた人からも強く勧められたこともあって、千葉市日中友好協会の会員に入会しました。

1996年（平成8年）6月副議長に就任し、天津市との千葉市友好都市締結10周年、江蘇省呉江市（現蘇州市呉江区）と新たに友好都市締結式典に出席するため、初めて中国を訪問しました。天津市は、人口1300万人で中国の北京市、上海市、重慶市とともに四大直轄市として発展しつつあり、千葉市よりかなり格上の大都市でした。呉江市は、上海と南京の中間あたりで太湖の沿岸蘇州市の郊外にある都市です。その頃はまだ完全な中国の田舎町でした。しかし千葉市との友好都市締結は、上海の衛星都市として今後の発展を考えるとすれば、東京の衛星都市ともいえる千葉市の発展が参考になると考えたのかなと思いました。とにかく大歓迎を受け晩餐会は、上海ガニは出るは、すっぽんの一匹姿煮とかまさに山海の珍味に、紹興酒、老酒の飲み放題、「カンペイ」、「カンペイ」の連続でした。

こんな歓迎を受けては、黙って帰るわけにいきません。翌年1997年10月、私が団長で千葉市の訪問団を組織し25名が呉江市を訪問しました。一行は、呉江市の迎賓館に宿泊し、また大歓迎を受けるとともに、翌日は太湖周辺の蘇州市、無錫市を見学し、その後南京、北京を見学して帰国しました。

その後中国への訪問旅行は、千葉県日中友好協会の植林協力事業の関係で古都西安市に2回、陝西省の陶器が有名な銅川市にも植林の協力で訪れ、その途中の延安市では、共産党の聖地と言うことで延安革命記念館を見学しました。さらに2017年8月、遼寧省の内モンゴルに近い北票市瓦房村というところにやはり植樹協力で訪問しました。千葉市議会日中友好促進議員連盟の中国訪問では、北京の他大連市、朝鮮国境の丹東市、東北部黒竜江省ハルピン市も訪れました。千葉市日中友好協会の独自の活動としては、2016年10月に市民からの友好活動募金を使い、天津市内天津外国語大学日本語学部構内に桜の並木と「天津市千葉市若者友好の碑」を設置しました。

2002年故鈴木俊輔氏から千葉市日中友好協会会長就任を依頼されて引き受けて以来、千葉市友好都市天津市、呉江市との友好活動を中心に、千葉県日中の中心組織として活動を支えてきました。市議会の日中議員連盟と協力して、中国各地の地方政府訪問視察団、中学校・高校生の修学旅行を兼ねた学校訪問交流団の受け入れ等、2019年以前は毎月のように中国からの訪問受け入れの要請があり、多忙を極めました。しかし残念ながら、2020年以降コロナの関係でそれも中断したままとなっています。

一方、最近の中国をめぐる問題は、ロシアのウクライナへの軍事侵攻を契機に、中国が台湾への武力統一を図ってくるのではないか、その場合日本がそれに巻き込まれることは必至でありそれに備えて防衛力の増強が必要であるとの議論が高まりました。このため安保3文書を改

天津外国語大学桜並木と若者友好の碑設置

訂し防衛費をＧＤＰの２％まで引き上げ、「敵基地攻撃能力」をも保持することが閣議決定されました。アメリカは、ウクライナへの軍事支援をＮＡＴＯ諸国とともに強めてロシアに対抗するとともに、アジアでは中国を包囲、封じ込めるため情報戦を含めて「自由で開かれたインド太平洋」等の準軍事連携や、半導体等の先端産業を中心に「デカップリング」、「デリスキング」等の手法で、中国への圧力を強めています。

対中感情が悪化の一途をたどる中で、私たちは、１９７２年の田中角栄・周恩来の日中共同声明、１９７８年の日中平和友好条約の原点を振り帰り、日中が二度と戦ってはならない、日中が共同してアジアの平和と発展を作り上げるべきであるとの立場を堅持し、民間の友好活動を進めなければならないと思います。「内閣府外交に関する世論調査」によれば、令和5年2月発表の中国に関する国民感情は、親近感を持つという人の割合17・8％に対して親しみを感じない81％と示されています。少し救いは、若者層は中国に対して中高年齢層ほど悪感情はなく、親近感を持つ若者の割合は28％となっています。ＩＴなど先端技術に興味を持ち、アニメにも良い作品があると率直な評価をしているということがあるのではないかと思います。今後の友好活動については、中国に関するより冷静で客観的情報を提供し、特に若者をターゲットにして取り組む必要があると思います。

日本国政府と中華人民共和国政府の共同声明

日本国内閣総理大臣田中角栄は、中華人民共和国国務院総理周恩来の招きにより、千九百七十二年九月二十五日から九月三十日まで、中華人民共和国を訪問した。田中総理大臣には大平正芳外務大臣、二階堂進内閣官房長官その他の政府職員が随行した。

毛沢東主席は、九月二十七日に田中角栄総理大臣と会見した。双方は、真剣かつ友好的な話合いを行った。

田中総理大臣及び大平外務大臣と周恩来総理及び姫鵬飛外交部長は、日中両国間の国交正常化問題をはじめとする両国間の諸問題及び双方が関心を有するその他の諸問題について、終始、友好的な雰囲気のなかで真剣かつ率直に意見を交換し、次の両政府の共同声明を発出することに合意した。

日中両国は、一衣帯水の間にある隣国であり、長い伝統的友好の歴史を有する。両国国民は、両国間にこれまで存在していた不正常な状態に終止符を打つことを切望している。戦争状態の終結と日中国交の正常化という両国国民の願望の実現は、両国関係の歴史に新たな一頁を開くこととなろう。

日本側は、過去において日本国が戦争を通じて中国国民に重大な損害を与えたことについての責任を痛感し、深く反省する。また、日本側は、中華人民共和国政府が提起した「復交三原則」を十分理解する立場に立って国交正常化の実現をはかるという見解を再確認する。中国側は、これを歓迎するものである。

日中両国間には社会制度の相違があるにもかかわらず、両国は、平和友好関係を樹立すべきであり、また、樹立することが可能である。両国間の国交を正常化し、相互に善隣友好関係を発展させることは、両国国民の利益に合致するところであり、また、アジアにおける緊張緩和と世界の平和に貢献するものである。

一	日本国と中華人民共和国との間のこれまでの不正常な状態は、この共同声明が発出される日に終了する。
二	日本国政府は、中華人民共和国政府が中国の唯一の合法政府であることを承認する。
三	中華人民共和国政府は、台湾が中華人民共和国の領土の不可分の一部であることを重ねて表明する。日本国政府は、この中華人民共和国政府の立場を十分理解し、尊重し、ポツダム宣言第八項に基づく立場を堅持する。
四	日本国政府及び中華人民共和国政府は、千九百七十二年九月二十九日から外交関係を樹立することを決定した。両政府は、国際法及び国際慣行に従い、それぞれの首都における他方の大使館の設置及びその任務遂行のために必要なすべての措置をとり、また、できるだけすみやかに大使を交換することを決定した。
五	中華人民共和国政府は、中日両国国民の友好のために、日本国に対する戦争賠償の請求を放棄することを宣言する。

六	日本国政府及び中華人民共和国政府は、主権及び領土保全の相互尊重、相互不可侵、内政に対する相互不干渉、平等及び互恵並びに平和共存の諸原則の基礎の上に両国間の恒久的な平和友好関係を確立することに合意する。 両政府は、右の諸原則及び国際連合憲章の原則に基づき、日本国及び中国が、相互の関係において、すべての紛争を平和的手段により解決し、武力又は武力による威嚇に訴えないことを確認する。
七	日中両国間の国交正常化は、第三国に対するものではない。両国のいずれも、アジア・太平洋地域において覇権を求めるべきではなく、このような覇権を確立しようとする他のいかなる国あるいは国の集団による試みにも反対する。
八	日本国政府及び中華人民共和国政府は、両国間の平和友好関係を強固にし、発展させるため、平和友好条約の締結を目的として、交渉を行うことに合意した。
九	日本国政府及び中華人民共和国政府は、両国間の関係を一層発展させ、人的往来を拡大するため、必要に応じ、また、既存の民間取決めをも考慮しつつ、貿易、海運、航空、漁業等の事項に関する協定の締結を目的として、交渉を行うことに合意した。

千九百七十二年九月二十九日に北京で

日本国内閣総理大臣　田中角栄（署名）

日本国外務大臣　大平正芳（署名）

中華人民共和国国務院総理　周恩来（署名）

中華人民共和国　外交部長　姫鵬飛（署名）

日本国と中華人民共和国との間の平和友好条約

日本国及び中華人民共和国は、
千九百七十二年九月二十九日に北京で日本国政府及び中華人民共和国政府が共同声明を発出して以来、両国政府及び両国民の間の友好関係が新しい基礎の上に大きな発展を遂げていることを満足の意をもつて回顧し、
前記の共同声明が両国間の平和友好関係の基礎となるものであること及び前記の共同声明に示された諸原則が厳格に遵守されるべきことを確認し、
国際連合憲章の原則が十分に尊重されるべきことを確認し、アジア及び世界の平和及び安定に寄与することを希望し、
両国間の平和友好関係を強固にし、発展させるため、
平和友好条約を締結することに決定し、このため、次のとおりそれぞれ全権委員を任命した。
日本国　　　外務大臣　園田　直
中華人民共和国　　外交部長　黄　　華
これらの全権委員は、互いにその全権委任状を示し、それが良好妥当であると認められた後、次のとおり協定した。

第一条

1	両締約国は、主権及び領土保全の相互尊重、相互不可侵、内政に対する相互不干渉、平等及び互恵並びに平和共存の諸原則の基礎の上に、両国間の恒久的な平和友好関係を発展させるものとする。
2	両締約国は、前記の諸原則及び国際連合憲章の原則に基づき、相互の関係において、すべての紛争を平和的手段により解決し及び武力又は武力による威嚇に訴えないことを確認する。

第二条

両締約国は、そのいずれも、アジア・太平洋地域においても又は他のいずれの地域においても覇権を求めるべきではなく、また、このような覇権を確立しようとする他のいかなる国又は国の集団による試みにも反対することを表明する。

第三条

両締約国は、善隣友好の精神に基づき、かつ、平等及び互恵並びに内政に対する相互不干渉の原則に従い、両国間の経済関係及び文化関係の一層の発展並びに両国民の交流の促進のために努力する。

第四条

この条約は、第三国との関係に関する各締約国の立場に影響を及ぼすものではない。

第五条

1	この条約は、批准されるものとし、東京で行われる批准書の交換の日に効力を生ずる。この条約は、十年間効力を有するものとし、その後は、2の規定に定めるところによつて終了するまで効力を存続する。
2	いずれの一方の締約国も、一年前に他方の締約国に対して文書による予告を与えることにより、最初の十年の期間の満了の際またはその後いつでもこの条約を終了させることができる。

以上の証拠として、各全権委員は、この条約に署名調印した。

千九百七十八年八月十二日に北京で、ひとしく正文である日本語及び中国語により本書二通を作成した。

日本国のために　園田　直（署名）

中華人民共和国のために　黄　華（署名）

第7章

千葉市議会議員引退後も続く政治活動とＮＰＯ活動

２０１９年3月6日、私の千葉市議会議員生活10期約38年が終わりました。議会棟の玄関を出ると、思わず振り返り見慣れた入母屋造りの市議会棟を眺めました。既に市庁舎全体の建て替えが決定されていましたので、この建物も近く消える運命にあります。

市議会の議席は一定のルールがあります。原則会派ごとにまとまって座ることになります。割り当てられた会派の中でどこに座るかですが、執行部席に近い前の方から順番に当選期数の少ない順、同じ期数なら年の若い順に前から後ろに座ります。当選回数を重ねた長老議員はおのずから最後尾の席に座ることになります。ここなら、居眠りをしても傍聴席から見えないし、執行部席から遠いので、気にしにくいということがあります。１９７９年に私が初当選の時、その頃旧社会党議員だけは何故か長老議員が一番前に陣取っていたのです。一般的には、前述した通り期数を重ね長老議員になるほど後ろの席に座ることが慣例でした。さすがに他の会派から苦情が出て、次の議会から議席が変更になり社会党長老議員は、しぶしぶ後ろに下がりました。

２０１１年3月11日の東日本大震災で、千葉市庁舎に大きな被害が出ました。倒壊こそしなかったものの二百数十カ所でひび割れ等が発生し、建て替えが決まったのです。議会棟も数カ所で天井のコンクリートの剥離が発生しました。なんと私の議席に長さ40～50センチメートルのコンクリートの塊が落下していたのです。この年は選挙の年でしたので、既に議会は閉会していました。議会の開会中でそこに座っていたら、逃げられただろうかと想像していました。それもまた、懐かしい思い出として胸に刻み込み、議会を後にしました。

岩井美春市議へのバトンタッチ

市議引退の感慨に浸ることも早々に、私の後継者岩井美春氏の選挙運動です。妻からもう辞めてもらいたいとの強い要求で、10期足掛けですが40年が潮時かと区切りをつけることにしました。後継者を決めしっかりと当選させ育てる力を残して、辞めることが必要かと思いました。私より年上の議員が二人まだやる気満々ということで、地元の支持者からはもう一期議員を続けてもらいたいという声を頂きました。それを振り切って、引退を決めました。なかなか良い人が立てられずにいたところ、田嶋代議士から紹介された人が岩井氏でした。中央大学卒で民間企業に勤め、船橋市在住ながらたじま代議士の選挙をボランテイアで手伝ってくれたということでした。52歳の働き盛りでなかなかの好漢と見え、たじま議員の推薦ということもあって、後継者に決定したのです。

布施後援会は、最後の選挙活動ということで、フル回転し５３０８票第４位で当選しました。何とか後継者を作れたのです。地元の岩井候補のほか、立憲民主党の市議をつくるため、稲毛区の小坂市議、中央区の岡田市議、若葉区の秋山市議の擁立と支援にも力を入れ、全員当選させ、緑区を除いて５人の立憲市議を作り、熊谷市長（当時）からも「さすが布施さん」と慰労の声を頂きました。

岩井市議には、最初の選挙は布施後援会の力で当選できたので、4年後の再選に向けて私が提供した数千人の名簿を、当選1年目にすべて個々面接訪問し、「布施名簿」を「岩井名簿」にすること、それと布施が30年以上続けてきた「無料法律市民相談」を引き継ぎ実施することを指導しました。しかし残念ながら、岩井議員はそれを実行することはありませんでした。再選に向けてはそれが気がかりでしたが、30代の新人ならともかく、50代の人生経験もある現職だからという遠慮があり、今少し見守ることにしました。

岩井市議は、NPO法人「福祉の街美浜をつくる会」の活動に積極的に協力して、「寄ってコ」、「いっぷく」の集まりに参加し、ゴミ出しや家具移動などの生活支援活動にも取り組んでくれました。また、LGBTの当事者団体「レインボー千葉の会」の集まりにも私の後を引き継ぐ形で協力しました。市政活動では、障がい者の公共交通機関利用にあたっての障がい者割引利用可能ICカードの導入に取り組みました。しかし、地域への浸透・地盤作りという点では、1期議員ということもあり、必ずしも十分ではありませんでした。

2023年4月統一地方選挙・千葉市議会議員選挙で、残念ながら岩井市議は次点で落選しました。私の情勢判断ミス、油断に帰します。私は、後期高齢者となり、かつて30代40代の私の後援会員も、ほぼ全員70代となりました。この4年間に、出しうるエネルギーは大きく減損せざるを得ませんでした。岩井氏には、日常活動を付きっきりで指導し、新しい仲間を増やす支援をすべきだったのでしょう。自身のふがいなさに一人歯を食いしばりました。岩井氏には、充分な応援が出来なかったことを申し訳なく思います。４年間の市議の経験を活かし、新たな道で頑張って頂きたいと思います。

木村草太先生「『憲法という希望』を語る」講演会

２０１９年５月12日　美浜文化ホールにて

私は、10期足掛け40年にわたる市議会議員生活を終わり、岩井市議に後継を託したことで、支持者の皆さんに感謝し市議会議員を締め括る意味で、実行委員会方式により憲法学者木村草太首都大学東京（現東京都立大学）教授の講演会を開催しました。木村先生との関係は、確か朝日カルチャーで憲法問題の講義があり、新宿まで出かけて受講し、それがきっかけですっかり「ファン」になりました。先生の「自衛隊と憲法」、「憲法という希望」、「憲法の新手」など、著書を読ませて頂きました。そんな程度のご縁でしたが、先生は私の要請に講師を快諾してくれたのです。そして、私が市議を退職するにあたって、40年にわたる市議会議員生活を締めくくることと、長年続けてきた「無料法律市民相談会」を総括する意味で、木村教授にお願いして「『憲法という希望』を語る」を演題に、講演会を開催することにしたのです。

当日は、約３００人の支持者の皆さんにご参加いただき、熊谷市長にはメッセージ、長浜博行参議院議員、田嶋要衆議院議員、宮川伸衆議院議員（当時）、石川大我参議院議員（全国比例・LGBT問題でレクチャー得る）から、来賓のご挨拶を頂きました。そして30有余年続けてきた「法律市民相談会」でお世話になり、当日ご出席の弁護士の先生方、鈴木牧子弁護士、石塚英一弁護士、黒葛原歩弁護士、菊地史泰弁護士、角謙一弁護士、金子春菜弁護士、この他これまで法律市民相談でお世話になった弁護士の北村哲男弁護士、色川清弁護士、吉峯総合法律事務所故吉峯啓晴弁護士をそれぞれご紹介し、感謝申し上げました。木村草太先生には、詳細なレジュメをご準備頂き、一般の方でもわかりやすい現行憲法の真髄をご講演頂きました。これからの日本の政治と国民生活にとって、憲法を生かすことで希望を見出すことが出来ることを力強くお話しいただき、参加者全員でそのことを確認して集会を終わることが出来ました。

旭日中綬章を受章する

２０２０年（令和２年）４月29日、新聞の朝刊に春の叙勲者が掲載され、私は、「旭日中綬章」を受章しました。事前には、議会事務局から受賞関連の経歴書等の作成依頼があり、秘書課からの授章決定の通知をいただいていました。

授章を受けるかどうかについて、妻には様々な思いがあったようです。けれども私は、「議員の受章は本人の名誉ではあるけれど、支援してくれた支援者全員の名誉でもある。ご苦労を掛けた後援会の皆さんが喜んでくれるし、一緒に喜びたい。」と妻に話して授章を受けることとしました。

「旭日中綬章」の褒章ランクとしては、大勲位、大綬章に次いで第三順位とされ、議員では都道府県議会議長または政令指定都市議会議長経験者がその対象となっています。千葉市議会議長はその対象者ですが、私は議長を経験していません。ただ副議長を2回経験していました。議員としての様々な役職経験と実績を考慮して、熊谷市長が推薦してくださったのだと思います。新聞に春の叙勲の受章者が掲載されると、一斉に各界からのお祝いの胡蝶蘭や祝電が届きました。その中に、全く面識のない自民党の参議院幹事長世耕弘成氏からもメッセージが届き、びっくりするとともに緻密で有権者の機微に触れる活動ぶりに、さすが政権党有力議員だと感心せざるを得ませんでした。

熊谷市長も大変喜んでくれました。7月5日市長応接室で熊谷市長から授章の伝達がありました。その後皇居で天皇陛下の拝謁を頂き、記念撮影となるところでしたが、これもコロナで中止となり、受章者一同が、皇居の見学をさせてもらうことになり、初めて皇居に参内することが出来ました。ホテルで、皇居参内の説明を受け、マイクロバスで皇居に向かいました。宮内庁職員から皇居の説明があり、各部屋の案内がありました。最後に大きなシャンデリアのある立派な部屋で全員の記念写真を取り、皇居見学を終了。陛下にお会いできなかったことは残念でしたが、二度と来ることのない皇居を後にしながら、私の人生での大きな栄誉であり、他界した両親のお墓にお盆のお参りを兼ね、報告しようと思いました。

8月のお盆に同じ地区に嫁いだ次姉和子と一緒に、両親、長兄精司の墓にお参りに行くことにしました。そして墓参りの前に、部落の「産土神社」に先ず行くことにしました。「産土神」は、その土地に生まれた人の一生の守り神と言われ、その人が部落を出てどこに行っても、守ってくれる神様と言われています。私は小さいころ、おふくろと一緒にお正月のお餅をお供えに来ていて、ちょっと病弱な末っ子の私が心配で、健康で出世することをお祈りしてくれたのです。7人の子どもの中で、寺子屋の先生をしていたという曾祖父に似ていると近所で言われていた私に、田舎の無学な「かあちゃん」ができることはそれしかなかったのです。そんな母の願いを産土様がかなえてくれたのです。私が感謝の拝礼をしている間、部落の建具屋の家に嫁いだ姉は、夫が修理した神社の建付けを見て回っていました。姉和子は、私の母親代わりでした。ですから母「みね」の気持ちを知っていたのかもしれません。それから、先祖代々の布施家の墓所にゆき、墓石の前で「ほら、こんな立派な賞をもらったよ」と、両親と長兄に語りかけました。三人には、特に苦労、心配をかけたから、草葉の陰で喜んでもらえたと思いました。実家に立ち寄り、長兄の長男、俊一は、10歳位しか年が違わず兄弟のように育ち、私が彼の「おしめ」を替えてやることもありました。彼は私のことを「叔父さん」とは呼ばないのです。「おっちゃん」というのです。一緒に一つ屋根で暮らしてきたので、「叔父さん」はなんとなく他人行儀になるからでしょう。「おっちゃん、スゴイの貰ったね。『日本国天皇は布施貴良に』と書いてあるよ」、「『に』だよ」となぜか「に」を強調して、興奮気味に言っていました。

そして長押《なげし》に飾ってある代々の先祖の写真に受章額をかざした後、お仏壇の前にそれを飾りました。故郷に錦を飾ったという気持ちと、故郷の応援がそれを実現させてくれたことへの感謝の気持ちでいっぱいになりました。

その足で、親戚で選挙でもお世話になった、同じ町の畔蒜家に向かいました。畔蒜工務店会長の畔蒜毅会長と奥さんの由美子さんと一緒に、源之助義伯父、たか実伯母、義衛義従兄のお墓にお参りし、旭日中綬章受章を報告し、感謝の気持ちを唱えました。由美子さんの母親が私の父方の従姉でしたが、高齢施設に入所していて、会うことが出来ませんでした。

早速「受章祝賀パーティー」となるところですが、折からの新型コロナ感染症が蔓延していて、開催するわけにいかず、当面延期となりました。受章式には、正装で夫婦が皇居に参内することになっていましたが、それがなくなったので写真撮影をすることにして、受章者専門の東京の業者ではなく、選挙でお世話になってきた地元の野口写真館に撮影をお願いしました。コロナで写真の仕事が減っていた時期で、名誉な仕事だと喜んで撮影してくれました。

写真店の店主は二代目ですが、初代の店主は手品が得意で老人会や小学校等で得意の手品を披露して、たいへん親しまれていました。確か90何歳かでお亡くなりになりましたが、私の関係するＮＰＯの高齢者の集まりにも来て頂き、手品で参加者を楽しませてくれる人気おじいちゃんでした。お世話になりました。

生活困窮者自立支援事業所で相談員を務める

市議を退任して、改めて腕を組んでしまったのは、市民税と国民健康保険料をどう払うのかということでした。両方とも前年の所得で支払うべき金額が決まります。その額は、今後支給される議員年金と国民年金の半分以上の金額になります。議員を辞めてもそれなりのお付き合いはせざるを得ません。実のところ、妻に結婚するにあたり「約束」した通り、貯えといえるほどの貯えはなかったのです。市役所から頂く議員報酬は、基本的に市政活動や、後援会活動・政党活動に使うこととして、貯金など全く考えていませんでした。多くの方は、市議を40年もやっていれば一千万円位は持っているはずだと思うかもしれません。他の人は知りませんが、選挙は4年ごとにあります。一年位前から準備活動を進め、本番に選挙戦を戦うと400~500万円位必要となります。議員のボーナスの半分は次の選挙の資金として確保しなければなりません。後の半分は、市政報告紙の作成配布費のうち、政務活動費で認められなかった、後援会活動部分あるいは政党活動部分の経費として補填する費用に充てなければならないのです。例えば、私はほぼ毎月「無料法律市民相談会」を開いてきましたが、そのために2か月に一回市政報告紙としての「美浜リポート」を発行し、その一面を割いて「無料法律市民相談会」の案内を入れていました。弁護士とともに市民の皆さんの様々な課題と悩み事のご相談にあずかり、その解決を一緒に考えることで、まさに日々の生活から市政の課題、政治の課題を考える活動としてきました。例えば、交通事故の示談の問題にしても、話を聞いてみると道路の構造的な問題があったり、交通規制の必要性の有無等があったりします。借金の相談にしても、基本的には貧困の問題があり、生活保護を受けるべきことがあっても相談しなかった、子供の就学援助費や児童扶養手当など福祉的制度を知らずに支給されるべき支援金を受けられないで、借金をしたという問題があるのです。しかし、１００％政務活動費としては認められず自己負担分が50％くらいありました。

そんなわけで、２０１９年４月の市議選には出馬せず引退を決めたのですが、後継者の岩井氏を支援し、他の立憲民主党公認の市議候補についても、一定の支援を行ったことで、貯えのお金はほとんど消えていました。

そこで、仕事を探していたところ、２０１９年10月に熊谷市長の市政報告会があり、そこで旧知の松尾圭氏に会いました。彼に相談すると、自分の勤務している千葉市の生活困窮者自立支援事業所である「千葉市生活自立・仕事相談センター若葉」に来ないかとお誘いを頂きました。仕事の内容は、何らかの理由で生活に困っている人の福祉的な支援活動だということなので、市議としてはさんざんやって来たことでもあり、そこで働かせていただくことにしました。給料は月20万円ということで、これで市民税と国保料は大半払えるなと安心しました。

２０１９年10月21日相談センター若葉に初出勤。職場は、若葉区保健福祉センターの３階の奥まったところにありました。8人位の相談員メンバーが従事していました。この事業所は、ワーカーズコープちば（企業組合・労協船橋事業団）が千葉市から事業を受注している相談事務所です。そこでは、コロナの蔓延で仕事を失った個人事業者や非正規の労働者が多数相談に訪れていました。ある意味では、自分も「生活困窮者」の一人だなと、内心苦笑しました。そんな訳で、相談業務に力を入れることにしました。相談員は社会福祉士の資格を有することが望ましいのですが、基本的に相談が主たる業務ですので、資格は必ずしも必要ではなく、所内や県健康福祉部主催による関係事業者共同の研修会での業務研修で一定の知識と実務を習得して、相談業務を行います。

相談の対象者は、失業したり事業がうまくいかなくなったりして生活に困窮している方で、生活保護を既に受給している方は対象外となります。その前段で何らかの支援により、生活保護を受給しなくても生活を再建できる方が対象です。

- 経済的な問題などで生活にお困りの方（生活保護を受給されている方は除きます）
- 長期間、失業状態が続いている方
- 引きこもり状態にある方など

（千葉県健康福祉部健康福祉指導課）

まぁ、建前ですが。実際は、大半の人が生活保護の受給となりますが、その後も借金の自己破産のため弁護士を紹介したり、子育ての相談に乗ったり、様々悩みごとの相談に乗ったりしているのが実情です。実態としても、生活保護につなげたから、あとは社会援護課のケースワーカーにお任せというわけにいかない実状があるのです。生活保護のケースワーカーは、一人で70から80件ものケースを抱え、しかも様々な生活課題を抱えている人ばっかりですから、一筋縄ではいかないのです。おのずから、生保に結びつけても相談センターに相談に来られたご縁から、引き続き相談に乗らざるを得ません。一人暮らしの高齢者や障がい者の方が多いですから。

所長は、私が入った当初は元市民ネットワークのKさんが務め、そのKさんが転職後、松尾氏が所長を務めました。松尾氏は、千葉大学の理系の修士号を持っているたいへん優秀な人で、大学卒業後堂本暁子元千葉県知事の秘書を務めたのち、この仕事に入りました。そして働きながら社会福祉主事の資格も取ったのです。みんなと調和しながら、笑顔を絶やさず所用車の掃除もまめにする等、細かい仕事もこなす素晴らしい人でした。お酒が好きで強いこともあって馬が合い、彼のパートナーも含めて飲んだり、政治の話もしたりしていました。LGBTの関係では、彼が実質「レインボー千葉の会」リーダーの一人であることから、松尾氏の応援団を務めて、お手伝いをしていました。

「相談センター若葉」の相談業務の中で印象的な二人の相談者について、お話します。Aさんは、80歳位だったと思いますが、小柄な前歯が2本くらい欠け、足に障害を持ち足を引きずって歩くおじいちゃんで、近くの「無料低額宿泊所」に当初住んでいました。彼の話によれば、生まれは県内A市で、父親は漁師であったのですが、早くに亡くなったようです。確か弟は障害者で施設に暮らし、兄は「やくざ」になって府中の刑務所で亡くなったと言っていました。家は貧しく、お金が無くなると母親と二人で近隣B市のお金持ちの親戚に行きお金を恵んでもらっていたというのです。その話は繰り返し聞きましたが、いつも涙を流していました。彼は、ほぼ毎朝のようにセンターに来て、相談員を捕まえて話をしてきます。結局私がお相手を務めることとなりました。おなかが空いたということで、飲み物やお菓子等をねだるのです。貰い物で冷蔵庫においてある缶コーヒーなどをあげると喜んでいました。彼の話を聞いてみると、朝早く起きて都賀駅前等のコンビニの前で掃除をするらしいのです。確かにいつも掃除用具をぶら下げてやってきます。多分、コンビニの店長はうるさいので缶コーヒーとかお菓子をあげて、体よく追い払うのではないかと思います。彼は、大事な「社会奉仕」活動だと言っていましたが。ある時、住んでいる「無料定額宿泊所」でいじめを受け、責任者から、足に障害のある彼を施設内居室からかなり急な坂の上の戸建て居室に、一方的に移されたということでした。確かにそこは普通の健常者でもかなり急な坂の径道で、彼のような足の障害者にはとても無理なところでした。転げ落ちたらすぐ下が車の通る道路で、車に轢かれかねません。彼は、すぐにでもその施設を出て、アパート暮らしをしたいという希望でした。生活保護のケースワーカーもそれを認めましたが、一人暮らしができるかどうか不安でした。彼は「できる」と言い張ったので、ワーカーに認めてもらい不動産屋さんに物件を紹介してもらいました。施設を出る際のちょっとしたトラブルもあり、私は施設の責任者の方と会うことになりました。責任者の応接室には、大きな施設創業者の写真が飾ってありました。その筋の親分さん風の容貌でした。「立派な方ですね」と写真をほめると、「一代でこれだけの事業を起こした方ですから」と、彼としては精いっぱい「どす」を利かせたつもりでお話がありました。私も対抗上、市議を10

期務めてきたことをちらちら出しながらにこやかに対応し、A氏の退去は円満な解決とし、当面私が彼を預かることとなり、後日彼の荷物を引き取りに行きました。アパート暮らしを始めてから、彼の精神的不安定さが明らかとなり、精神科クリニックに連れていきました。最初の某クリニックの院長は、いきなり「彼の入所していた施設でトラブルのあった患者は診察しない」と言って診察室の退去を求めてきたのです。私は、院長に最初は穏やかにお願いしましたが、硬い態度を崩さなかったので、そこでケンカしてもこっちが不利になるだけなので、やむなく診察を受けるのをあきらめました。そこで、別のクリニックで受診することにしましたが、こちらは何の問題もなく診察してくれました。軽い躁うつ病だと。車で帰る時彼はずっとしゃべりっぱなしでしたが、途中で「布施さん、一時ラジオ聞いていると思ってください一曲歌いますから」と。一曲どころか車が中央区のクリニックから彼のアパートにつくまでの約３０分間、彼の「車内歌謡ショー」を聞く羽目になりました。歌と歌の間には例の貧しかった少年時代のおふくろさんと親戚にお金を貰いに行った話が入り、彼の嗚咽が出るというにぎやかさです。

ところが、アパートに暮らしてしばらくした後、事件が起こりました。警察から、Aさんを逮捕したという連絡が社会援護課を通じてあったのです。彼はアパート近くのコンビニで、パンを万引きしたということでした。国選弁護人の話によれば、前夜に友達が来て泊まっていったとのことでした。朝、例によって近所のコンビニに出かけ玄関前の掃除を始めたら、「余計なことをするな」と追い立てられたらしい。彼はそれに腹を立て、今度はお客として入り込み友達の分を含めてパンを買おうとしたけれど、お金が足らなかったので朝方の腹いせもあり、万引きしたという供述のようでした。それだけであれば、普通お金を払って出入り禁止ということで「始末書」辺りで済むかと私は思ったのですが、様子が違いました。

警察では、彼は万引きの常習犯だというのです。しかも、ある時都賀駅近くのビルに忍び込み、そこにあったAEDに興味を持ち、それを盗み公衆便所に持ち込んで、器具は捨てて器具の入っていた袋だけをもっていったという窃盗も加わりました。弁護士からは、公判での被疑者側の証人を頼まれ、引き受けました。私は、彼の生い立ちを述べるとともに、その生育過程から知的、道徳的意識が育成されなかったこと、最近における精神的不安定下にあったことを陳述し、穏便な処分を望むと話しました。彼は私の陳述を泣きながら聞いていました。二回で結審する予定でしたが、二回目は何らかの都合があり、行ってあげられませんでした。判決は確か懲役2年か3年の実刑でした。そのくらいすぐ経つよと励ますつもりでいました。しかし、刑務所で刑期を始める前に、彼の自殺の報を受けることとなってしまいました。二回目の判決言い渡しの時に、行ってあげられたらと悔やまれました。私の姿が見えないので、彼は「布施にも見放された」と悲観したのだろうかと。

Sさんは、私が2019年10月の勤務開始から担当したケースで、生活保護受給者です。以来今日まで「お付き合い」が続いています。療育手帳を交付されていて、作話癖があります。ですから、彼の相談内容には、かなりしっかり聞いて前後の関係から真の相談内容を把握する必要があり、結構しんどい対応をしなければなりません。安易に「間違い」を指摘しようものなら、即座に「チガウ！」「チガウ！」と言い張り、延々と主張を繰り返します。ですから彼の対応には忍耐も必要です。

生活保護を受給していますが、就労意欲はかなりあります。自分で人材派遣の会社に登録したり、ハローワークに行って仕事を探して来たりしますが、長くて1か月、ほとんどは3日か1週間くらいで「人間関係が悪い」とか、「わざと危険な作業をさせられた」とかで辞めてきました。しかし生活保護をやめて、自立したいという意欲は大事にしたいと思います。本当は、優しさもあり、まがったことも嫌いな一本気な人なのです。

ある時、ほかの相談者の相談に対応していた時、Sさんが暴れているという急な連絡が入りました。彼がいつものように特段の用事もなくセンターの事務所に来て、私に何か愚痴でも聞いてもらいたいと思ったのでしょう。しかし私がいなかったので、他の相談員に話しかける訳にもいかず、やけになって保健福祉センター1階の窓口にある置物の資料等を手で払い落し、たまたま通りかかったセンター所長とトラブルになってしまったのです。警察に通報されて「公務執行妨害」で逮捕されました。私が駆け付けた時点では、彼は警察官に両脇を挟まれて椅子に座りおとなしくしていました。私が「どうしたのか」と聞くと、「面白くないから刑務所に入りたかった」というのです。センター所長に特段ケガはなく、結果略式起訴で罰金30万円を課されました。生活保護であることから、罰金は当然払えずその後約3カ月の労役を務めました。労役終了後千葉刑務所に迎えに行くと、彼は刑務官に付き添われて、兵隊人形の行進のごとく前後に腕を大きく振って出てきました。私が、「お疲れさん」と声をかけるとニコニコして、迎えの私の車に乗り込みました。

私が相談センター若葉を退職した後も、相変わらず私にスマホで電話してきて、様々な問題を持ち込んできます。私が多忙で電話に出られないと出るまで何度もかけてきます。前述した経過もあり、出来るだけ電話を受け、内容によっては彼のアパートに出向き、じっくり話を聞いてやることに努めています。ある時は、交通事故にあい救急車で民間病院に運ばれましたが、足を骨折しているにもかかわらずホームレスと思われたのか、入院させてもらえずタクシーで自分のアパートに帰されたことがありました。夜の12時頃電話があり、タクシー代がなく払えないということでした。直ぐに彼のアパートに駆けつけ、待っていたタクシーの料金を立て替えました。翌朝早く、彼が別の病気で通っていた中央メディカルセンター病院に連れて行き、入院させてもらいました。彼が若葉区に住み千葉市の住民である限り、私が元気なうちは引き続き支援していくつもりです。

Aさん、Sさん両方とも、孤独なのです。話し相手も限られています。ケースワーカーは、親身になって話を聞くようなゆとりはありません。では誰がそれを引き受けるのでしょうか。放っておけば、いつ自ら命を絶ったり、自暴自棄になって周囲に迷惑をかけたり、最近良くある「拡大自殺」を引き起こしかねないことも考えなければなりません。生活に困窮し、孤立孤独な人々が「自己責任」として、必要な福祉的支援を受けられない社会は、荒涼・殺伐たる社会です。日本のあるべき姿ではないと思います。私は、こうした課題こそ「生活自立・仕事相談センター」的な機関が担うべきだと思います。そして相談員は専門職を中心にして、役所の機関とするか、公務員並みの待遇で雇用すべきだと思います。来年、2024年4月施行の「孤独・孤立対策推進法」がどのように実効性あるものとして実施されるか、しっかりと見極めたいと思います。

熊谷俊人千葉県知事の誕生、千葉市長に神谷俊一氏当選（２０２１年・令和３年３月）

２０２１年（令和３年）３月21日、全国注目の千葉県知事選挙で、前千葉市長の熊谷俊人候補は、「県民党」を名乗り、立憲民主党が県連支持ながら全面支援し、公明党、日本維新の会等の支援を加えて、自民単独推薦の弁護士・前県議の関まさゆき氏をトリプルスコア以上の大差で破り当選しました。

同時に行われた千葉市長選挙では、熊谷市長の後継者神谷俊一氏が、元市議会議長小川智之氏他を破り当選し、熊谷市政を継承しました。立憲民主党は、知事選挙同様に県連支持という立場で、知事選挙と合わせて千葉市長選挙に取り組みました。私は、熊谷知事選対事務局で、立憲民主党千葉県連所属の国会議員、県議会議員、千葉市議会議員及び県下立憲所属市町議員に対して、知事選対活動と千葉市長選挙との連絡調整に努めました。

私は、１９７９年に千葉市議に当選して以来、旧社会党から民主党、そして立憲民主党と一貫としてリベラルな政党政治を担って活動してきました。そして、先ず千葉１区で自由民主党元法務大臣臼井日出夫氏を破って田嶋要衆議院議員を誕生させ、次に民主党市議の仲間であった31歳の熊谷俊人千葉市長を実現しました。その熊谷氏をとうとう千葉県知事に押し上げることが出来たのです。田嶋氏の総選挙も、熊谷氏の市長選挙、知事選挙も常に選対の中心で、担わせていただきました。ただし、田嶋氏の「希望の党」での出馬では、選対に入らず、地元での応援に留めました。この時には田嶋氏は比例復活でした。私の地方政治家として、千葉市議会議員としての矜持は、自分が市議会議員として当選の回数を重ねることではなくて、あくまでも「市民のため」の政治の在り方の追及です。そのために政党員としての活動を懸命にやって来たし、身銭を切って仲間の応援をしてきました。その結果として、田嶋衆議院議員、熊谷市長、県知事の実現は、地方政治家として千葉市議としての冥利に尽きます。

熊谷氏が知事選挙に出馬を決める時に、2020年の夏頃、先ず私には市長時代からのA秘書から「熊谷が知事選挙への意欲を持っているけれど、どう思うか」と聞いてきました。それに対して私は、「森田知事が辞めることが前提ですね。個人的には、出来れば熊谷さんには、衆議院の南関東比例単独か、参議院の比例で国政に出て欲しい」「将来、総理大臣を目指してほしい」と答えました。立憲民主党が政権を目指して躍進するためには、都道府県知事若しくは政令指定都市の市長とかの行政経験を持ち、現実的な改革を実行できる人材を押し立て、政権担当能力を示していく必要があると思っているのです。その後、知事選挙を半年後に控えた秋頃、本人から直接話がありました。2019年（令和元年）9月の15号台風の対応で森田知事への批判が高まり、県下市町村長から知事選への出馬を求める声が上がって、自分としてもやらざるを得ない、ついては選対のメンバーとなって、特に立憲との関係を調整して欲しいという趣旨でした。本人の決意は固いと受け取り、約束しました。私は、千葉市議を退任していますので、県連の役員ではなく単なる「アドバイザー」の立場でした。しかし、大事なことでしたので、すぐに県連代表の生方幸夫衆議院議員（当時）に連絡を取りました。私は、当然のごとく熊谷支援で動くと思っていましたが、帰ってきた答えは意外にも「県民党を名乗るなら独自候補を見つける。少なくとも民主党推薦でないと。そこは良く検討して、考えないといけない。岡島幹事長もそう思っているはずだ」という答えでした。私は唖然としました。どう見てもそんな選択はあり得ないし、もたもたすれば、民主党県連のまとまりのなさ、県政への姿勢を疑われることにもなりかねません。ここは野田佳彦元総理・衆議院議員にお願いしてまとめてもらうしかないと考え、直ちに相談しました。野田氏は、「分かった」と一言で了解して、党内をまとめると約束してくれました。さすが元総理、情勢の見極めと決断の速さに、やはりこの人にはもう一度総理をやってもらわないといけないないと感じ入りました。

その後は、話がトントン拍子に進み、熊谷氏の「県民党」的立場での出馬に立憲民主党県連も理解し、ある意味で裏方・下支えに徹して支援することを約束しました。そして私は、立憲民主党県連から熊谷選対への連絡調整役として派遣されることとなり、実質立憲民主党県連を代表しての熊谷選対スタッフとして、別に加えて派遣された参議院議員長浜事務所秘書及び小西事務所秘書と協力して、熊谷俊人知事選対を担うことになりました。２０２１年（令和３年）１月から３月21日の投票日まで、「相談センター若葉」を休職し毎日熊谷事務所に詰め、最後の大きな選挙として全力投球しました。

3月21日の投票日夜、投票の終了時間20時になると、NHKテレビから熊谷俊人当選確実のテロップが流れ、事務所が湧きました。胸にこみあげるものがありました。熊谷知事当選の喜びと、「オレの政治活動が成就できた」との思いです。自宅に帰って、妻を相手にその晩は、思いっきりお酒を頂きました。

熊谷知事が選挙で圧倒的に勝って当選したことは、自民党にはかなりのショックであったでしょうし、議会運営にも有利な条件を得たとは思います。しかし、数の上では政権党の自民党が県下国会議員数、県議会議員数で圧倒的です。熊谷知事もそうであるが故に、政権党・自民党に様々配慮をせざるを得ないでしょう。

しかし、立憲民主党千葉県連の国会議員、県議会議員の皆さんには、県政においては、間違いなく「熊谷知事の与党」です。ですから、時に知事及び執行部と議会多数派自民党との間に立って調整したり、幅広く県民要望を取り上げる立場にたって、これまでの友好団体例えば連合千葉等に限ることなく、県内経済団体、医師会、福祉団体等とも幅広く交流を広げ、県政与党の気概を持って取り組んで頂きたいと願っているところです。そのことにより、「知事を取った」というメリットが、立憲民主党千葉県連の組織強化、議員の拡大となって表れてくると思います。しかし、2021年（令和3年）10月の総選挙、2023年（平成5年）4月の統一地方選挙では、立憲は多少の踏ん張りを見せ、一部熊谷効果が出ているとは言いながらも、まだ十分知事与党として、着実に党勢の拡大を実現しているとは言えない状況です。政策の幅を広げ人脈と支持基盤の拡大に努め、当面２０２３年中にも実施されると言われている総選挙と2年後の知事再選を目指して、党勢拡大を図るためにも国会議員・地方議員が地道な政策勉強と日常活動に取り組んでいただきたいと期待しています。

千葉県と千葉市は本州の東端から光輝け

私は、生まれてから76歳になる今日まで、千葉県の外に住んだことはありません。前述のように生まれは千葉県の東総地区現山武郡横芝光町の旧光町宝米地区です。3階以上の建物は、隣接地区の町立小学校しかないような純農村地帯です。高校卒までその田舎で育ち、県職員となって一時旭市に住みましたが、その後本庁に転勤して千葉市の千葉大学近くの緑町にあるアパートに住み、以後結婚して市内を2度引っ越して、45年間美浜区高洲に住み続けています。今や少数派の「純粋千葉っ子」です。年取ってから、言葉も「ペーペー」語に戻ってきています。結婚して子供が生まれて田舎の実家に連れて行ったとき、子どもたちが「宝米のおじいちゃんとおばあちゃんの言葉が良くわからない」と言っていたあの言葉です。昔の県庁内の話し言葉は、「ペーペー語」が主流でした。今はさすがに、飲んだ時に使う程度ですかね。「オオ、コエイ」（ああ、苦しい）、「オエネー」（ダメだね、できない）、「オアガンナー」（夕方訪問した時の挨拶、仕事終わって在宅ですか?の意)、「〇〇だっぺえよ」(〇〇でしょうね)。方言は、それぞれ味のあるニュアンスで、自分の気持ちにはぴったりくるのですが、今では田舎でも使われなくなっていて、一抹の寂しさを感じます。

千葉県は、半島ですので三方を海で囲まれています。気候が温暖で、冬も雪がめったに降りません。5㎝も積もったら「大雪」です。夏も海風の入る外房の沿岸部は特に涼しいです。勝浦市は、真夏でも30度を超えることはめったになく、最高気温28、29度です。内陸部が35度以上の猛暑日でもこの程度です。

千葉県は、もともと漁業、農業が盛んな県です。漁業では、銚子港が魚の水揚げ連続日本一ですし、あまり知られていませんが伊勢海老の漁獲量も外房大原沖から勝浦にかけて豊富に取れ漁獲量全国トップクラスです。外房ではこの他にあわび、サザエ、カキが取れ、九十九里浜のハマグリも有名です。東京湾では、富津、木更津、船橋のアサリですね。首都圏から潮干狩りにたくさんの家族連れが訪れます。お魚では、真蛸、アナゴ、スズキもたくさん獲れます。淡水系で貴重なのは、利根川の天然ウナギでしょうか。子どものころは、栗山川や用水池でウナギを釣って食べました。近所の駄菓子屋では、子供用の釣り道具の中に、フナ釣り針と一緒に「うなぎ針」も売っていて、ドジョウなどの生餌を付けて釣っていました。今ではあまり釣れなくなっていると思いますが。

農業は、近郊農業が盛んです。落花生、ダイコンが生産量日本一です。お米も多古米が「皇室献上米」と鼻息を荒くしていますし、東総地区の植木、房州の花、畜産業も全国上位です。

果物も豊富です。房州びわは、これも毎年皇室に献上されています。梨も市川市や、鎌ヶ谷市、市原市で盛んに栽培されて日本一の生産量を誇ります。最近では、東金市のブドウ、市原市のブルーベリー栽培も盛んになっています。

今後の注目としては、農業と発電を兼ねた「ソーラーシェアー」の普及が期待されます。匝瑳市では、「市民エネルギーちば」社が大規模な「ソーラーシェアー」施設を設置し、耕作放棄地を活用して上部に短冊形の太陽光発電設備を設置し、下部の農地には作物を植えて、売電と農作物販売を同時に行っています。まさに「一石二鳥」ですね。そのままでは貴重な農地が放置され荒れ放題になるところ、このシステムによって見事によみがえっています。電気と作物は、「地産地消」として地元に供給され、雇用と人口減に歯止めをかけています。私は、これを千葉県全体にひいては日本全体に広げるべきではないかと思っています。なお、このソーラーシェアーは、千葉県市原市の長島彬氏が発明しました。私も２００３年頃の発明時からの数年後に見学に行きました。当時はまだ、農地法の制約があり設置にご苦労をされていました。法制度的に徐々に改善され、農業関係者や再生可能エネルギー推進の市民団体間で評価されつつありますが、まだ大きなうねりにはなっていないようです。いつの日か千葉県内各地にソーラーシェアーの太陽光発電設備が輝き、その下の農地に青々とした作物が実り、自足、持続可能な食糧と電気エネルギーの地産地消の千葉県が実現することを、願い夢見ています。

再生可能エネルギーとしては、銚子沖に洋上風力発電施設の建設が始まりました。当然漁業者との調整がされたのでしょうが、将来的には、発電と漁業との共生を図ってもらいたいと思います。設置される水面下の柱や着床部に漁礁を設けられないかです。発電と漁業のこれも「一石二鳥」ならぬ「一石二魚」狙いです。天然自然の資源を生かす千葉県の重点課題として、是非研究を進め実用化してほしいと思っています。

千葉県の誇る唯一の鉱物資源は、天然ガスです。茂原市を中心として九十九里浜一帯を中心に房総半島の地下には膨大な天然ガス資源が埋蔵されています。その天然ガスと一緒に汲み上げられる「かん水」には、ヨウ素が含まれていることから、ヨウ素の生産がチリと並んで世界トップクラスとなっています。ヨウ素は、化学工業、医薬品に使用される貴重な資源です。天然ガスとヨウ素は、千葉県に与えられた地の恵みとして、千葉県発展の礎となるはずです。

県下を見渡せば、成田空港があり、デイズニーランドがあり、千葉港、京葉工業地帯が広がります。成田空港が世界に開かれた日本の玄関口として、世界の人々の交流の窓口となり、世界の平和と経済、文化の発展に大いに寄与することが出来たなら、空港建設に伴う様々な犠牲と軋轢を慰撫し克服して、真の和解へと導くことが出来るのではないかと思います。京葉工業地帯は、リニューアル期に入っています。「脱炭素」に向けた取り組みが進められていますが、JFE千葉工場と日本製鉄君津製鉄所が脱炭素社会の先陣を切って、「水素製鉄」へと大転換を図ってもらいたいと思っています。二酸化炭素の最大排出工場が、脱炭素を目指して技術革新を推進すれば、京葉工業地帯は、再び日本のモノづくりの先頭にたち、日本一の工業地帯から、さらに千葉港、成田空港を通じて太平洋の「うねり」に乗って世界へと発展し、日本経済の再発展の拠点となりうるのではないでしょうか。

千葉市は、政令指定都市として、千葉県都として千葉県発展の中核をなす都市です。先ず、千葉県との連携連絡を密にしながら、その役割を果たすことが重要でしょう。その意味で熊谷知事、神谷市長の関係は理想的です。その第一は、県下の知の集約拠点として研究学園都市を目指して頂きたいと思います。市内には、国立千葉大学、神田外語大学、淑徳大学、敬愛大学、千葉経済大学、東京情報大学、放送大学、千葉県立保健医療大学、植草学園大学、東都大学等があります。研究機関としては、千葉県産業支援技術研究所、国立研究開発法人量子科学技術研究開発機構、ちばぎん総合研究所、千葉市産業振興財団などがあります。これらの千葉市内及び県下の大学や研究機関が連携を強化し、共同研究事業を推進することが重要です。学生に対する支援も充実しながら、若い研究者、学生が生き生きと活動する市内環境を実現することは、市内の活性化そのものです。アメリカサンフランシスコのシリコンバレーや中国の深圳に匹敵する研究開発都市、起業の「るつぼ」となる様な都市を実現してほしいと思います。

そのためにも、世界に開かれた多様性豊かな国際都市を目指してほしいと思います。幕張メッセと幕張新都心が拠点となります。マリンスタジアムの改築もそれに沿ったものにする必要があるでしょう。そしてこれらを結ぶ交通網の整備です。東関道と国道14号線・357号線を結ぶ検見川・真砂スマートインターチェンジの設置が、2026年度の供用開始を目指して整備されることが決定されました。さらに、東京湾岸沿いをルートとする第二湾岸道路について、2023年5月千葉県と千葉市、船橋市、浦安市等関係6市で期成同盟会が発足し、建設に向けて推進体制が出来ました。こうした道路の延長で、富津市と三浦半島を結んで浦賀水道を横断する「三浦房総連絡道路」計画についても検討が進められています。これらが実現すれば、東海・関西方面と南関東・東北方面を直接結ぶルートとなり、千葉市はまさにその真ん中に立地し、東京の首都機能を分担する都市としてますます重要な役割を担うことになります。首都東京の政治的、経済的、社会的負荷を低下させると共に、首都の大災害時の迂回ルートにもなります。まさに千葉は、本州東端に輝く光となるのです。その夢を、是非熊谷知事、神谷市長に実現して頂きたいと期待しています。

NPO法人福祉の街美浜をつくる会の理事長として

NPO法人「福祉の街美浜をつくる会」は、2008年2月千葉県（その後千葉市）により設立認証されています。それ以前は、任意団体「福祉の街美浜をつくる会」として、福祉に関する勉強会・講演会開催等の活動を行っていました。千葉市施設の高洲コミュニティセンターを借りて催し物を行う場合に、「千葉市議会議員布施貴良事務所」とか「布施まさよし後援会」では登録できないので、便宜的にこのような市民団体を作ったということもあります。実際に高洲のコミュニティセンターを使っての定期的な活動は、「子育て交流会」です。1990年代の後半に入ってくると、美浜区の団地では、1970年代に入居した団塊の世代の人たちが、おおよそ子育てが終わりジジ・ババだけの世代に変わってきました。かつては、5階建ての一階段10戸のほとんどの家に子供がいて賑やかでうるさいくらいだったのです。子どもを通じてのそれなりのご近所付き合いがあり、子育てに関するする情報交換もあったでしょう。ところが、子供たちはみんな巣立っていきました。そこに、ポツンと若夫婦が入ってきたのです。しかも実家が県外の遠くにあったりして。私は、かねがね子育ては夫婦の責任だけど、夫婦だけでできるものではないと思っています。私は田舎の大家族の中で育ってきました。両親の他、祖父母や伯父さん伯母さんが、子供の逃げ場所であり、両親以外のお小遣い頂き先でした。若い夫婦だけの子育て風景は、例えば公園で若いお母さんが、一人子供を遊ばせているのを見ると何か寂しそうです。ある時、若いお母さんから夫が会社から帰宅しない中で、子供が熱を出して困ったという話を聞きました。幼稚園に入れば少し軽減されると思いますが、それまでが大変でしょう。そこで、子育てが終わって少し暇になったババたちと、子育ての悩み多きヤンママたちの交流会をつくることにしたのです。指導員には、元幼稚園の先生だった方をお願いしました。一時は、ヤンママ20人、子どもたち20数人が集まり、指導員の下で子どもが楽しく遊んでいる一時、ママたちは一息付けました。中には、ベテランママに愚痴をこぼしたりしている人もいました。上の子が障害児で毎日のように市の療育センターに通所しているのに、「主婦」だからと二番目の子どもが生まれても保育園に入れないという悩みを聞き、早速私が保育当局と交渉して保育園入所ができるようにしました。月に1回の開催でしたと思いますが、ヤンママ同士お友達になったりして、子育ての孤独孤立の解消に役立ったと思っています。その後市の施策として、「子育てリラックス館」が地域に常設的に開設されるようになり、この活動は7〜8年位で役割を終えました。

そうすると今度は、自分たちの老後のことが気になり始めました。老人ホームが千葉市内でも出来始めましたが、みんな郊外の方です。そこで、先ずは、市内の老人ホームの見学会を行うことにしました。「緑が多くて静かな所というけれど、交通の便が悪いし現代の姥捨て山だよねぇ」「あんな所に行きたくないわ」というのが、近所のおばさんたちの評価でした。そこで、老人ホームを美浜区の街の中に作ってもらおうという活動をすることにしたのです。その願いは、すぐ実現しました。

2000年介護保険の実施となる年に、地元美浜区高洲3丁目に特別養護老人ホーム「みはま苑」がオープンしました。この施設は、もともと学校法人「高洲幼稚園」の敷地の中に併設された施設です。学校法人の幼稚園と社会福祉法人の老人ホームの併設施設は、千葉県では初めてでした。幼稚園児と入所高齢者が交流できて、相互に良い効果がでるものと期待されました。ところが、幼稚園長と老人ホーム施設長を兼ねるH氏から、「布施市議さん、介護保険から入所者分の経費が出るのは、3か月後です。その間職員の給料や諸経費はどうするのですか」と相談がありました。H氏によれば、既存の社会福祉法人が施設を二カ所目、三カ所目と増設する場合には、新設施設の3か月分の運営経費を千葉市が貸与する制度があるのに、1カ所目の新設施設には適用されないということでした。これは全く不公平、不合理な仕組みですので、市当局に申し入れたところ、さすがに市もそれを認め、新設1カ所目から運営資金の貸し付けを行うこととなりました。ということで、めでたく盛大に千葉市初の「幼稚園と併設の特別養護老人ホーム」のオープン式典が開かれることとなったのです。それからは、布施市議会議員は幼稚園と老人ホームの合同運動会、盆踊り大会に毎回お呼ばれされたことは申し上げるまでもありません。

現在では、美浜区の中に特別養護老人ホーム５カ所、有料老人ホーム３カ所の他、グループホーム、介護付き高齢者住宅、老人保健施設が設置され、美浜区の団地群の超高齢化を反映しています。

２０００年の介護保険制度の実施に合わせて、私の後援会グループは、高齢者になって多少介護が必要になっても、できるだけ在宅で暮らせるように、地元の住民同士が助け合う介護団体を作ろうということになりました。それが千葉市基準該当介護団体（ＮＰＯ法人より規制がゆるい団体）「たすけあい美浜」です。千葉市内だけの営業範囲ですが、実質美浜区が中心です。ヘルパーも主として美浜区の住民がなりました。事務所を布施事務所内に置き、後援会の机やコピー機等の機材を貸与して活動を開始しました。アットホームな活動で、小規模なので財政的に事務所を借り上げられなかったのです。それでも「地域住民同士の助け合い」の考え方で、14、15人のヘルパーさんが所属し、40～50人の利用者さんを抱えて活動するようになりました。ただし、あんしんケアセンターから紹介の介護度の低い要支援１か２くらいの利用者さんがほとんどで、介護事業者が受けたがらない方（事業的に採算の厳しい利用者）を引き受けているのが実態です。しかし、団地では一人暮らし高齢者がどんどん増加しています。そんな高齢者は、たとえ介護度が低くてもヘルパーさんの支援なしには、暮らしていけないし生きていけないのです。高齢になり兄弟姉妹の縁も切れ、子どもがいないかいても音信不通状態の方が多いのです。40数年前、子育てに忙しく子供の歓声が団地のあちこちで聞こえていた時はあっという間に過ぎ、団地内を歩く人はやや足元がおぼつかない高齢者だけになってしまいました。団地から巣立った子供たちは帰ってこないのです。千葉市では、人口対策・高齢者対策の一環として「近居・同居」支援対策を打ち出しましたが、利用する方はそれほど伸びていません。むしろ子ども達は帰ってこない方が良いのです。帰ってくる場合、息子だと病気で仕事を止めて帰ってきて引きこもりになったり、娘だと離婚して孫を連れて帰ってくる、やっぱり孫は「来て良し、帰って良し」で時々来るのが良いのです。家を出た息子、娘が安心して働き、一家をなしてそれなりに暮らしていけるためにも、団地の老父母が元気で暮らせることが必要です。そこで、布施後援会メンバーと地域の友知人が集まり、介護団体「たすけあい美浜」と協力して、介護の隙間を埋める活動を行うため、2008年2月「福祉の街美浜をつくる会」をNPO法人化し、各種の事業を行うこととしました。理事長には、私が市議であった頃からNPOのメンバーであった、介護施設で職員の経験のある故由佐勝美氏をお願いしました。

その頃団地内では、あちこちで「孤独死」が問題になっていました。子育てが終わり、老夫婦となりやがてどちらかが先に逝くのです。それから数年以上独居となるのです。そこで「地域の高齢者を孤独、孤立にさせない」「孤独死ゼロ」を目標に、活動することにしたのです。先ず、介護保険外で地域の高齢者の集まりとして、現代の縁側「いっぷく」を開設しました。昔の田舎や町内の家では、「縁側」があって近所の人がちょっと寄ってお茶でもご馳走になり、世間話をするということがよくあります。そんなイメージで、手続きも何もないだれでも参加できる集まりです。団地の壊れたコミュニティを再現したいという気持ちなのです。場所はＵＲ住宅の集会所を借り受け、当初月一回午前10時頃から昼食をはさんで午後２時半位までの開設で、シニアリーダーのボランティアスタッフが、体操の指導やハモニカの伴奏をしてみんなで歌い、また折り紙細工を教えてくれたりしていました。折り紙はなかなか巧みで、結構素晴らしい作品ができていますね。昼食後は、地元の楽器演奏者、手品名人等の「芸能人」を呼んでのお楽しみ会も行いました。会費はお弁当代とお茶菓子等で実費の５００円、20人前後が毎回集まってきます。お弁当は、まとめて近くのスーパーから買ってきますが、いつも安い「助六寿司弁当」です。みんなで一緒に食べるのが良いようです。しかし、コロナの時期２０２０年から２０２２年夏位まで残念ながら休止しました。その後２０２３年から、時間を短縮してまた再開しています。皆さん、再開が待ち遠しかったようで、にこにこして集まってきました。

「いっぷく」がなかなか盛況だったことから、次に会場を更にもう一つのＵＲ集会所を借り受け、月３回の火曜日を定例としてほぼ同様の内容で、「寄ってコ！」を開催することとしました。団地生活の中で気軽にちょっと寄って行こうかなというイメージです。こちらはお弁当を食べた後のトランプの「７並べ」が好評で、人数にもよりますが、トランプを２、３組使い10人から15人位が参加して行います。みんな夢中になって盛り上がります。笑いとため息の絶えない楽しい時間です。これもコロナ時期は休止し、２０２２年の秋位から徐々に再開しています。こちらも「いっぷく」で紹介したシニアリーダースタッフが体操を指導し、ハモニカの伴奏をしてみんなで歌ったりしています。歌は、昔流行ったみんなが知っている懐メロですね。「寄ってコ！」では、地元の保健師の資格を持つボランティアスタッフの指導で「脳トレ・健康体操」や「笑いヨガ」をしたり、年2回程度区役所の保健師さん等が来て、健康のお話や血圧測定をしてくれたりしています。また、淑徳大学の学生さんが実習に来てくれた時には、高齢者は大喜びでした。今後、このような学生の実習協力は他の大学にも広げたいなと思っています。ただ、「いっぷく」にしても「寄ってコ！」にしても、おばあちゃんが多くなります。たまにシニア男性の参加があっても、女性達だけだと次回来なくなってしまうのです。そこで、主として男性を対象に、「男の談話室」を「寄ってコ！」開催日の午後2時間ということで始めました。これには、毎回5、6人のシニア男性が集まり、暮らしの情報交換や時事問題等について話し合ったりしています。男性独居高齢者の方の居場所と支援は、女性よりも大事ではないかと思っています。

なお、UR集会所に関しては、UR千葉支社が無料の扱いにしていただいており、非常に助かっています。また、千葉市からは、コロナ以前に「認知症カフェ」事業として、年間5万円から3万円の助成を受けていました。

このほか週2回火曜と木曜に、二人のボランティアが独居高齢者を中心に希望者に対して電話での安否確認をしています。現実には、世間話をしながら、孤独対策をするという形です。一人のボランティアが6、7人に電話をかけています。場合によっては、一人の方に30分以上時間をかけてお話を伺うなど、傾聴の意味もある活動です。

中心的な活動としては、介護保険外で日常生活の支援活動をしています。これは1時間当たり600円での有償ボランティアです。団地の4階、5階からゴミ出しのできない方のごみ出し支援、室内の清掃、片付け、買い物代行、通院のための付き添い、車いすでの通院介助等々です。2022年度でボランティア10～15人で延べ1500件くらい行っています。

もう一つの活動は「福祉有償運送」です。これはNPO法人などが千葉市福祉有償運送運営協議会に協議を申請し合意を得た上で、千葉運輸支局へ登録申請することで開始できる事業です。料金は、タクシー料金の半額程度に抑えられており、会員制をとる必要があり対象者は、要介護高齢者、障がい者手帳を所持している方等です。主として病院やクリニックへの送迎を行います。時には、法事や、お墓参りもあります。通院で付き添いを付ける必要のある方は、それを手配し、院内介助も含めて行っています。高齢者は何らかの病気を持っており、中には先生の診断を理解できない方もあることから、診察室までの介助を行い、診察結果はその方のケアマネージャーに連絡して、適切なケアが行えるように支援しています。料金がタクシー代の半額に抑えられていますが、そのうちの3割を事務局に納めますので、最近のガソリン代の高騰で個人の負担が大きくなっていることから、事務局納入分を2割に引き下げる対応を取りました。そうすると事務局経費の減収となり、運営的に厳しい状況の中で取り組んでいます。

参考までに、2022年度の活動状況を総会資料から以下にお示しいたします。

			（延）	（実）
活動	月	回数	対象者	スタッフ
一声活動（毎週火・木曜）	4	7	40	2
	5	8	49	2
	6	9	62	2
	7	7	46	2
	8	8	55	2
	9	9	63	2
	10	8	53	2
	11	8	55	2
	12	6	42	2
	1	5	33	2
	2	6	38	2
	3	7	40	2
	計	88	576	24
	平均	7	48	2

実績		（延）	（実）
活動	月	対象者	スタッフ
日常生活支援（随時）	4	110	13
	5	103	13
	6	102	14
	7	124	11
	8	137	15
	9	156	14
	10	145	15
	11	145	15
	12	127	14
	1	127	15
	2	115	10
	3	121	13
	計	1512	162
	平均	126	14

活動	月	実人数	延回数	運転者
福祉有償運送	4	14	25	4
	5	15	29	4
	6	16	43	4
	7	15	32	4
	8	14	23	4
	9	14	31	4
	10	20	41	4
	11	17	38	4
	12	18	30	4
	1	15	25	4
	2	20	43	4
	3	14	29	4
	計	192	389	48
	平均	16	32	4

活動	月	参加者	スタッフ
いっぷく（毎月第4土曜）	4	14	11
	5	13	11
	6	14	10
	7	—	—
	8	—	—
	9	8	11
	10	14	11
	11	13	8
	12	14	10
	1	17	9
	2	16	10
	3	11	10
	計	134	101
	平均	13	10

活動	月	回数	(延) 参加者	(延) スタッフ	(延) 講師等
寄ってコ（毎月2回火曜）	4	2	14	10	0
	5	2	20	12	1
	6	2	22	10	0
	7	2	15	10	0
	8	—	—	—	—
	9	—	—	—	—
	10	2	16	10	0
	11	3	32	15	3
	12	2	14	8	0
	1	2	17	9	0
	2	2	23	11	0
	3	2	22	10	2
	計	21	195	105	6
	平均	2	20	11	1

活動	月	回数	(延) 参加者	(延) スタッフ
男の談話室（毎月2回火曜）	4	2	5	8
	5	2	6	9
	6	2	4	6
	7	2	4	7
	8	—	—	—
	9	—	—	—
	10	2	5	6
	11	2	6	6
	12	2	9	6
	1	2	9	7
	2	2	8	6
	3	2	7	6
	計	20	63	67
	平均	2	6	7

私たちは、この活動を基本的に地域の住民の共同の力で進めてきました。もちろん、市役所・行政のご理解とご協力を得てきたことも大きかったです。そして、その活動の中心には、神馬嘉津子さんがいました。いつも笑顔を絶やさず、誰にでも大きな声で話しかけ、地域の方はみんな知っている「姉御」さんです。何か困っている人がいれば、即行動です。自転車でどこまでも行きます。布施事務所に同居している訪問介護事業所「たすけあい美浜」にもヘルパーとして所属し、事務局の手伝いもします。自治会の役員もしています。そして、NPO法人「福祉の街美浜をつくる会」の副理事長・事務局長として、年間1500件に及ぶ「日常生活支援」の受付、ボランティアの手配、利用者さんへの連絡調整等の事務を一手にこなしているのです。まさにスーパーウーマンですね。秋田の生まれです。彼女なしには、この活動はあり得なかったし、布施市議会議員の後援会活動も彼女があって成り立っていました。布施良子は、主として「福祉有償運送」の申し込み受付と運転者の手配をやっています。神馬さんは「行動」の人なので、様々な書類の作成整理は、主として布施良子が担当しています。

私は、市議退職後理事長を2019年4月以来務めています。それ以前は、現職市議ということで市役所との関わりで理事長は適当でないと判断し、顧問として主に、講演会等の企画やトラブルの対応等を引き受けてきました。最近では福祉カー（福祉有償運送）のドライバーの仕事が多くなり、一日2〜4人の利用者さんの運転を引き受けています。私の車は、後部座席が自動で外に出て、足腰の弱いお年寄りでも楽に乗り込め、自動で座席が戻る装置になっていますので、皆さんに喜ばれています。利用者さんは、通院患者さんが中心です。通院は、美浜区内のクリニックや病院が中心ですが、千葉大附属病院や遠くは東京の大学病院まで乗せていくこともあります。事業の性質上、特に休みは設けていません。他の運転スタッフには無理をさせられませんが、私の場合は利用の申し込みがあり、可能ならば土日祝日、昼夜関係なく対応することにしています、市議の時もそのように活動してきたので、その延長としての意識です。

私はこの活動を通じて、現代社会における極端な核家族化の進展と、未婚者と高齢による夫婦のいずれかを失くした高齢単身者の増加等が、社会的孤立の原因となる厳しい現実を見てきました。前述の訪問介護事業団体「たすけあい美浜」を仲間と立ち上げる際、地元のヘルパーを確保することの一環として、自分もヘルパー初級資格を取るため半年近く講習を受講し取得しました。また、成年後見制度の利用が必要な高齢者が増加していることを知り、これも自ら資格を得るために東京大学の主催する「市民後見人育成講座」を受講し、東大生になった気分で約半年間安田講堂近くの教室に通いました。土、日ごとの受講で厳しかったのですが、森田朗先生が講師の一人でもあったのでそれを励みに、最後まで受講でき修了証書を頂きました。成年後見人を引き受ける機会はありませんでしたが、その知識を生かし「死後事務委任契約」を引き受けることになり、都合４人の方と契約しました。

一人の方は、元業界紙の記者をされていた方でした。お一人暮らしで「子供はいない」ということでした。公証役場で「死後事務委任契約」と「遺言」を公証人にお願いしました。遺言は、預金の残金１００万円近くをＮＰＯ法人「福祉の街美浜をつくる会」に全額寄付するというものでした。末期がんを患っていた方なので、ヘルパーの派遣から始まり、訪問医の定期的往診と訪問看護を組み合わせ、在宅を支援しました。最後は、訪問医のアドバイスで海浜病院に入院しそこでお亡くなりになりました。臨終にはもちろん立ち会いました。契約通り、葬儀社を手配し焼骨にした後、市営墓地に埋葬しました。ところが、区役所の死亡事務を進める過程で、彼には子供がいることが判明しました。彼のいう言葉を信じて戸籍を調べなかったことが失敗でした。彼は一度結婚して、子どもを二人つくりましたが、その後離婚したのです。離婚した元妻は、再婚し子供二人は再婚相手の養子となったのです。それで彼は「自分には子供がいない」と言ったのだと思います。それからは大変です。遺留分についての対応が必要です。子どもさんの居住地を調べなければなりません。そこで先ず、彼が結婚して戸籍を定めた千葉県内Y市に行き戸籍を調査、離婚後再婚してS市に住んだことが判明。そこから、S市役所に行き子どもたちのその後について調査しました。娘さんは結婚してその後のことは辿れませんでしたが、息子さんが東京都内にいることがわかりました。息子さんと彼を通じて娘さんお二人に、私たちNPOとお父さんの関係及び私との「死後事務委任契約」について説明し、お二人の遺留分を出来れば放棄して頂きたいとお願いの手紙を書きました。お二人ともすぐ同意の返事を頂き、その後の区役所、年金事務所への死亡通知書提出等手続きを完了しました。毎年8月のお盆の時には、必ずお墓にお線香とお花をもってお参りしています。

二人目は、ご近所の方でやはり末期がんを患い余命数か月と告知されていました。本人の委任状を得て、公証役場で契約しました。奥さんが亡くなった後、葬儀と相続のことで、娘さんたちと揉めて以後縁切り状態、音信不通になったということでした。前回の失敗を踏んではいけないので、今回はあらかじめ二人の娘さんの連絡先を調査しておきました。青葉病院に入院していましたが、病院からの要請でホスピス対応のある病院を手配し見守りました。長女の方に父親の病状について連絡しましたが、会いに来ることは拒否されました。病院からは、夜中に呼び出されて臨終に立ち会い、ご遺体と共に死亡診断書を預かりました。本人希望により、亡くなった奥さんと同じ近くの教会でキリスト教の葬儀を行いました。私が「喪主」となってです。その後娘さんに再度連絡し、言葉の上で父親と「縁」を切っても相続権が消滅するわけではないことを説明し、その後のことを任せることにしました。

三人目の方は、問題でした。元東京都の区の職員で90過ぎの男性です。頑固一徹で、ケアマネが派遣して来るヘルパーとすぐケンカして、しばしばヘルパーが変わりとうとう誰も来なくなったという人です。やむなく「福祉の街」で生活支援をしていた人です。90歳過ぎの高齢ということもあり、公証役場に行き「死後事務委任契約」を結びました。お墓も東京にあると聞いていました。ある時彼は、自転車で出かけようとして転倒し大腿骨骨折の大けがをしました。救急搬送され習志野市内の病院に入院。入院の保証人にも当然なりました。高齢者の大けがの入院ということもあったのでしょう。せん妄が出て、「病院はわざと死亡した人を一時仮安置する部屋にオレの入院ベッドを置いた」と言って、大声で叫んでいたそうです。その都度病院から呼び出されて、なだめたりしていました。その後退院ということになったのですが、在宅は無理だということで、住んでいるところからほど近い有料老人ホーム入所を勧めました。本人も以前のようには歩けないと観念して、入所を同意したのです。病院から退院と同時に入所となりました。普通は、施設に入所すれば、それまで住んでいたところに帰ることはなく、施設が終のすみかとなります。そこで、本人の同意も得たはずで、住んでいたUR住宅の返還にあたり、退去時の廃棄物を少なくして経費を浮かせようと、まだ使える冷蔵庫やエアコン、掃除機等を知り合いに引き取り者負担で持っていってもらいました。ところが、本人は入所して数か月すると「オレは何でこんな所にいるのだ、退去する」と怒鳴って、自分でURに電話して部屋を契約し、出て行ってしまったのです。その後が大変で、自分の部屋にあったものを勝手に処分されたと言って全部返せと言って来たのです。当然、死後事務委任契約を解除するというのでこれは解除し、死後事務委任契約に関する預かり金の全額をその時点で返還しました。しかし本人は、それで収まらず施設から出てUR住宅に入居するにあたって、新たに100万円以上費用が掛かったからそれを弁償しろと言って来たのです。何とかなだめて納得を得ようとしたのですが、毎日のように我家に電話してきて、ドロボウ呼ばわりします。挙句に千葉西警察に電話して、「布施は泥棒だ」と訴えたのです。私もそれを聞いて一応知り合いの弁護士に相談しました。西警察の生活安全課の刑事からは、「布施市議さん何とかなだめてくださいよ」と懇願される事態となってしまい、私もすっかり困惑しました。それでも、彼からの電話、呼び出しにはその都度応じて対応しました。その後、彼は次第に疲れてきたのか、体調の変化もあったのか連絡が途絶えて、しばらくして「あんしんケアセンター高洲」の支援で、別の施設に入所したと聞きました。その後は特に「怒り」の電話はなくなりました。彼には、パーソナリティーに問題なところもあったのかなと思いますが、一生懸命身の回りの世話をしていただけに、残念な結果でした。彼の性格からすれば、文書での約束抜きに安易に部屋の片付けをしてしまったことが失敗だったのでしょう。

４人目の方は、もともとＮＰＯ「福祉の街」のボランティアスタッフの一人で、たっての要望を断り切れずに、契約しました。契約は今も継続中です。その後も何人か依頼がありましたが、こちらも高齢となり、いつ自分がどうなるともわかりません。妻からも、契約はやめてほしいと強く言われているので、お断りしています。

そこで、市議在任中に、横須賀市が市の制度として、この契約を実施していると聞き、視察に行き勉強してきました。確か、戦後の引揚者等の関係で一人暮らしの方が市内に多く住んでいるので、対策の必要性があり、市役所の要請に市内の葬儀組合が協力的であったことから、制度化できたと聞きました。横須賀市視察の結果を踏まえて、私の一般質問で取り上げましたが、市内の葬儀関係会社が動かず、当局もなかなか具体化できない状況でした。最終的に、イオンの葬儀部門が名乗りを上げて制度を作った格好にはなりました。しかし、イオンの場合契約時に身元保証金を80万円、葬儀費用として50万円の計１３０万円は必要で、この他ＵＲ等賃貸住宅に入居していれば、別料金で清掃費用等が必要になり、結果としてかなり高額となります。これだと、私たちが支援している年金等で暮らしている団地の人たちは契約できないと思いますし、今後の改善が必要かなと思います。担当職員には、かなりご苦労を掛けたという思いが残りました。

また、８０５０問題という高齢の親の年金で暮らしている無職の息子・娘の問題が、社会問題としてクローズアップされていますが、現に私は団地で80代の母親と暮らしていた50代の息子の問題に直面しました。母親は要介護状態にありました。息子は、精神に疾患があるようで、いつも失禁している状況でした。近所の方の連絡を受け、区役所の高齢障害支援課に連絡したところ、1、2回は職員の訪問があったようです。しばらくして、母親は大網白里市の長男に引き取られて転居しましたが、次男は残されました。それからまもなくして、次男が自宅で亡くなっていたという知らせをご近所の方から受けました。私は、自分がそれを防げなかったこと、しかし何をどうしたらその息子も助けられたのか、自分が答えを見つけられなかったことに、無力さ無念さを感じました。しかし、この高齢の母親と中年の息子の事件は、まれな事例でしょうか。私は決してそうとは思えません。私たち夫婦は、お互い既に75歳を過ぎて後期高齢者の域に達しています。そこに息子たちのどちらかでも、何らかのトラブルか不幸に見舞われて、突然「尾羽を打ち枯らせ」て、帰ってこないとも限らないのです。そのように考えると、団地の高齢者の誰もがそうした事態に直面する可能性を、決して否定できないのです。

地方議員が草の根の民主主義を支え、地域のコミュニティづくりの先頭に

残念ながら、団地の中では、地域のコミュニティが弱体化し、隣近所の付き合いや助け合い

精神が薄くなりつつあります。あちこちの自治会や町内会、老人会でさえも役員のなり手がいなかったり、高齢を理由に自治会・町内会や老人会の会員をやめる方が増加しています。自治会・町内会、老人会が今こそ必要な地域の状態があるにもかかわらず、それが逆に崩壊しているのです。こうして、地域社会では、人が増々孤立し孤独化していくのです。集合住宅のポストには、ほとんど名前を表示していません。玄関ドアの上の居住者表示欄にも名前の表示がないのです。まさに「隣は何をする人ぞ」ですね。何故名前を出さないのかと問えば、「個人情報だ」という答えが返ってくるでしょう。確かに、個人的な事情を抱えて、ここに住んでいることを明かしたくない方がおられるのも事実です。しかし大半は、他人とかかわりたくないというのが本音でしょう。

日本のような高度に資本主義が発展した社会では、特に近年「新自由主義」による経済改革、労使関係における使用者優位の社会関係の中で、労働組合運動の組織力・闘争力が低下し、デモ等の社会運動もかつてに比べ極端に少なくなっています。しかし、社会的格差は広がり貧困層が増大しています。だからこそ本当は、「労働者階級」の連帯・団結が必要なのです。新自由主義が蔓延し、「自己責任論」が社会に満ち溢れ、人々が個々バラバラになり連帯を忘れて、社会の矛盾を突き改革を主張する声が、ますます小さくなり窒息させられています。様々な社会的不満が顕在化して合法的社会運動によって解決するのではなく、人々の内面に、社会の底辺に不満が鬱積している状況に、一つの危険なシグナルのちらつきを感じるこの頃です。現に、自暴自棄的な街頭や電車内、地域での多数殺傷事件が後を絶たない状況です。それがいつ、かって関東大震災時にあった「自警団」による朝鮮人、外国人への大量殺人行為が、何かのきっかけで再現、発生しないとは限らないと思います。理性を失った「群集心理」は恐ろしいと思います。今は比較的おとなしいポピュリズムが、いつファシズムに転嫁してもおかしくないと危惧します。

しかし、であればこそ、普段から、地域において一人一人の市民が、優しさ、連帯、助け合いの心を広げていく努力が、そうした心の涵養が必要であると痛感しています。私の近隣には、たくさんの愛すべき人たちが住んでいます。そんな仲間の、この街に住むすべての人たちの笑顔を少しでも増やせるように、なんとしても、私一人でもそうした努力を続けていきたいと思います。

私は、最近斎藤幸平氏の「ゼロからの資本論」を読み始めました。その内容に新鮮さを感じ、書棚から茶色に変色した向坂逸郎訳岩波文庫の「資本論」1から8分冊（9分冊が見当たらず）を取り出しました。第1巻の1から3分冊は、確かに読んだ証拠となる、ボールペンの赤線や鉛筆の黒線、注釈が各ページのいたる所に付いていました。今から50年以上前に若き社会党員の私が、故向坂逸郎先生が三池炭鉱労働者に資本論の講義を粘り強く行っていたというエピソードを思い、その先生の「資本論解説」（労働大学）や「マルクス経済学の基本問題」（岩波書店）、「経済学方法論」（社会主義協会）、及び久留間鮫蔵・宇野弘蔵等編著「資本論辞典」（青木書店）を参考に、「岩波文庫資本論」を必死で読んだ記憶がよみがえりました。難解な本であり、「第一巻が大事だ」という向坂先生の教えがあったので、先ずはそこまで読み通したのちに、中断していたのです。死ぬまでにまだ少し間があるので、全巻読み通したいと思い立ちました。

ＮＰＯ法人「福祉の街美浜をつくる会」は、ミニデイである「いっぷく」「寄ってコ！」、「お元気ですかコール」の電話かけ、生活支援活動、「福祉有償運送」事業と、懸命に取り組んでいますが、基本的に「地域の老老支援」活動です。後期高齢者を過ぎて事務局を担っている神馬嘉津子さんも、妻の布施良子もさすがに疲弊してきています。かといって、無給で事務局を担い、利用者さんの依頼にボランティアをコーディネートする仕事は、誰にでもできることではないので、このままではスタッフ面から存続が困難な状況に直面しています。行政に実情を説明し、支援を仰いでいるところですが、現状としては厳しい状況です。

私としては、たとえＮＰＯ法人「福祉の街美浜をつくる会」が今の事業を担うことが困難となったとしても、自分が動ける限り、地域の相談役として、支援者として助けを必要としている方たちの力になり、その笑顔を糧とする生き方を貫き通したいと思っています。

最後に、全国の地方議員の皆様に訴えたい。地方議員こそが、草の根で民主主義を支えているのです。支えていかなければなりません。地方議員こそが地域のコミュニティづくりの先頭に立ちましょう。街角に住民の笑顔を増やす活動をみんなで頑張って取り組みましょう。

76歳の誕生日、この拙文を書き終えてパソコンを閉じた時、団地の街灯の明かりが、植栽の葉陰にちらちらと揺れているのが目に映り、我が眼をしばたたかせました。

あとがき

4年前に市議を引退して、自分の約40年の経験を文書で残しておきたいと思いながら、引退後の仕事や活動に流されて、なかなか取り掛かれませんでした。しかし、昨年2022年12月16日岸田内閣は「安全保障関連3文書」を改訂し、「日本を取り巻く安全保障環境の激変」を口実に防衛予算を現状の2倍となるGDP2%まで増額し、「専守防衛」をかなぐり捨て、実質的に憲法9条の改正となる「敵基地攻撃能力」を保持するという安全保障政策の大転換を閣議決定しました。

私の危機感は、これだけの重大な国の根幹にかかわる政策変更に対して、立憲民主党を含めて野党が有効な反撃ができていないことにあります。曰く「防衛予算増額の財源はどうするのか」と。「安全保障関連3文書」の改訂は、アメリカの意向に従って「戦争のできる日本」にしようとするものだと思います。それは、中国、北朝鮮に対峙する日本の「ウクライナ」化だと思います。日本の「平和国家」は単なるお題目であったのか、あるいは野心を隠す「イチジクの葉」にすぎなかったのか、根本的な疑問と不安が私の心の中に沸き上がりました。

私はいわゆる「全共闘」世代です。70年安保闘争・沖縄返還闘争に「社青同」の一員としてデモに参加しました。「安全保障関連3文書」の改訂問題は、50年前であれば日本中でデモやストライキが起こったでしょう。しかし今は、国会も街頭も全国が政治的「凪」状態です。

私は、1947年7月生まれです。日本国憲法と共に生きてきました。亡き両親も戦争が終わり、安心して7番目の私を作ってくれたのだと思います。そして、この憲法の下で日本は一度も対外戦争を戦うことはありませんでした。今、それを破る危機が差し迫っているかもしれません。そうなってはならないのです。「杞憂」という言葉があります。私の心配が「杞憂」であってほしいと願っています。これからも、私たちの子や孫が「平和憲法」の下で、安心して思いっきり躍動する人生を送ってほしいと思うのです。

この拙文が、今の世の中にどれだけ役に立つのか自分ながら心細い限りです。決して単なる自慢話の「自叙伝」として書いたつもりではありません。日本を「新たな戦前」にしないために、「草の根民主主義」を地道に編んでくれる、憲法9条をしっかりと守り抜く地方議員が少しでも増えてほしいと願っています。そのための一助になるならば、仕事の合間合間に、早朝に目をこすりながら書いた甲斐があります。

私の初めての「出版」にあたり、千葉市議会事務局、千葉市選挙管理委員会事務局の職員の皆さんには、古い資料を探して提供いただき感謝いたします。また、千葉日報の藤代かおる様、出版文化社の堺祐希様には、本の出版のことが何もわからない私に丁寧にアドバイス頂き、何とか出版できたことを心から感謝申し上げます。

また、私に対しましてご指導、ご厚誼を頂いた多くの皆様には、その関わりの文中で失礼な言い回し、勘違い思い違い、独断と偏見が多々あったかと存じます。できるだけそれを避けたつもりでしたが、「自叙伝」であるがゆえに「自分を美化したい」という邪な気持ちを完全には払拭できなかったが故の誤りです。この本の最後に「私としては、たとえNPO法人「福祉の街美浜をつくる会」が今の事業を担うことが困難となったとしても、自分が動ける限り、地域の相談役として、支援者として助けを必要としている方たちの力になり、その笑顔を糧とする生き方を貫き通したいと思っています。」と記しましたが、それをお約束いたしまして、ご容赦頂きますようお願いいたします。

2023年8月20日

布施貴良

千葉市議としての年表

1 千葉市議会議員1期（1979年～83年）
1979年（昭和54年）4月22日　3111票　定数56人　50位当選
ジェット燃料輸送パイプライン問題
東京湾岸道路対策等

2 同2期（1983年～87年）
1983年（昭和58年）4月24日　3，534票　定数56人　49位当選
JR京葉線客線化と海浜交通バス路線対策
社会主義協会退会

3 同3期目落選（1987年）昭和58年4月24日
1987年（昭和62年）4月26日　3138票　定数56人　57位落選
親戚の支援で、埋蔵文化財発掘の仕事を手伝う。

4 補欠選挙3期（1989年～91年）
1989年（平成元年）6月18日　10万9799票　定数1人　1位当選
土井ブームと約11万票で市議補欠選挙当選、小川義人市長候補の挫折
市北清掃工場建設遅延とごみ処理困難化問題

5 同4期（1991年～95年）

1991（平成3年）4月　4870票　定数56人（全市一区）　24位当選

千葉市のごみ不法投棄問題

全国12番目の政令指定都市移行（1992年4月1日）（平成4年）

6 同5期（1995年～99年）

1995年（平成7年）4月　4687票　定数8人　4位当選

こじま丸問題（1998年・平成10年）

千葉県内の民主党結成の動き

広中和歌子参議院選挙（98年）

7 同6期（1999年～03年）

1999年（平成11年）4月　4637票　定数8人　4位当選

千葉市日中友好協会会長就任（2002年）

8 同7期（2003年～07年）

2003年（平成15年）4月　4705票　定数8人　4位当選

たじま要衆議院議員誕生

加賀谷健参議院議員誕生

9 同8期（2007年～11年）

2007年（平成19年）4月8日投票　7947票　定数8人　1位当選

熊谷市長誕生（2009年6月）

民主党政権誕生（2009年9月）

10　同9期（2011年～15年）
2011年（平成23年）4月10日投票　5335票　定数8人　4位当選
民主党政権の挫折
熊谷市長を支える議員として
11　同10期（2015年～19年）
2015年（平成27年）4月12日投票　4511票　定数8人　6位当選
LGBT問題
JFE石炭火力問題
最後の質問、最後の議会
12　議員引退後（2019年4月）
2019年（平成31年）4月7日投票　岩井よしはる　5308票　定数8人　4位当選
生活困窮者自立支援事業の相談員として
熊谷知事誕生（21年3月）
NPO法人福祉の街美浜をつくる会理事長

布施貴良議会質問の経緯

年月	会派名（党派）	会議	質問項目	市政内外の動き
1979年 （昭和54年）	日本社会党 千葉市議会議員団	第2回定例会	（一般質問） 1　東京湾岸道路に関する諸問題について 2　航空燃料輸送パイプラインに敷設工事に関する諸問題について	初当選第1期目
1979年 （昭和54年）	日本社会党 千葉市議会議員団	第3回定例会	（一般質問） 1　東京湾岸道路・東関道建設に伴う諸問題について （1）環境対策及び住民要求に対する対応について 2　海浜ニュータウン病院について （1）建設に伴う諸問題について 3　海浜地区、千葉海浜交通車庫跡地の利用計画について	
1979年 （昭和54年）	日本社会党 千葉市議会議員団	第4回定例会	（一般質問） 1　東京湾岸道建設工事について （1）建設省、道路公団による現在の自動車公害防止対策について （2）各種環境基準、工法の変更を含めた環境対策について 2　航空燃料輸送パイプラインについて （1）強行着工を認めた根拠について （2）安全対策と住民の合意について 3　医療行政について （1）海浜ニュータウン病院について （2）夜間急病診療所について	

１９８０年 （昭和55年）	日本社会党 千葉市議会議員団	第1回定例会	（一般質問） 1　東京湾岸道路建設の伴う諸問題について （1）建設省、公団による環境アセスメントに対する市の見解 （2）沿道における環境対策の検討状況 2　市立病院の整備充実について （1）市立病院経営のあり方について （2）海浜ニュータウン病院について 3　モノレール、京葉線、千葉急行線建設に伴うバス路線への影響とその対策について	
１９８０年 （昭和55年）	日本社会党 千葉市議会議員団	第2回定例会	（一般質問） 1　東京湾岸道路建設に伴う環境対策について 2　社会教育の在り方について	
１９８０年 （昭和55年）	日本社会党 千葉市議会議員団	第4回定例会	（一般質問） 1　東京湾岸道路及び東関東自動車道路建設に伴う諸問題について 2　保育問題について （1）簡易保育所及び無認可保育所問題 （2）家庭保育、愛の保育対策について 3　子供ルーム対策について 4　海浜ニュータウン病院について	
１９８１年 （昭和56年）	日本社会党 千葉市議会議員団	第1回定例会	（一般質問） 1　千葉市における土地問題について （1）千葉市における土地政策の在り方、根幹について	

年月	会派名（党派）	会議	質問項目	市政内外の動き
			（2）市民に安い快適な住宅地を供給するための諸施策について （3）都市計画見直しに伴う今後の土地利用の適正化、高度化について	
1981年（昭和56年）	日本社会党千葉市議会議員団	第2回定例会	（一般質問） 1　湾岸道路、東関東自動車道路建設をめぐる諸問題について （1）環境アセスメントの補足的実施について（NO_2以外の汚染物質について再調査することを含めて） （2）真砂地区の環境対策について （3）住民との合意について 2　土地利用について （1）宅地開発指導要綱の改正について 3　海浜ニュータウンの防災対策について 4　福祉問題について （1）療育センターのオープン後の運営状況について （2）精神障害者とその家族に対する温かみのある諸対策について	
1981年（昭和56年）	日本社会党千葉市議会議員団	第4回定例会	（一般質問） 1　市民と消防の関わりについて （1）「市民と消防の集い」について （2）消防局音楽隊の現状と課題について 2　大型店進出対策について （1）大型店進出対策と地元商店街振興策 （2）「忠実屋」進出の伴う高洲、高浜地区商店街の現状と対策について	

1982年（昭和57年）	日本社会党千葉市議会議員団	第1回定例会	（一般質問） 1 中小企業融資問題について（質問せず） 2 精神障害者に対する差別と偏見をなくし、療養と社会復帰促進のための対策確立の必要性について 3 東京湾岸道路、東関東自動車道路の道路公害対策について住民との合意を目指す経緯と今後の方針について 4 稲毛臨海開発事業について （1）進捗状況について （2）海浜公園について （3）土地分譲問題について （4）今後の整備方針について	
1982年（昭和57年）	日本社会党千葉市議会議員団	第2回定例会	1 市内勤労者の就業状況とその課題について （1）市内雇用情勢について （2）労働者保護施策について（特に下請け、パート労働者に対して） 2 障害者の自立対策について	
1982年（昭和57年）	日本社会党千葉市議会議員団	第4回定例会	（一般質問） 1 青年に希望を与え、その積極性を引き出す施策の充実について （1）「青少年総合センター」構想を確立することの必要性について （2）市内全ての青年に等しく勉学学習の機会を保証するために、奨学金制度及び定時制高校、夜間大学等教育条件の整備について	

年月	会派名（党派）	会議	質問項目	市政内外の動き
			（3）新しい生活文化の創造のために、特に成人式の充実、新婚対策等について 2 精神衛生対策について 3 東関道、湾岸道の自動車公害対策について	
1983年（昭和58年）	日本社会党千葉市議会議員団	第2回定例会	（一般質問） 1 海浜地区の交通対策について （1）京葉線の開業見通しについて （2）バス路線の再編について 2 海浜地区のスポーツ施設について 3 精神衛生対策について 4 湾岸道路に関する沿道環境に関する諸問題について	2期目
1983年（昭和58年）	日本社会党千葉市議会議員団	第3回定例会	（一般質問） 1、防災対策について （1）「総合防災訓練」について （2）災害に強い街づくりについて	
1984年（昭和59年）	日本社会党千葉市議会議員団	第2回定例会	（一般質問） 1 交通対策の基本的考え方について （1）ドア（出発地）からドア（目的地）までの総合的交通対策を確立する必要性について （2）自動車公害対策について ア 大規模施設の建設とアクセス計画のあり方について イ 東関道、湾岸道の環境問題について 2 労働行政の必要性について改めて問う	

1984年 （昭和59年）	日本社会党 千葉市議会議員団	第4回定例会	（一般質問） 1　市立病院のあり方と今後の整備方針について 2　湾岸道路の沿道環境対策について 3　海浜地区の諸問題について （1）ショッピングセンターの活性化について （2）旧ユースホステルの跡地利用について	
1985年 （昭和60年）	日本社会党 千葉市議会議員団	第2回定例会	（一般質問） 1　交通対策について （1）京葉線開業に伴う海浜地区のバス路線対策について （2）京葉線の駅と駅前広場の整備について （3）千葉市における総合交通対策推進の現状と今後の見通しについて 2　海浜地区の諸問題について （1）駐車場整備と交通安全対策について （2）未利用公有地の暫定利用（スポーツ施設等）について	
1985年 （昭和60年）	日本社会党 千葉市議会議員団	第3回定例会	（一般質問） 1　心の健康対策について （1）市立病院の精神科医療について （2）精神障害者医療費助成制度について （3）社会復帰対策の充実について （4）精神衛生対策推進の体制について 2　環境対策について （1）最近の大気汚染状況における自動車公害の影響度合いについて	

年月	会派名（党派）	会議	質問項目	市政内外の動き
			（2）湾岸道路の環境対策について 3 高洲地区センターの整備方針について（質問せず）	
1986年（昭和61年）	日本社会党千葉市議会議員団	第1回定例会	（一般質問） 1 本市青少年・児童の健全育成対策について ―地域家庭の教育力を支え、充実させるための諸対策の現状と課題― 2 海浜地区の町づくりについて ―土地利用計画の現状と今後の課題―	
1986年（昭和61年）	日本社会党千葉市議会議員団	第3回定例会	（一般質問） 1 市内の就業構造と経済対策について （1）第2次産業の振興策について （2）労働行政について 2 保健医療について （1）精神衛生対策について （2）海浜病院の整備方針について 3 道路行政について （1）国道14号、16号線自動車専用部及び千葉臨海線の道路計画と環境対策について 4 いなげの浜、検見川の浜の整備について	1987年（昭和62年）4月 3期目を期すも落選 3138票次点
1989年（平成元年）	日本社会党千葉市議会議員団	第2回定例会	（一般質問） 1 消費税に関する市長の基本的考え方と市の方針について 2 精神保健対策について 3 京葉線の本開業に対する対応について	1989年（平成元年）6月 補欠選挙当選 10万9799票 3期目

1989年（平成元年）	日本社会党 千葉市議会議員団	第3回定例会	（一般質問） 1　市民の住宅対策について （1）市営住宅について （2）県営、公団等公的住宅について （3）住宅管理組合について	
1990年（平成2年）	日本社会党 千葉市議会議員団	第3回定例会	（一般質問） 1　高齢化に対応した福祉対策について 2　住宅対策について 3　消防行政について 4　海浜地区の諸問題について （1）未利用公有地について （2）駐車場、駐輪場について （3）交通問題について	
1990年（平成2年）	日本社会党 千葉市議会議員団	第4回定例会	（一般質問） 1　高齢者福祉対策について 2　保健医療対策について 3　印鑑登録証明書の不正発行と職員の人事管理について 4　海浜地区の諸問題について （1）駐車場の整備について （2）稲毛海岸駅周辺の駐輪場の整備について （3）医療区について	
1991年（平成3年）	日本社会党 千葉市議会議員団	第2回定例会	（一般質問） 1　福祉行政について 高齢化社会への対応策について—	4期目

年月	会派名（党派）	会議	質問項目	市政内外の動き
			2　駐車場問題について —団地における駐車場確保策について— 3　A区総合支所への交通方法について	
1992年 （平成4年）	日本社会党 千葉市議会議員団	第1回定例会	（平成4年度予算に対する代表質疑） 1　市政運営の基本方針について 2　税務，財政について 3　区制移行と市民センター業務について 4　地域振興行政について 5　高齢者対策と福祉行政について 6　環境対策について 7　保健衛生について 8　清掃行政について 9　経済・農業対策について 10　都市計画・都市整備・公園行政について 11　土木・下水道行政について 12　住宅行政について 13　消防行政について 14　教育行政について	政令指定都市移行 1992年4月1日
1992年 （平成4年）	日本社会党 千葉市議会議員団	第2回定例会	（一般質問） 1　事務執行体制について （1）政令都市移行後の事務量と職員配置について （2）週休2日制への対応について 2　精神保健対策について 3　高齢者福祉について	4月1日政令指定都市移行

			4 一般廃棄物処理対策について ―減量，リサイクルの対策と体制整備に関して―	
1992年（平成4年）	日本社会党千葉市議会議員団	第4回定例会	（代表質問） 1 市政運営の基本方針について 2 財政・税務について 3 区役所及び市民行政について 4 福祉行政について 5 環境対策について 6 保健衛生について 7 清掃行政について 8 経済・農政について 9 都市行政について 10 建設・下水道行政について 11 住宅行政について 12 消防行政について（質問せず） 13 教育行政について	
1994年（平成6年）	日本社会党千葉市議会議員団	第2回定例会	（一般質問） 1 高齢者保健福祉計画とその推進について 2 清掃行政について （1）中間処理施設について （2）減量リサイクル対策について	
1994年（平成6年）	日本社会党千葉市議会議員団	第4回定例会	（代表質問） 1 市長の基本姿勢について 2 財政運営について 3 総務行政について	村山内閣 1994年6月～1995年8月

年月	会派名（党派）	会議	質問項目	市政内外の動き
			4 企画行政について 5 市民生活行政について 6 環境衛生行政について 7 清掃行政について 8 経済農政行政について 9 都市行政について 10 建設行政について 11 下水道行政について 12 消防行政について 13 教育行政について	
1995年（平成7年）	民主新政クラブ	第4回定例会	（代表質問） 1 市政運営の基本姿勢について 2 総務・企画行政について 3 財政について 4 市民生活・福祉行政について 5 環境・保健衛生行政について 6 清掃行政について 7 経済・農政行政について 8 都市行政について 9 建設行政について 10 下水道行政について 11 消防行政について 12 水道行政について（質問せず） 13 教育行政について	1995年4月 5期目（民主党） 1996年（平成8年）6月～1997年（H6月） 副議長就任

1998年（平成10年）	民主新政クラブ	第4回定例会	（一般質問） 1 介護保険制度実施に向けた諸準備と課題について 2 精神保健福祉対策について 3 バリアフリーの街づくりについて （1）商店街について （2）歩道，横断歩道，交差点の改善について （3）低床バスの普及について 4 美浜区の諸問題について （1）新清掃工場について （2）県企業庁による「レゴランド」「マリンパーク」構想について （3）高齢者・障害者福祉施設の用地確保について	
1999年（平成11年）	民主新政クラブ	第4回定例会	（代表質問） 1 市政運営の基本姿勢について 2 財政運営について 3 総務・企画行政について 4 市民・保健福祉行政について 5 環境・下水道行政について 6 都市・建設行政について 7 経済農政行政について 8 教育行政について	4月市議選 6期目（民主党）
2000年（平成12年）	民主新政クラブ	第3回定例会	（代表質問） 1 市政運営の基本姿勢について 2 総務・企画・財政行政について 3 市民・保健福祉行政について	4月1日 介護保険制度実施

年月	会派名（党派）	会議	質問項目	市政内外の動き
			4　環境・下水道行政につ 5　経済農政行政について 6　都市・建設行政について 7　教育行政について 8　消防・防災対策について	
2001年（平成13年）7月				2001年（平成13年）7月 鶴岡啓一市長
2003年（平成15年）	新政五月会			4月7期目（民主党） 2003年5月（平成15年）副議長就任～2003年12月（平成15年）副議長辞任
2005年（平成17年）	新政五月会	第4回定例会	（一般質問） 1　子育て支援対策について （1）保育行政について （2）幼稚園について 2　高齢者福祉対策について （1）介護保険制度見直しへの対応について （2）一人暮らし等高齢者世帯への支援対策について 3　学校教育について	

			（1）教育政策と学力について （2）高校育英制度について 4　交通安全対策について （1）交通事故の現状と事故防止諸対策について （2）放置自転車対策について 5　美浜区の諸問題について （1）高洲保健センター移転後の再利用について （2）自転車道の整備について （3）新港横戸町線開通後の交通対策について	
2006年（平成18年）		第2回定例会	（一般質問） 1　子育て支援対策について 2　事務監査請求に係る個別外部監査結果報告書と今後の対応について	
2006年（平成18年）	新政五月会	第3回定例会	（代表質問） 1　市政運営の基本姿勢について 2　財政運営について 3　総務行政について 4　市民行政について 5　保健福祉行政について 6　環境行政について 7　経済農政について 8　下水道行政について 9　都市行政について 10　建設行政について 11　消防行政について 12　教育行政について	

年月	会派名（党派）	会議	質問項目	市政内外の動き
2007年（平成19年）	民主党 千葉市議会議員団	第3回定例会	（代表質問） 1 市政運営の基本姿勢について 2 財政運営について 3 総務行政について 4 企画行政について 5 市民行政について 6 保健福祉行政について 7 環境行政について 8 経済農政について 9 下水道行政について 10 都市行政について 11 建設行政について 12 消防行政に 13 教育行政について	2007年4月 市議選8期目 （民主党）
2009年（平成21年）	民主党 千葉市議会議員団	第3回定例会	（代表質問） 1 市政運営の基本姿勢について 2 総務行政について 3 企画行政について 4 財政運営について 5 市民行政について 6 保健福祉行政について 7 環境行政について 8 経済農政について 9 都市行政について	2009年5月 鶴岡市長逮捕辞任 6月 熊谷俊人市長31歳就任

			10 建設行政について 11 下水道行政について 12 消防行政について 13 教育行政について	
2010年（平成22年）	民主党 千葉市議会議員団	第3回定例会	（代表質問） 1 市政運営の基本姿勢について 2 総務行政について 3 財政運営について 4 総合政策行政について 5 市民行政について 6 保健福祉行政について 7 こども未来行政について 8 環境行政について 9 経済農政について 10 都市行政について 11 建設行政について 12 消防行政について 13 教育行政について	
2011年（平成23年）	民主党 千葉市議会議員団	第3回定例会	（代表質問） 1 市政運営の基本姿勢について 2 総務行政について 3 総合政策行政について 4 財政について 5 市民行政について 6 保健福祉行政について	3月11日 東日本大震災 4月 市議選9期目

年月	会派名（党派）	会議	質問項目	市政内外の動き
			7 こども未来行政について 8 環境行政について 9 経済農政について 10 都市行政について 11 建設行政について 12 消防行政について 13 病院行政について 14 教育行政について	
2014年（平成26年）	民主党 千葉市議会議員団	第4回定例会	（一般質問） 1 高齢者福祉対策について 2 市民の健康対策について 3 幕張新都心地区の整備について 4 海辺の活用について 5 2020年東京オリンピック・パラリンピック開催に向けた〝おもてなし〟について	2013年6月 熊谷市長2期目
2015年（平成27年）	未来民主千葉	第4回定例会	（一般質問） 1 高齢者福祉対策について （1）地域包括ケアシステム構築に向けた取り組みと課題について （2）高齢者介護施設の適切な管理運営について （3）「終活」支援について （4）高齢者とペットの問題について 2 性的マイノリティーについて （1）性的少数者の人権問題について	4月 市議選10期目

			（2）同性婚について 3　エネルギー対策について （1）再生可能エネルギーの普及促進について （2）水素社会に向けた取り組みについて （3）熱エネルギーの活用について 4　自転車利用対策について（質問せず） 5　幕張新都心における「国家戦略特区」提案について （1）提案内容と見通しについて （2）未来都市実現に向けた取り組みについて	
2016年（平成28年）	未来民主千葉	第4回定例会	（一般質問） 1　超高齢化社会に対応した施策について （1）地域包括ケアシステムと新しい総合事業について （2）独居高齢者等のエンディングプラン支援事業について （3）高齢者の自動車運転について 2　性的少数者の人権擁護と差別のない社会に向けた施策について 3　文化芸術施策について	
2017年（平成29年）	未来民主千葉	第1回定例会	（一般質問） 1　超高齢化社会に対応した施策について （1）新しい総合事業の実施に向けた取り組みと課題について （2）独居高齢者等のエンディングプラン支援事業について （3）高齢者の移動手段の確保について	2013年5月 熊谷市長3期目

年月	会派名（党派）	会議	質問項目	市政内外の動き
			2 市内経済の活性化対策について （1）千葉駅周辺のグランドデザインについて （2）起業支援と千葉市の「メイカームーブメント」について （3）海外集客プロモーション等観光振興対策について	
2017年（平成29年）	未来民主千葉	第3回定例会	（一般質問） 1 高齢者が安心して暮らせるための諸課題について （1）次期千葉市高齢者保健福祉推進計画（介護保険事業計画）（平成30～32年度）について （2）介護人材確保対策の推進について （3）エンディングプラン支援事業について （4）高齢者等の移動手段の確保対策について 2 中央区役所のきぼーるへの移転と諸施設の再配置について 3 市美術館の再整備について	
2018年（平成30年）	未来民主千葉	第3回定例会	（一般質問） 1 環境対策について （1）地球温暖化対策について （2）水素社会実現に向けた施策について 2 子どもルームの充実について 3 地域包括ケアシステムの構築に向けた課題について 4 平成30年度の平和啓発事業実施状況について 5 弾道ミサイルが落下する可能性がある場合にとるべき行動について	

2019年（平成31年）	未来民主千葉	第1回定例会	（一般質問） 1 「千葉市まち・ひと・しごと創生　人口ビジョン・総合戦略」について （1）基本的な考え方について （2）ちばシナリオを実現する、「7つの重点戦略」について	10期最後の議会質問
2021年（令和3年）				2021年3月 熊谷知事当選

千葉市の位置と面積（令和2年10月1日現在）は次の通りです。

●位置：東経140度7分、北緯35度36分

●面積：271.78平方キロメートル

また、各区の面積は次の通りです。

●中　央　区：44.72平方キロメートル

●花見川区：34.19平方キロメートル

●稲　毛　区：21.22平方キロメートル

●若　葉　区：84.19平方キロメートル

●緑　　　区：66.25平方キロメートル

浮雲に問う　市議40年の総括
—私は「草の根民主主義」をどこまで編むことが出来たのか—

2023年11月20日　初版第1刷発行

著　　者　布施貴良
発 行 所　株式会社千葉日報社
発 行 人　中元広之
発 売 所　株式会社出版文化社
〒104-0033
東京都中央区新川1-8-8
アクロス新川ビル4階
TEL:03-6822-9200
FAX:03-6822-9202
E-mail:book@shuppanbunka.com
印刷・製本　株式会社光洋社

©Masayoshi Fuse 2023 Printed in Japan
ISBN 978-4-88338-715-1 C0023

乱丁・落丁はお取替えいたします。本書の無断複製・転載を禁じます。
本書に関するお問い合わせは、出版文化社までご連絡ください。
定価はカバーに表示してあります。
出版文化社の会社概要および出版目録はウェブサイトで公開しております。
また書籍の注文も承っております。
▶ http://www.shuppanbunka.com